CH.-F. LAPIERRE

DEUX HIVERS EN ITALIE

PRIX : 3 FRANCS

EN VENTE

PARIS
BENTU, LIBRAIRE-ÉDITEUR
Galerie d'Orléans, Palais - Royal

ROUEN
HAULARD, LIBRAIRE
Rue Grand-Pont, n°ˢ 27 et 29

1861

DEUX HIVERS EN ITALIE

DEUX HIVERS

EN

ITALIE

PAR

CH.-F. LAPIERRE

EN VENTE

PARIS	ROUEN
DENTU, LIBRAIRE-ÉDITEUR	HAULARD, LIBRAIRE
Galerie d'Orléans, Palais-Royal	Rue Grand-Pont, n°° 27 et 29

1861

A MONSIEUR A. DU MESGNIL,

A VERSAILLES.

Mon cher Ami,

J'inscris votre nom en tête de ce livre comme un souvenir de notre séjour dans l'Italie méridionale. Vous y avez d'ailleurs un droit de collaboration, car je vous ai dû de précieux renseignements et d'intéressantes observations. J'ai maintenu soigneusement à l'ouvrage le caractère de sincérité que vous vouliez bien reconnaître aux correspondances qui l'ont préparé. Notre compagnon de voyage, M. A..., me trouvera sans doute trop indulgent encore pour les Napolitains. Je me suis bien rappelé l'épigraphe que nous lui avons souvent entendu répéter, sous forme d'exclamation misanthropique : *Quel beau pays que l'Italie, s'il n'y avait pas tant d'Italiens !* Mais je la trouve plus que sévère, et il me pardonnera de ne pas l'adopter, par respect pour mon rôle de chroniqueur impartial.

Ch.-F. L

PRÉFACE

Ce livre est peut-être une imprudence ; en tous cas mes amis y sont pour quelque chose. Pendant mon séjour en Italie, j'avais occupé mes loisirs à faire des correspondances que j'adressais à un journal. Le hasard me rendait témoin de curieux événements qui préoccupaient l'attention publique, et je les racontais selon l'impression du moment. J'ai pu suivre pendant deux années les phases de la crise italienne, et cela avec la curiosité du voyageur, sans la moindre prétention à la gravité de l'historien. Mes récits, où la description se mêlait à la politique, la fantaisie au raisonnement, le sentiment à l'observation, ont paru avoir par cela même une certaine saveur de franchise. Il faut croire que ce mérite n'est pas vulgaire par le temps qui court. Quand je suis revenu en France, on a exprimé le regret que la publicité éphémère du journal ait absorbé tout mon modeste bagage. On me fit observer que, pour mes amis, pour mes anciens lecteurs, pour mon prochain public comme pour moi-même, je devais faire de mes correspondances l'objet d'une publication spéciale. Je me laissai aller et je fis paraître : *Deux Hivers en Italie.*

Les anciennes correspondances de 1860 et 1861 sont devenues des chapitres du livre. Je ne pouvais les modifier sensiblement sous peine d'en altérer l'origine et le caractère. Ecrites au courant de la plume, comme un compte rendu de théâtre après la représentation, elles pouvaient traduire avec une certaine couleur la véritable physionomie des faits. On trouvera peut-être que la politique y prend beaucoup de place ; je me suis pourtant évertué dans cette sorte de nouvelle édition à en restreindre le développement C'est dans ce but que, d'après mes notes de portefeuille, j'ai ajouté à mes impressions de voyage quatre nouveaux chapitres : *Monaco, le Vésuve, Pompeï, Herculanum,* etc., où il n'est presque pas parlé de l'unité italienne. Le lecteur me saura gré, je l'espère, de cette délicate attention.

Je n'ai écrit sous aucune influence de parti ; les exagérations des uns et des autres me sont également insupportables ; et j'ai eu le naïf amour-propre de ne chercher que dans ce que j'ai vu ou entendu les éléments de mes convictions. Si je me suis trompé, on le verra bien, et pour les lecteurs indulgents, il restera toujours de ce livre quelques rapides et amusantes esquisses, quelques épreuves photographiées avec plus ou moins de succès.

Puisse l'Italie me réserver un peu de la faveur que lui doivent déjà beaucoup des ouvrages qu'elle a inspirés.

1860-1861

NICE.

Avant l'annexion. — Le pour et le contre. — Une manifestation au Théâtre-Royal. — Les plaisirs de Nice. — Une ombre au tableau.

Lorsque j'allais ranimer au soleil de Nice une santé un peu ébréchée, je ne m'attendais guère à me trouver en plein mouvement politique. L'annexion n'était encore dans la presse française qu'une fantaisie patriotique. — Il ne s'agissait pas d'une question européenne, et je me consolais presque d'abandonner pour deux mois le labeur incessant du journalisme, en pensant que mon séjour à Nice, outre les bienfaits d'un climat exceptionnel, me donnerait le droit d'invoquer, en temps opportun, les souvenirs d'un voyage en Italie. La diplomatie était venue dérouter ces innocentes visées d'amour-propre. Comme Français, je m'en réjouissais ; mais, comme homme, je me résignais difficilement à cette idée qu'en venant à Nice, je n'aurais fait qu'honorer de ma présence le chef-lieu du département des Alpes-Maritimes ; et la crainte d'éprouver ce désappointement de touriste devait me faire pousser jusqu'à Florence et Venise.

A mon arrivée, j'étais un peu abasourdi par les révélations extraordinaires que contenaient sur le comté de Nice certains journaux de Paris. Ils ne parlaient que d'annexion, de manifestations, d'agitation, d'intrigues, etc., et je voyais une population paisible jusqu'à l'indolence et paraissant fort indifférente à toutes ces grandes combinaisons politiques, où elle jouait cependant le principal rôle; je demandais à un marchand de Nice : « Eh bien ! vous allez devenir Français ?... » — Et il me répondait, avec l'insouciance la plus naturelle, et dans cet idiome provençal qui est l'italien de pays, « que c'était possible. » — Mais, peu à peu et sous l'influence de l'attention générale dont ils étaient l'objet, les habitants se sont réveillés et se sont occupés des destinées qu'on leur préparait. Deux partis se sont formés, représentés par deux journaux: la *Gazette de Nice* et l'*Avenir de Nice*, et la lutte s'est engagée assez vive.

Tous les matins, la *Gazette de Nice* déclarait *urbi et orbi* que la population était italienne, qu'elle resterait italienne et qu'elle ne cesserait d'être fidèle au roi Victor-Emmanuel. Tous les jours, à la même heure, l'*Avenir de Nice* affirmait que la population était française et qu'elle appelait de tous ses vœux l'annexion à la France. Ceux qui étaient de l'avis de la *Gazette* trouvaient que l'*Avenir* radotait, et réciproquement.

Ces pauvres diables de Niçois, noyés dans une population cosmopolite de Français, d'Anglais, de Russes, d'Allemands, ne savaient comment discerner leur véritable nationalité à travers les souvenirs contradictoires de leur histoire, les habitudes prises et les influences que maintenait sans cesse le voisinage de la France. Les incitations leur venaient de tous côtés, dans tous les sens, et ils n'étaient pas éloignés de demander qu'on les fît ce qu'on voudrait, pourvu qu'il fût arrêté une fois pour toutes ce qu'ils seraient.

— « Soyez Français au lieu d'être des Italiens bâtards, disaient les uns.

— « Soyez Italiens au lieu d'être des Français bâtards, disaient les autres.

— « Vous ne parlez pas français, donc vous êtes Italiens !

— « Vous parlez l'idiome provençal, donc vous êtes Français !

— « Souvenez-vous que, sous le règne de Charles-Quint et de François Ier, le comté de Nice fut un instant le seul patrimoine de Philibert-Emmanuel, duc de Savoie.

— « Souvenez-vous que déjà, par une sorte de pressentiment de votre destinée, le comté de Nice s'est donné quatre fois à la France.

— « Le Var n'est pas une frontière ; c'est un misérable ruisseau, et il a été franchi huit fois par les Piémontais et les Autrichiens, lorsqu'ils sont entrés sur notre territoire.

— « Le Var n'est pas un ruisseau ; c'est un torrent qui devient furieux une fois par an ; il jouit d'un pont de 600 mètres, comme un fleuve de première classe. Si les Autrichiens et les Piémontais l'ont facilement traversé pour venir en France, est-ce que les Français ont été arrêtés par cet obstacle pour venir en Italie?

— « N'est-ce pas de Napoléon Ier que datent les quelques améliorations qui se sont accomplies chez vous? N'est-ce pas lui qui a fait tracer à travers les rochers cette belle route de la Corniche de Nice à Gênes, que les ponts et chaussées sardes ne savent même pas entretenir?

— « Oui, mais les guerres sous l'Empire, et toutes les fâcheuses conséquences d'une occupation étrangère!

— « Nice, sous une impulsion féconde, avec son commerce d'olives et son port, peut occuper un rang honorable entre Gênes et Marseille, puisqu'elle sert d'escale entre ces deux grands ports.

— « Nice n'a pas tant de prétentions: elle compte plus sur le climat, la mer et les montagnes pour attirer les étrangers riches, oisifs ou malades, que sur le port pour attirer les navires; elle aime mieux être une ville de plaisance qu'une ville de commerce, et offrir aux touristes les parfums des roses, des oranges et des violettes que l'odeur du goudron ou les émanations fétides dont se régalent les Marseillais.

— « Mais vous ne faites rien pour ces 25,000 étrangers qui vous font vivre, ou plutôt vous les exploitez indignement, vous éventrez la poule aux œufs d'or, vous élevez ridiculement le prix de toutes choses, et, si vous vous montrez Italiens, c'est sous un seul rapport : sous couleur d'hospitalité, vous rançonnez les voyageurs avec tant d'exagération, qu'on s'habitue à ne vous donner que 5 fr. où vous en demandez 50.

— « C'est possible, mais s'il fallait punir par l'annexion, me disait un propriétaire niçois, les villes dont les restaurateurs, hôteliers et marchands exploitent sans vergogne les touristes, il faudrait, en expiation des exactions commises dans les villes normandes, par exemple, donner à l'Angleterre Dieppe, Trouville, voire même Etretat, où, selon l'expression goguenarde de Bertall, un aubergiste, popularisé par Alphonse Karr, *écorche le français et les voyageurs.*

— « Nous offrons du moins à nos hôtes tous les avantages de la civilisation, tandis que sous votre administration sarde, la voirie n'existe pas, vos plus belles rues sont pavées d'affreux galets, vos principaux quartiers ne sont pas exempts d'une malpropreté nauséabonde, votre police est mal faite et votre ville n'est éclairée la nuit que lorsqu'il y a comète ou aurore boréale. Et puis, pas d'état civil, et ceci, et cela, etc. »

Voici la question exposée sous forme de dialogue familier ; on cause, on s'agite ; il y a des réunions, des mines sombres, des serments, et je parierais bien cependant que tous mes Niçois, après avoir fait leur petit tapage de protestations et de manifestations, se laisseront franciser sans trop gémir et ne s'en trouveront pas plus mal. J'entrevois déjà dans l'avenir le tricorne civilisateur du gendarme français, cet infranchissable obstacle opposé aux manœuvres des brouillons et des chevaliers d'industrie, apparaissant sur les promenades du nouveau chef-lieu de préfecture. Les projets d'annexion semblent surtout déplaire à la colonie étrangère. Nos amis les Anglais, particulièrement, sourient du bout de leurs grandes dents à cette combinaison qui restitue à la France, de ce côté, ses frontières naturelles. Est-ce qu'on prendrait l'habitude de ne plus les consulter?

J'ai prononcé tout à l'heure le mot de manifestations : je n'appellerai pas de ce nom les promenades sentimentales faites le long de la mer par quelques flâneurs et beaucoup de gamins précédés d'un ou de plusieurs drapeaux italiens. Les deux théâtres cependant ont joué, dans cette représentation politique, leur petit rôle correspondant à l'attitude de chacun des deux journaux. Ainsi le Théâtre-Français suit les couleurs annexionistes de l'*Avenir de Nice*. Le Théâtre-Royal, au contraire, arbore l'étendard séparatiste vigoureusement défendu par la *Gazette*. On conseillait devant moi au directeur de cette feuille gallophobe de faire placer dans le bureau de la rédaction, pour stimuler le zèle des collaborateurs, cette inscription solennelle : « *N'oublions pas que sous l'administration française, notre journal sera soumis au timbre.* » Cela rappelait assez le : « *Frère, il faut mourir,* » des Trappistes !

Mais je reviens à l'antagonisme des deux théâtres : Il va sans dire que si, chaque soir, aux *Français*, on jouait l'air de la *Reine Hortense*, au Théâtre-Royal on exécutait à discrétion le *Viva il re :* des deux côtés affluence de public et probablement allégresse des directeurs, qui trouvaient leur compte à ces mises en scène plus ou moins patriotiques. J'eus la bonne fortune d'assister, au Théâtre-Royal de Nice, à une soirée que M. Prudhomme me permettra de considérer comme un des plus beaux jours de ma vie. Puisse ce compte rendu trop fidèle ne pas apparaître comme un souvenir narquois des illusions et des égarements d'un jour, aux Niçois ramenés au bercail d'une nouvelle patrie !

Le Théâtre-Royal est à Nice le théâtre de l'opéra, de l'opéra-comique, voire même de la tragédie, lorsqu'elle vient sévir dans la contrée.

Le mot d'ordre était donné. Les conjurés avaient fixé le rendez-vous. On avait choisi, pour la manifestation anti-annexioniste, la date du 3, l'anniversaire du statut constitutionnel délivré en 1848. L'affiche annonçait la *Traviata*, et dans un entr'acte, l'hymne national chanté par tous les artistes de la troupe. Lorsque j'entrai, il y avait déjà foule, et dans les couloirs les mots d'ordre se distribuaient aux chefs de sections. La salle, assez élégante et d'allures tout italiennes, était parée pour la cérémonie. Au-dessus de la grande loge qui fait face à la scène figurait l'écusson de la maison de Savoie, orné et entouré à profusion de drapeaux italiens. Le public paraît très-animé. Les loges, occupées, surtout dans les deux premiers étages, par les étrangers, sont garnies. Les dames, un peu curieuses généralement de tout ce qui est singularité ou éclat, sont assez nombreuses. On me montre, parmi les spectateurs et spectatrices de distinction, la reine de Danemark, le prince d'Oldenbourg, les princesses de Schleswig-Holstein, les dames d'honneur de l'impératrice de Russie et de la grande-duchesse Marie, le comte Apraxin, aide de camp du czar, etc., etc.; Mlle Theresa Garibaldi est dans une loge, avec M. et Mme Daiseri. Alphonse Karr, enfoncé dans une stalle d'orchestre, considère de son œil goguenard tous ces éléments hétérogènes d'un public qui va lui donner la comédie. Le premier acte de la *Traviata* est joué assez médiocrement, et l'amoureux, l'*Armando*, a des gestes de passion et d'amour qui lui donnent l'attitude dégingandée d'une marionnette dont on conduirait mal les ficelles.

La toile se lève de nouveau et la manifestation commence avec une effroyable explosion de cris et d'applaudissements. Quels gosiers que ces gosiers italiens! Tous les artistes de la troupe, en costume de théâtre ou de ville, munis chacun d'un drapeau italien, sont rangés sur la scène. Au fond, sur une sorte d'autel mythologique, s'élève le buste de Victor-Emmanuel. Aux premiers accords de l'orchestre, l'hymne national est entonné, et des centaines de voix, j'allais dire des milliers, répètent le refrain : *Viva il re! Viva il re!* Applaudissements, trépignements, pluie de fleurs. On baisse la toile, le public crie, on la relève, et les artistes et l'orchestre reprennent de plus belle. Au refrain, les exécutants s'écartent sur deux rangs pour laisser voir, sur l'autel, le buste du roi. Jusqu'ici, tout se passe d'une manière convenable. On se sent même gagné par un tantinet d'émotion. Les dames agitent leurs mouchoirs pour dissiper la poussière autant que pour exprimer leurs sympathies. Malheureusement, les Italiens ont tous, dans la cervelle, un petit casier pour la pantalonnade. Ils ne peuvent pas longtemps se montrer dignes. La manifestation tourne au burlesque. Une main passée dans une courroie attachée par derrière au buste du roi galant homme, le fait incliner en avant, et répondre ainsi, par un salut, aux vivats. Une troisième fois, on entonne l'hymne national. Le baryton arrive près de la rampe, avec l'effigie royale qu'il tient dans ses bras, et qu'on a couronnée de fleurs. Ces couronnes sont trop grandes pour la tête et tomberaient sur les épaules si elles n'étaient retenues par les moustaches de Victor-Emmanuel, moustaches illustrées par la légende, le pinceau et la photographie. Deux bouquets sont posés sur le buste, en guise d'épaulettes, et aux bravos frénétiques de la salle, Mlle Castagnita, ou un nom dans ce genre, fait respirer au roi les bouquets qui pleuvent des loges sur la scène. Ce n'est plus de l'enthousiasme, c'est du délire, et je vois aux troisièmes loges un des chefs de section de l'*ivresse patriotique organisée,* qui suffoque et est obligé d'ôter sa cravate et son habit pour ne pas expirer de joie et de soif. Ces infortunés artistes de l'orchestre et du chant sont obligés de recommencer *dix* fois l'hymne national. Enfin, tout le monde est épuisé, et le baryton semble prêt à laisser tomber le buste, lorsqu'il est heureusement étayé par deux choristes qui lui permettent de le replacer processionnellement sur l'autel.

La toile est enfin baissée, et je cherche à distinguer à travers la poussière les nouvelles impressions du public. Mais les cris se renouvellent, redoublent d'intensité et forcent à paraître sur la scène un impressario en costume Louis XIII, régisseur ou directeur. Il agite ses petits bras et sa perruque pour se faire entendre, mais la grande clameur du peuple seule répond à sa voix, et il se retire à reculons après avoir fait un signe d'acquiescement.

La toile se lève de nouveau. Cela fait la onzième fois. L'orchestre joue la *Marche royale*, avec accompagnement des cris du public. Les artistes, les deux premières chanteuses en tête, Elzevira, et Boccabadata en robe blanche, toute prête à mourir au dernier acte de la *Traviata*, marchent au pas, drapeau à la main, en exécutant des évolutions comme les figurants du cirque. Au milieu, en guise de statue de la *Independencia della Nizia*, se trouve une belle brune qui tient le bras droit en avant comme un cantonnier de chemin de fer. L'orchestre redouble de cuivre, le public de cris de : *Viva il re! viva Garibaldi!* les artistes tournent toujours en rond ; je ris comme j'ai rarement ri, la toile se baisse, la manifestation est terminée et les cafés voisins s'emplissent de tous les braillards qui viennent de jeter leurs cris et leurs gestes dans la balance des destinées des peuples.

M. Rattazzi avec le marquis de Monticelli, frère de l'ancien ministre, sont ici ; ils paraissent ne se mêler de rien. J'ai vu au feu les généraux des troupes anti-annexionistes, MM. X... Y... Z... Ils me font l'effet d'être pleins de conviction et d'ardeur, et cependant je ne puis me défendre à leur égard d'une réflexion bien sceptique et je leur en demande pardon d'avance. Vienne l'annexion, et tous ces braves gens, prestement *ralliés*, deviendront conseillers municipaux, juges aux tribunaux de commerce, solliciteront la croix d'honneur, seront députés, et se garderont bien de se rappeler sous le régime nouveau leurs *fantasias* anti-françaises. Que voulez vous, c'est l'un des côtés faibles de l'esprit humain que cette mobilité, et d'ailleurs ne sommes-nous pas tous mortels !

Je dois rendre cette justice aux officiers et soldats de la garnison piémontaise, qu'ils sont impassibles et que l'intervention militaire ne se manifeste à Nice que par les inoffensifs rappels des tambours en répétition dans le lit desséché du Paillon. Ce torrent, ou plutôt ce ravin, éternellement pavoisé des pièces de linge que les blanchisseuses y exposent à l'air avec une injurieuse persistance, aurait bien besoin des quelques verres d'eau souhaités par Alexandre Dumas à un fleuve espagnol.

Il ne fallait rien moins que ces petites tempêtes politiques pour animer la physionomie de la belle et somnolente Nice jusqu'alors endormie dans les délices d'une perpétuelle villégiature. C'est à peine si du reste ces incidents ont dérangé les allures habituelles de ses pensionnaires, arrêté le Longchamp des splendides équipages, les excursions dans les sites pittoresques des environs, les cavalcades d'élégantes amazones aux sombreros ombragés de voiles flottants, les bals et les fêtes, tous les plaisirs de la *gentry* marchant de front avec la cure du soleil, les beaux spectacles de la nature et les longues contemplations de la mer, aux heures où ne souffle pas le mistral. Quel doux et poétique farniente pour ceux qui veulent bien laisser en France les exigences de la mode et les servitudes de la société ! J'aime moins Nice comme dernière station assignée par l'art impuissant à tous les phtisiques et surtout aux jeunes filles, ces douces victimes d'un mal contracté sur les bords de la Tamise, dans les plaines glacées de la Russie, ou simplement dans les salons français. Je fuis comme une ombre sinistre au tableau ces cercueils drapés de blanc qui annoncent la perte prématurée d'une sœur ou d'une fille. — Je dirais presque comme mon cher beau-frère M. Ch. Brainne : « que j'adorerais Nice s'il n'y avait pas tant d'Anglais qui y vivent et d'Anglaises qui y meurent. »

Février 1860.

FLORENCE.

Florence moderne. — L'ex-grand-duc et ses fils. — Encore une annexion. — La croix de Savoie. — Un problème.

Je me trouvais un peu à Nice dans la position de ce petit Etat du Piémont qui, placé à l'entrée de l'Italie, dont il ne fait guère partie originairement que par indulgence de l'histoire, jetait depuis longtemps un regard de convoitise sur ce magnifique pays ; avec cette différence, toutefois, qu'au lieu de conquérir l'Italie, je voulais tout simplement la parcourir.

De Gênes à Livourne, j'ai eu la bonne fortune de voyager avec un des hommes les plus distingués de l'Italie, qui a singulièrement facilité, par les plus curieuses explications, le désir que j'avais de saisir certains points, de distinguer certaines clartés dans cette question italienne, si ardue et si compliquée, lors même qu'on est tenté de la croire la plus complétement résolue. M. le comte Alberi, une des notabilités politiques de la Toscane, auteur d'une brochure récente qui avait fait grand bruit : *La Politique de l'Empereur Napoléon III et le Gouvernement de la Toscane*, est de longue date attaché à la famille impériale. Il était un des quelques intimes qui accompagnaient à Paris, sous le dernier règne, la reine Hortense et le prince Louis-Napoléon. Il revenait de France, où il avait été reçu en audience particulière par l'Empereur. M. le comte Alberi observa naturellement la plus grande discrétion sur les détails et les particularités de cette audience où l'Italie avait été le principal sujet de conversation. Il crut pouvoir cependant m'indiquer le véritable sens que les propres expressions de l'Empereur devaient donner à sa politique dans le cas tout particulier de l'annexion, et c'est alors qu'il prononça ce mot : « Autonomie de la Toscane, » dont la portée devait s'augmenter à mes yeux des circonstances dans lesquelles il était prononcé.

En effet, l'annexion au royaume de Victor-Emmanuel pouvait être considérée comme accomplie, sauf cette extrême difficulté de la faire accepter par les autres puissances. On ne pouvait se dissimuler, d'ailleurs, que cette mesure, sans autre forme de consécration, devenait un *casus belli* à l'égard de l'Autriche protectrice du grand-duc exilé. D'un autre côté, Léopold, en allant se jeter dans les bras de l'Autriche, avait manifestement violé un des principaux articles de la Constitution que lui-même avait donnée, et semblait s'être aliéné à tout jamais l'esprit de la population. La Toscane, me disait le comte Alberi, a une individualité historique et artistique trop puissante pour qu'on puisse indifféremment l'absorber dans la première combinaison venue. Par ses souvenirs, par l'esprit et les mœurs de ses habitants, par leur langue surtout, elle est le cœur de l'Italie. C'est là seulement encore qu'on parle la langue du Dante, et on sait que la plus pure expression de l'italien est proverbialement le dialecte toscan parlé par un Romain. Le Vénitien, le Milanais, s'éloignent plus ou moins de la langue mère, et c'est là un des curieux spectacles que peut offrir l'Italie dégénérée, que cette divergence de plus en plus sensible dans les dialectes qui dérivent de la langue nationale. Les Piémontais ne parlent italien qu'accidentellement, et on me citait cette particularité qu'un récent décret du roi Victor-Emmanuel imposait comme condition aux officiers de l'armée sarde, pour obtenir le grade de major, de *savoir l'italien.*

Je comprenais facilement, et je le compris mieux en arrivant à Florence, que cette ville serait difficilement réduite au rôle de succursale de Turin, et que la patrie du Dante et de Michel-Ange, la cité des Médicis, un des premiers musées de l'Europe, ne pouvait ainsi abdiquer une souveraineté qui a résisté aux convulsions politiques. Florence devenant chef-lieu de province d'un royaume dont la capitale eût été Milan ou Turin, faisait à la cause de l'unité italienne un sacrifice plus grand qu'on ne devait l'exiger. Mais ce sacrifice, comment pouvait-on l'éviter sans compromettre les graves intérêts qui étaient en jeu? Où trouver la formule de cette autonomie qui devait maintenir à la Toscane sa glorieuse individualité, sans affaiblir la portée du mouvement italien? C'est ce que M. le comte Alberi ne voulait pas ou ne pouvait me dire. Et il me semblait deviner qu'auprès du baron Ricasoli, comme auprès du gouvernement sarde, la difficulté de résoudre ce problème était le principal argument en faveur de l'annexion.

Il ne faut pas être depuis un jour à Florence pour deviner que c'est une ville essentiellement aristocratique, par ses goûts, ses mœurs et ses tendances. On m'avait fait un fantôme de l'agitation électorale, du mouvement révolutionnaire au milieu desquels j'allais imprudemment tomber, et je trouvais une cité fort paisible, un gouvernement provisoire fonctionnant régulièrement : pas de rassemblements, pas de troubles. On sentait partout cette fièvre qui remue toute l'Italie, mais elle ne se traduisait par aucun acte répréhensible. Je voyais au Corso, le Longchamps de Florence, se presser de nombreux et splendides équipages armoriés; on me montrait à chaque instant, dans une foule élégante, tous les représentants de la fine fleur de la noblesse, les uns qui n'avaient pas quitté la ville, les autres qui y étaient revenus, et la noblesse, pas plus que le peuple, ne paraissait porter le deuil de la déchéance du grand-duc. J'observais, je m'informais en toute impartialité, et je constatais avec une certaine surprise que la population avait, provisoirement du moins, pris son parti de la chute de la dynastie de Lorraine.

J'arrivais en Italie avec certaines préventions contre les Italiens. Je me demandais jusqu'à quel point ces gouvernements, dont on secouait le joug, étaient impopulaires, jusqu'à quel point les Italiens étaient capables de vouloir sincèrement quelque chose, étaient dignes de cette nationalité qu'un puissant allié s'était généreusement proposé de ressusciter. Il est certains doutes que je conserve encore, mais ce qu'on ne peut méconnaître, c'est l'antipathie que l'Autriche inspire aux Italiens. Cette antipathie, elle est exprimée partout, dans toutes les bouches; j'ajouterai même qu'elle est justifiée par des preuves, par des faits. De là vient naturellement le profond discrédit dans lequel tomberont toujours tous les gouvernements qui procèderont de l'Autriche, qui seront appuyés par l'Autriche.

Je demandais : — « Si votre grand-duc Léopold revenait, et vous promettait des institutions libérales, l'accepteriez-vous ? » Des personnes sérieuses, et que je ne pouvais croire animées de la moindre passion dans le jugement, me répondaient : « La dynastie de
« Lorraine, ou plutôt la dynastie autrichienne,
« puisque c'est la même chose, et que nous avons
« fourni des empereurs à l'Autriche, est séparée de la
« nation. Son avénement n'avait été qu'un accident,
« sa chute est une loi naturelle. Les grands-ducs n'ont
« pas assez fait pour qu'on pût oublier leur origine
« étrangère. Ils n'ont jamais été que des Allemands
« égarés par la politique dans la plus belle et la plus
« riche province de cette Italie qui les a en aversion.
« Nous sommes d'autant plus fondés à vouloir main-
« tenir notre indépendance que ce sont les événements
« qui nous l'ont faite, et que nous-mêmes ne l'avons
« pas cherchée par la force. Les Toscans, comme
« les Vénitiens, sont un peuple intelligent, doux,
« impressionnable, vivant dans une atmosphère tout
« aristocratique et profondément artiste, sans bruta-
« lité, sans colère, se résignant facilement et presque
« disposé à tolérer un gouvernement peu sympa-
« thique s'il respecte ses goûts, favorise ses tendances,
« et, à défaut de la liberté, donne au sentiment na-
« tional ces profondes jouissances qui ont fait par-
« donner tant de choses aux Médicis. Le grand-duc
« Léopold était doux, facile, de mœurs débonnaires,
« et, soit qu'il habitât ce splendide palais Pitti, qui
« est une des gloires de Florence, ou sa ferme de

« Cascine, il ne réalisait guère le type farouche d'un
« tyran; mais il avait à nos yeux un grand tort, il
« était Autrichien. Son règne peut se résumer ainsi :
« Un jour, il lui prit fantaisie, sans qu'on le lui de-
« mandât, de donner à son peuple une Constitution. Il
« était stipulé, dans un des articles, que jamais l'en-
« trée du territoire toscan ne serait permise aux
« troupes autrichiennes. Il viola cet engagement de
« 1849 à 1855, sans qu'une voix s'élevât pour lui en
« faire un reproche. Un autre jour, placé entre la
« cause de l'indépendance italienne, que l'Empereur
« Napoléon III venait de prendre en main, et celle de
« la domination étrangère que personnifiait l'Au-
« triche, il se sépara de son peuple, sans qu'aucune
« tentative de soulèvement lui eût donné lieu de re-
« courir à l'exil; il partit, ou plutôt il s'esquiva en
« plein jour, laissant la Toscane livrée à tous les ha-
« sards des événements. Il nous a laissé maîtres de
« régler notre sort, nous le réglerons; il a jugé bon
« de partir, il ne reviendra plus. »

— « Mais ses fils, répliquai-je, car je pensais à l'autonomie, le grand-duc ne pouvait-il donc abdiquer en leur faveur ? »

— « Ses fils, me répondit-on, avaient la part belle.
« L'aîné, celui qu'on eût appelé l'héritier présomptif,
« et qui n'a pas trente ans, est intelligent et réfléchi.
« Il pouvait, sans désavouer son père, se tenir à l'écart
« et se ménager, par une sage réserve, la lutte enga-
« gée, une place dans les combinaisons que ramène-
« rait la paix. Loin de là, il est allé se jeter avec son

« frère dans les bras de l'Autriche, et tous deux ont
« combattu à Solferino, contre la France, contre
« l'Italie. Celui-là encore n'est qu'un Autrichien. Ce
« sont des princes généraux de cavalerie et colonels
« de régiments qu'on expédie de Vienne dans les pro-
« vinces de l'Italie. Nous n'en voulons plus. On nous
« a fait espérer de recouvrer notre nationalité,
« nous n'abandonnerons pas cette idée. On nous a
« permis de nous appuyer sur le suffrage universel,
« nous nous en servirons. S'il le faut, nous sacrifierons
« notre autonomie : nous ne serons plus Toscans, soit,
« mais nous resterons Italiens. »

Ce raisonnement était assez général, mais cependant la question de l'autonomie avait encore assez de force pour faire craindre des désenchantements et des regrets à ce peuple entraîné vers l'inconnu par l'ennui du présent et la poésie des souvenirs. Depuis qu'un ministre du roi Victor-Emmanuel, le baron Ricasoli, est à la tête du gouvernement provisoire, on n'a pas perdu de temps pour s'assimiler la Toscane. Depuis Livourne jusqu'à Florence, à Pise, à Sienne, à Lucques, à Pistoie, partout sur les édifices on a badigeonné la croix de Savoie, blanche sur fond rouge. Il n'est pas un monument public qui ne soit décoré des armes du roi galant homme, comme disent les Italiens. La croix de Savoie est sur le palais Vieux, à Florence, sur les tribunes, sur le palais Pitti, sur le palais des *Huit*, et jusque sur le Dôme. Les idées s'étaient bien vite tournées à l'annexion, où l'œuvre de conversion avait été bien habilement opérée, et les missionnaires piémontophiles avaient dû jouer aussi prestement du pinceau et du placard que de la langue.

Je ne viens pas, moi cent millième, m'inscrire parmi tous ceux qui ont eu plus ou moins la prétention de découvrir l'Italie; cependant je suis d'autant plus amené à retracer mes impressions, que les circonstances dans lesquelles je les ressentais leur donnaient, au point de vue politique, une signification particulière. Ce n'était pas seulement Florence que je visitais, la Florence des Guelfes et des Gibelins, des Médicis, de Machiavel, du Dante, de Michel-Ange, de Galilée, d'Alfiéri, la Florence où, au XVIe siècle, selon les idées mystiques de Savonarole, et sur la proposition du gonfalonnier Capponi, on élisait Jésus-Christ pour roi perpétuel, où s'élèvent tant de palais dont le sévère aspect rappelle les luttes orageuses de la liberté, la ville enfin qui fut la terre privilégiée de l'art en Italie à deux époques différentes, dans l'antiquité sous les Etrusques, au moyen âge et à l'époque de la renaissance; je voulais, avec mes désirs de voyageur, satisfaire ma curiosité de journaliste, et observer à côté des souvenirs littéraires, historiques et artistiques du passé, le caractère des promesses du présent.

Une des choses qui me frappèrent le plus, ce fut l'attitude de la noblesse, qui me prouva que le mouvement politique s'était étendu des couches inférieures aux couches supérieures de la population. Tandis que le peuple s'efforçait, par sa tranquillité, d'intéresser à sa cause les autres puissances, les représentants des plus anciennes familles s'inscrivaient dans les rangs de cette armée de l'Italie centrale qui s'organisait pour la défense du territoire menacé. A chaque instant on me désignait, parmi les jeunes gens qui avaient endossé l'uniforme, un de ceux qui portaient les plus beaux noms de l'histoire. La ville semblait en fête : je n'entendais parler que de soirées et que de bals, et mon voisin, le prince Strozzi (je dis mon voisin parce que son hôtel, un magnifique palais construit au XVe siècle par Benedetto da Majano, est situé en face du mien... l'hôtel Suisse), rouvrait ses salons fermés depuis vingt ans, ce qui était un grand événement pour la haute société florentine.

Ces préoccupations ne me faisaient pas perdre de vue les devoirs du touriste : je n'oubliais aucune des merveilles devant lesquelles se sont exprimées les admirations du monde entier, ni cette place du Grand-Duc, forum florentin où les monuments de l'art disséminés attestent encore la grandeur de la vie publique qui s'y agitait; ni la place du Dôme, le Campanile, le Baptistère, ni ces splendides églises Santa-Annunziata, Carmine, Sancta-Maria-Novella, *Chiostro-Verde,* Sancta-Maria-Nuova, Santa-Cruz, qui sont autant de splendides musées; ni les magnifiques galeries des Offices et du palais Pitti, où sont entassés des milliers de chefs-d'œuvre, tantôt peintures des vieux maîtres, dans lesquelles on peut suivre, depuis le Cimabuë, les progrès de l'art; tantôt collection excessivement précieuse de bustes d'empereurs romains, tantôt tableaux des maîtres les plus illustres, et à leur tête la *Vierge à la chaise,* de Raphaël, sa *Madeleine Dolci,* sa *Sainte-Famille* de l'*Empannata,* sa *Madone*, que le grand-duc emmenait partout avec lui dans ses voyages; et puis la **Tribune,** un de ces sanctuaires dont on emporte un impérissable souvenir, où se trouvent réunis la *Vénus de Médicis*, l'*Apollon*, de Praxitèle; le *Rémouleur,* les *Lutteurs,* le *Faune antique,* l'*Adoration des Mages,* d'Albert Durer; *Vénus et l'Amour,* du Titien; la *Sainte-Famille,* de Michel-Ange; une *Madone* d'Andrea del Sarto; une *Sainte-Famille,* du Corrège; la *Vénus couchée,* du Titien; la *Sybille,* du Guerchin; le *Saint Jean*, de Raphaël; la *Fornarina* et d'autres œuvres où le génie a tracé les noms de Rubens, Van-Dyck, du Corrège, etc., etc.

Mais partout aussi, au milieu même de ces créations sublimes de l'esprit humain où, le catalogue en main, on se plairait à errer des journées entières, la pensée était ramenée des contemplations de l'art aux froides réalités du présent. Ici c'étaient des fresques de Guirlandajo que les soldats autrichiens, en 1849, s'étaient amusés à détruire; là, c'est un *Saint Joseph* d'Andrea del Sarto qu'ils ont badigeonné avec une éponge trempée dans de l'essence. Vous ne pouvez faire un pas sans que la voix monotone du guide fasse revivre, fasse ressortir à vos yeux un de ces traits d'ignorance et de brutalité qui tracent entre les Autrichiens et l'Italie une si profonde démarcation. Je défie que le partisan le plus zélé et le plus acharné du droit dynastique ne se sente pas douloureusement ému devant tous ces témoignages d'une intervention étrangère, je ne dirai pas despotique, mais inintelligente, dans les destinées de l'Italie. Ce n'est pas seulement à Florence, mais surtout dans la Vénétie que se justifient devant le voyageur impartial ces mots que vous entendez à chaque pas : — « Qu'on nous donne tel gouvernement qu'on voudra, pourvu que nous soyons à tout jamais débarrassés de l'Autrichien ! »

On s'occupait déjà des élections lorsque je me trouvais à Florence, et l'on s'apprêtait à tenter une seconde fois en faveur du mouvement national l'épreuve du suffrage universel. Je m'inquiétais toujours de l'individualité de la Toscane. Il se pouvait que le peuple, beaucoup trop entraîné en ce moment vers la Sardaigne, n'en tînt aucun compte; mais ce premier instant d'effervescence passé, lorsqu'arriverait ce fâcheux quart d'heure de Rabelais, qui sonne pour les règlements politiques comme pour les comptes particuliers, ne serait-ce pas avec un grand serrement de cœur que la population de Florence, cette ville si élégante et si artistique, verrait un homme du Nord, un Piémontais, s'installer simple préfet ou simple gouverneur dans le palais des Médicis, et ne serait-il pas trop tard alors pour regretter une trop complète absorption ? Il nous faut, disent les Florentins, une cour élégante, des princes éclairés, protecteurs des arts. Leur programme sera-t-il bien réalisé ? C'est ce qu'on se demande. D'un autre côté, quel gouvernement pourrait-on choisir ? Les princes de la famille impériale : le roi Louis, le roi Joseph, le roi Jérôme, le prince Napoléon ont longtemps habité Florence ; L'Empereur Napoléon III possédait lui-même un palais *Longo l'Arno*. Les Bonaparte ont une chapelle particulière dans l'église de Santa-Cruz. En 1807, la princesse Elisa, sœur de Napoléon, avait été, comme on sait, grande-duchesse. Tous ces souvenirs auraient pu contribuer à faire jeter les yeux sur le prince Napoléon comme chef du nouvel Etat indépendant. Mais, encore une fois, il était bien tard pour qu'on pût neutraliser le mouvement d'annexion que M. de Cavour, par son collègue, M. de Ricasoli, avait si habilement fait naître et développé.

Je me trompais fort, ou le résultat des élections devait être en faveur de l'annexion au Piémont. La situation se résumait comme un problème de mathématiques : « Etant donné d'une part un grand-
« duc d'origine autrichiennne qui s'est sauvé, un
« peuple italien et, par conséquent, amoureux de la
« nouveauté, livré à lui-même ; d'autre part un roi
« actif, ambitieux, offrant l'unité en échange de la
« couronne de fer, avec toutes les facilités d'in-
« fluence : prestige de la victoire, prestige des idées,
« et le résultat se devinait facilement : *Vogliamo per*
« *nostro re Vittorio-Emmanuele, il primo soldate del*
« *indépendenza italiana.* »

Février 1860.

BOLOGNE.

Le mendiant Toscan. — Les Facchini. — La maison de Michel-Ange à Florence. — Bologne. — Les élections.

La population toscane manifeste cette sorte de bonne humeur que laisse toujours parmi ses féaux sujets la chute d'un souverain. Je connais ce sentiment : je l'ai vu au collége chez les élèves, au départ de chaque maître d'études. Je trouve partout le même désir curieux de faire l'épreuve d'un nouveau gouvernement. A Pise, la cité silencieuse qui a perdu ses navires, son commerce et son active énergie, mais qui croit au réveil et accueille comme un premier symptôme d'une ère nouvelle la restitution par les Génois des chaînes de fer de son port, enlevées jadis au vaincu par le vainqueur; à Sienne, la ville la plus italienne de l'Italie après Venise; à Pistoie, à Lucques, à Frisoles, à Livourne, partout la même surprise d'abord, la même vivacité, les mêmes espérances. C'est la manne céleste que doit apporter le régime unitaire. Plus de ces lacs qui s'étendent entre Pise et Livourne, plus de Maremmes! On avait bien fait déjà quelques travaux pour transformer la vallée de la Chiana, sous les grands-ducs; depuis trente ans, de vastes espaces avaient été rendus à l'agriculture. Mais est-ce bien la peine d'en parler, et d'ailleurs *væ victis;* nous attendons bien autre chose de Victor-Emmanuel. Touchante promptitude des peuples à relever le panégyrique du roi qui vient de l'oraison funèbre de celui qui s'en va !

Il y a ici des républicains, mais peu de socialistes, dans le sens que nous attachons à ce mot. Louis Blanc ne serait guère compris dans la Péninsule ; il n'y a pas de danger que les Italiens réclament jamais impérieusement le droit au travail ; ce serait plutôt le contraire.

Cependant le Toscan est laborieux, et c'est peut-être en Toscane qu'on trouve le moins de mendiants. Mais s'ils sont peu nombreux, ils se recommandent au moins par la nonchalante aisance avec laquelle ils exercent. J'en veux citer une preuve qui fera rougir de dépit leurs confrères de France, beaucoup moins avancés sous ce rapport, il faut en convenir. J'attendais à Pise l'heure du départ du convoi et me promenais devant la gare du chemin de fer en admirant le costume vert-rouge-jaune des employés, qui ont l'air de perroquets ambulants. J'avais remarqué, à demi couché sur un gros bloc de calcaire, où il humait le soleil d'un air béat et les yeux à demi fermés, un sale personnage qui tenait du mendiant par les vêtements et du brigand par les cheveux, la barbe et la mine. Je venais de le dépasser et lui tournais le dos, lorsque j'entendis derrière moi un *pstt, pstt,* fort bien sifflé, ma foi ! Involontairement, je me retournai : c'était à moi que ce singulier appel paraissait s'adresser, et, de plus, l'individu me faisait du doigt un petit signe familier, comme pour me faire venir à lui. Peut-être avait-il un avis à me donner ? Peut-être m'avait-il vu perdre quelque chose ? Je revins sur mes pas, j'allai au bloc sur lequel il était nonchalamment étendu, et... changeant d'attitude, il me tendit la main en récitant d'un air dolent la phrase : *Morire de fame, date mi qualche cosa, signor.* C'était un mendiant d'un nouveau genre. Quand il se trouvait bien au soleil, il appelait à lui les passants, et préférait ainsi les voir se déranger eux-mêmes pour lui donner l'aumône. C'était la montagne qui venait à lui. Je lui donnai un *paoli*, non par charité, mais comme témoignage d'admiration pour ce perfectionnement dans l'art de mendier.

Je n'en avais pas fait autant à Livourne, pour les *facchini*, cette légion de gens sales et déguenillés qui fondent sur le voyageur au débarquement, lui arrachent ses bagages en se les partageant de manière à se distribuer, sur la plus grande échelle possible, des droits à tout un ensemble de gratifications. Vaillamment secondé par un officier sarde, j'avais fait face à cette tribu mal habitée et sentant l'ail, auprès de laquelle les jeunes Rouennais, *au teint jaune comme un vieux sou*, par lesquels le voyageur est assailli au sortir du bateau de Bouille et du bateau d'Elbeuf, sont de vrais gentlemen. Ah ! quel service l'annexion rendrait à l'Italie, si elle pouvait la débarrasser des mendiants, des importuns et des filous !

J'avais compté, pour aller de Florence à Bologne, sur un embranchement de chemin de fer qui n'était encore que projeté. La perte de cette illusion était pour moi d'autant plus pénible, qu'il me fallait prendre le courrier, traverser les Apennins, faire un voyage de vingt heures en voiture, avec cette perspective, si les chemins étaient mauvais, de rester *quatre jours* en route, comme cela était arrivé la semaine précédente. L'appréhension de ce voyage me fit rester deux jours de plus à Florence. Je les mis à profit pour revoir les musées et tous ces sombres palais Capponi, Corsini, Guadagni, Ridolfi, Bartolini, qui sont autant de forteresses du moyen âge. Je revis le Palais-Vieux, l'antique résidence de Côme de Médicis, cette salle du conseil des Cinq-Cents, construite sur la demande de Savonarole pour les assemblées du peuple. C'est là qu'avaient lieu les séances de la Constituante ; là avaient été proclamées l'émancipation de la Toscane, la déchéance du grand-duc. Un déluge de drapeaux aux couleurs italiennes cachaient les statues de Bandinelli, de Michel-Ange et de Jean de Bologne. Les belles fresques de Vasari disparaissaient sous de vilaines tentures rouges. Je regrettais pour le gouvernement provisoire de la Toscane cette décoration de banquet patriotique si gauchement appliquée à cette magnifique salle du Grand-Conseil, dont les chefs-d'œuvre de la sculpture et de la peinture formaient l'ornementation la plus naturelle.

J'allai visiter la *casa Buonarrotti*, qui appartient encore à un descendant de Michel-Ange. On y conserve quelques ouvrages de sa jeunesse, ainsi que différents objets ayant appartenu au grand artiste, et recueillis après sa mort. Le *custode* de ce petit musée était absent, et ce fut Mme Michel-Ange Buonarrotti elle-même qui me fit les honneurs de sa maison. Cette dame me raconta comment ce précieux musée avait été transmis d'âge en âge à sa famille, comment il avait été légué à l'Etat par le Michel-Ange Buonarrotti, dont ils avaient directement hérité, dans le cas où, faute d'enfants mâles, le nom illustre viendrait à disparaître de la famille. Les propriétaires actuels de la maison se trouvaient dans cette condition, doublement pénible, de n'avoir pas d'enfants. Le nom de Michel-Ange devait s'éteindre avec eux. Mme Buonarrotti nous fit tristement ces confidences, en jetant un regard de regret sur tous ces précieux souvenirs, ces meubles, ces tableaux, ces sculptures, ces dessins, etc., qu'il lui faudrait quitter. Elle était bonne Italienne et nous parlait avec enthousiasme de la dernière guerre, de l'Empereur, du roi Victor-Emmanuel, etc. Jamais, me disait-elle, elle n'avait voulu permettre, jusqu'en 1855, lorsque les troupes impériales occupaient la Toscane, qu'un *tudésque* visitât « le sanctuaire de Michel-Ange. » Elle plaignait plus qu'elle ne blâmait le grand-duc. Son principal tort, disait-elle, était son titre d'archiduc d'Autriche. Mme Buonarrotti lui adressait aussi un reproche bien grave dans la bouche d'un Italien : *On ne le voyait jamais,* il ne mettait pas d'uniforme, ne passait pas de revue de troupes, restait enfermé dans un petit palais de campagne ou employait son temps à la chasse. Cette bonne dame ne pouvait se représenter un véritable souverain qu'avec une certaine pompe, un luxe princier, une cour de grands seigneurs et d'artistes, de brillantes cérémonies, des fêtes populaires et pas de *tudesques!* Décidément, c'est un rôle bien difficile, que celui de gouverner les peuples, quand il faut y joindre le soin de les occuper et de les distraire.

Mon voyage de Florence à Bologne s'est effectué sans accident. Inquiété par certaines légendes, je m'étais informé des garanties de sécurité que pouvait présenter la route. On m'avait répondu qu'il n'y avait plus de voleurs depuis cinq ans et que les diligences n'étaient plus arrêtées que par la neige. On avait eu un jour l'heureuse idée d'emprisonner quelques conducteurs et quelques gendarmes, et, depuis ce temps-là, les exploits de grande route avaient cessé. La neige était tombée en abondance sur les montagnes et dans les endroits abruptes et difficiles; j'avais le plaisir original d'être traîné par cinq chevaux et quatre bœufs gris à magnifique stature et à longues cornes, absolument comme un roi mérovingien. C'est dans cet équipage que le courrier de la poste et moi nous faisions notre entrée à Bologne, autrefois république au Xe siècle, puis soumise aux papes, aux ducs de Milan, puis république, reprise par les papes, prise par les Français, reprise par les Autrichiens, reprise par les Français, et alors chef-lieu du département du Reno, restituée au pape, insurgée en 1831, insurgée en 1848, seconde capitale des Etats de l'Eglise, et aujourd'hui... une des villes principales des Etats dont M. Farini était le dictateur provisoire. Pauvre Italie! Allez donc, au milieu de tant de convulsions du passé et du présent, chercher la véritable base sur laquelle il convient de placer le régime politique d'un peuple!

Cette situation si singulière a du moins cela de bon pour le voyageur, qu'elle lui permet de s'affranchir de tout contrôle et de toute formalité ombrageuse. Le passe-port est devenu inutile et la visite des bagages n'est opérée que par le *facchino* qui les porte, si vous n'avez pas toujours l'œil sur lui. Il paraît qu'il n'en sera pas de même en Vénétie.

Je consacre la première partie de ma journée aux explorations de tableaux, dans les églises, à l'*Academia delle belle arti* (la fameuse Pinacothèque), dans les palais. C'est le premier devoir à accomplir dans toutes les villes de l'Italie, et principalement dans la patrie de Carrache, de Domenico-Zampieri, de Guido-Reni, de l'Albane, du Guerchin, de Lanfranc, etc. La physionomie de Bologne est originale, mais la ville est comme attristée par ces portiques irréguliers qui bordent les rues des deux côtés. Décidément les arcades sont commodes pour les piétons, mais affaiblissent l'animation d'une cité.

L'effervescence politique paraît plus accusée à Bologne qu'à Florence. Les murs sont couverts de proclamations, de placards, de caricatures absurdes, de mauvais goût, indécentes même, où les souverains sont figurés souvent en animaux, où l'on ne respecte pas plus le dessin que la morale. Il y a ici de la démagogie dans l'air et on s'en aperçoit au style des feuilles qui se débitent dans les rues. Il y a une assemblée, un club : des tribuns doivent instruire le peuple sur ses droits comme en 1848. Tous les abords de la *Piazza Maggiore* sont encombrés par des groupes de gens qui, sans exagération, par le chapeau feutre, le manteau rejeté sur l'épaule et la figure basanée, plus ou moins propre et rasée, ressemblent assez à des conspirateurs de mélodrames. Je n'aime pas ces visages et j'avoue mon impression sans me préoccuper de considérations politiques. Tous ces gaillards-là ont l'air excessivement heureux de trouver dans les incertitudes de leur situation un prétexte pour ne rien faire, semblables en cela à certains travailleurs que nous nous rappelons bien, en France. Là aussi, sur toutes les maisons, sont collés des placards avec cette inscription : *Viva el nostro Re legitimo, Victorio-Emmanuele II*. C'est fort bien pour le moment, et d'ailleurs le gouvernement piémontais et ses agents ont eu plusieurs mois pour faire naître et développer un si grand amour. Mais plus tard !

Jusqu'ici, m'assure-t-on, cet essai d'émancipation ne s'est traduit par aucun désordre. Il est vrai que les marchands se lamentent et que là, comme à Florence, l'invasion des étrangers voyageurs, ce grand commerce de l'Italie, est nulle ; mais c'est un peu le propre des transitions politiques. Tout ce pays s'attend à la guerre.

Le personnel de l'ancienne administration est resté à Bologne, et le légat sort dans les rues sans être inquiété, ce qui prouve au moins en faveur du caractère des Bolonais. Ils ont d'autant plus de mérite à ne pas commettre quelques-uns de ces excès trop fréquents dans les mouvements populaires, que les incitations ne leur ont pas manqué. Les émissaires de Mazzini cherchent à lutter contre l'influence du gouvernement piémontais, et soufflent la guerre civile et les représailles. C'est là le principal argument que fait valoir la bourgeoisie en faveur de l'annexion : chercher dans le régime constitutionnel un refuge contre les dangers de la démagogie et annuler Mazzini en se donnant à Victor-Emmanuel. Les élections vont avoir lieu sous ces diverses influences, mais le résultat sera probablement tout en faveur de l'annexion à la Sardaigne, avec ou sans la suzeraineté du pape. Car ce que j'ai vu et entendu me donne la persuasion que les populations de la Romagne sont loin d'être hostiles au saint-siége. Tous les monuments de leurs villes attestent au contraire leur attachement. Mais elles veulent une administration laïque, un régime constitutionnel ou libéral, et l'exclusion à perpétuité des troupes autrichiennes. Je crois que c'est le résumé le plus impartial qu'on puisse faire des vœux et des véritables tendances de ce malheureux pays.

Février 1860.

VÉRONE.

De Bologne à Mantoue. — Un sergent français. — Les inondations du Pô. — La frontière autrichienne. — Mantoue. — Une caravane anglaise. — Vérone.

Il était temps de quitter Bologne : dès le lendemain de mon départ, la voie devait être presque exclusivement envahie jusqu'à Plaisance par les convois militaires. Du reste, sur la route, à chaque station, et principalement à Modène, je remarquais des détachements des nouveaux soldats de l'armée de l'Italie centrale qui s'installaient dans les wagons pour être dirigés sur la frontière. J'arrive à Parme, même spectacle, même animation. De nombreuses compagnies de volontaires, beaux hommes pour la plupart, font l'exercice sur les places, sous le commandement des officiers sardes. On attend d'un moment à l'autre l'entrée des troupes autrichiennes sur le territoire. Farini vient d'arriver de Modène pour faire, avec un général piémontais dont on n'a pu me dire le nom, le dénombrement exact des forces militaires, dans l'éventualité d'une lutte prochaine. La duchesse de Parme a dit-on beaucoup de partisans, mais qui se séparent d'elle, ou du moins de son ministre, sur la question de l'intervention étrangère. C'est toujours le secours de l'Autriche qui complique la question. Quant au grand-duc de Modène, François V, archiduc d'Autriche-Este, prince royal de Hongrie et de Bohême, feld-maréchal, propriétaire du régiment d'infanterie autrichien n° 32, je confesse, en toute sincérité, qu'il semble jouir d'une médiocre popularité.

D'après les quelques réponses qui ont été faites à mes questions sur ce sujet, les Parmesans paraissent excessivement affligés et contristés du massacre du colonel Anviti. On m'a raconté de curieux détails sur cet odieux épisode de l'émancipation des duchés. Le colonel était universellement détesté, mais il y avait loin, dans l'esprit de la population, de cette aversion à d'aussi sanglantes représailles. Quelques misérables fanatiques, comme il en surgit si promptement dans toutes les révolutions, et surtout en Italie, ont été malheureusement aidés par la coupable faiblesse de la garde nationale. Des circonstances, que les journaux n'ont même pas voulu décrire, ont accompagné cet assassinat dans lequel les enfants, les gamins de Parme ont joué un rôle ignoble. Qu'on en juge par cette particularité. Pendant que des forcenés traînaient partout le corps du malheureux Anviti, assommé avec le poing avant qu'on lui eût tiré un coup de pistolet, les enfants s'étaient emparés de la tête détachée du tronc : ils l'ont promenée *sept* heures dans la ville, s'arrêtant à chaque place pour faire subir à Anviti un hideux interrogatoire. Pendant que ses camarades l'interrogaient sur les crimes qu'il avait commis, disait-on, un enfant, avec les mains, faisait incliner la tête en signe de réponse affirmative... et les curieux riaient. Voilà certes une génération qui promet pour l'avenir et dont les Parmesans doivent bien augurer. Je voudrais savoir aussi quel sera devant l'ennemi l'attitude de ces gardes nationaux qui ont froidement, l'arme au pied, laissé assassiner un homme !

Parme est une grande, belle et riche ville, mais sans caractère et sans originalité, où je ne me suis pas arrêté longtemps : on s'y croirait à Nancy. Je me dirigeais sur Mantoue, et la position réciproquement hostile des deux pays, duchés insurgés, Vénétie autrichienne, ne rendait pas les communications d'une extrême facilité; je trouvai une voiture, sorte de coucou réformé, qui conduisait les voyageurs jusqu'à Casale-Maggiore, village situé sur le Pô, où campait un de nos régiments de ligne en observation. Parmi mes compagnons de route se trouvait un vieux sergent français, arrivé en droite ligne d'Avignon, où était le dépôt, pour rejoindre son corps à Casale-Maggiore, et qui, par son individualité bien tranchée, le calme un peu dédaigneux avec lequel il voyageait en Italie, formait bien le type le plus original que j'aie vu du troupier français à l'étranger. Rien ne l'étonnait, il parlait partout et hardiment son français gasconnant de la caserne, comme si c'eût été la langue universelle, et aux nombreuses stations que la diligence faisait dans les villages, rien n'était plus amusant que de le voir, lorsque son uniforme le faisait le centre d'un petit rassemblement de curieux, exprimer énergiquement son impatience aux badauds ébahis.

Avant d'arriver à Casale-Maggiore, il nous fallait traverser le Pô, à quelque distance du pont qui a été détruit pendant la guerre. La route, pour atteindre les bords du fleuve, était fort mauvaise, et quoique la voiture, pour franchir ce mauvais passage, fût traînée par deux chevaux et quatre bœufs, on avait fait descendre les voyageurs. Ce n'était pas sans difficultés que mon troupier s'était rendu aux exhortations du conducteur : il s'obstinait à rester à sa place en donnant pour raison « qu'il ne voulait pas rentrer crotté à *son régiment.* » Pour lui, Casale-Maggiore était son régiment! Il n'allait pas d'Avignon en Italie... il changeait de garnison, voilà tout. Nous traversons le Pô sur un immense bac où l'on a entassé bœufs, chevaux et voyageurs. — Sur l'autre rive, on remarque un mouvement singulier : on semble attendre un personnage, et je fais rire mon sergent en lui demandant si ce n'est pas à lui qu'est préparée cette réception d'apparence officielle. Des barques pavoisées aux couleurs italiennes sillonnent le fleuve ; une vraie musique de garde nationale de banlieue fait entendre des fanfares. — On attend Farini, qui doit venir se concerter avec le colonel du 11e de ligne. Voici comment j'apprends le numéro du régiment : A peine débarqué au milieu des pantalons rouges, que je revois, ma foi, avec plaisir, j'aperçois, placardée sur le quai de Casale-Maggiore, une affiche où est annoncée en grosses lettres « une *grande représentation extraordinaire au profit des pauvres,* donnée par la troupe du 11e de ligne... composée de : la *Rue de la Lune... J'attends un Omnibus... Pierrot marchand de salade,* etc. » Puis encore : « Pendant les entr'actes, l'excellente musique du 11e exécutera, etc. » Décidément, je n'avais pas besoin, chauvinisme à part, de voir l'uniforme et les sympathiques et franches physionomies de mes compatriotes pour savoir que des soldats français étaient là. C'est affaire à eux, du reste, que de se mêler aux populations au milieu desquelles les circonstances les font séjourner. Casale-Maggiore, un bourg de 3,000 habitants, avait déjà une tournure toute française, le café des officiers, le café des sous-officiers, des cantines, des boutiques, des magasins. — Pour terminer par un détail caractéristique, au moment de monter dans la diligence qui doit nous mener de Casale-Maggiore à Mantoue, je vois un soldat portant dans ses bras une petite fille, tandis qu'un gros garçon le suit en tenant un pan de sa capote : ce sont probablement les enfants de son hôte qu'il promène ainsi complaisamment. Il serait impossible aux soldats allemands, bons, mais lourds et massifs, de captiver ainsi les bonnes grâces des mères et l'amitié des familles. Je vois passer mon sergent, camarade de voyage, qui me dit : *Au revoir!* comme si je devais le rencontrer prochainement dans une *autre* garnison.

Nous traversons de grandes plaines fertiles, mais baignées par les eaux. Le Pô est à la fois le bienfaiteur et l'ennemi de ce pays. Les inondations auxquelles toute cette contrée est exposée ont forcé, dès le XIIe siècle, d'avoir recours à des digues, et on a adopté un système général d'endiguement par suite duquel le Pô, l'Adige et presque tous leurs tributaires sont actuellement maintenus entre des bords artificiels et très-élevés. Une partie du sable et du limon qui, dans l'état naturel des choses, serait répandue dans la plaine par les inondations annuelles, se dépose sur le fond du lit des rivières, dont la capacité se trouve ainsi diminuée; il devient alors nécessaire d'extraire du fond une partie du dépôt et de la reporter sur les bords. L'exhaussement graduel de ces rivières est tel, qu'aujourd'hui elles traversent la plaine sur un fond très-élevé, comme les eaux qui coulent dans un aqueduc. La surface du Pô est plus haute, paraît-il, que le toit des maisons de Ferrare. Il est arrivé quelquefois qu'on s'est trouvé dans la nécessité d'élever les bords de l'Adige et du Pô de près d'un pied dans une seule saison. Si la guerre avait lieu, il faudrait tenir compte de ces singulières dispositions géographiques, qui permettraient jusqu'à un certain point aux habitants de se retrancher, à un moment donné, derrière une inondation qu'on peut facilement amener.

Nous rencontrons encore dans un village un poste avancé, composé d'un bataillon français, puis nous arrivons à Guazzolo; nous sommes sur la limite de la frontière sarde, tracée par l'Oglio, qu'on traverse en bac. Encore une heure de route, pendant laquelle les voyageurs déchirent tous les papiers compromettants qu'ils peuvent avoir sur eux, et la diligence s'arrête. Nous sommes à Ritronto, et les uniformes blancs des Autrichiens nous conseillent la discrétion et la prudence. On fait mettre à terre paquets et bagages; on fait descendre tous les voyageurs, qui doivent aller soumettre leurs passe-ports à l'inspection du chef de police; ce chef est un Milanais renégat, un Gamberti qui a suivi les Autrichiens dans leur retraite de Milan, et qui outre-passe, comme cela arrive toujours, les instructions qui lui sont données. Il me faut indiquer d'une manière précise où je dois m'arrêter et coucher jusqu'à mon arrivée à Venise. On fouille quelques voyageurs; je ne suis pas du nombre, heureusement, et on inspecte minutieusement les bagages. On trouve dans ma valise, enveloppant divers objets, trois numéros du *Nouvelliste de Rouen,* que j'avais reçus poste restante à Florence, et on leur fait les honneurs de la confiscation. Je cherche à me rappeler si ces numéros contiennent quelque chose d'hostile à l'Autriche. Je me prévaux de ma qualité de Français et réclame ces journaux avec une insistance que mes compagnons de route regardent comme une insigne audace. Les Tudesques me regardent d'un air embarrassé ; je vois que la qualité de Français les gêne plus que toute autre considération de nationalité. On me salue poliment, mais on garde le *Nouvelliste*. Si encore ces gens-là s'abonnaient !

Nous traversons toute une série de remparts, de fortifications en terre-pleins bordés de sentinelles et de canons, puis des ponts massifs et des ponts-levis jetés sur les bras du Mincio ; nous entrons enfin à Mantoue, dans l'une des quatre places du formidable quadrilatère. A peine avons-nous passé la première porte, qu'un détachement autrichien fait de nouveau arrêter la diligence. On redemande les passe-ports et on ne les rend pas. Les voyageurs, une heure après leur arrivée, devront aller les chercher à la direction de la police.

Mantoue est placée au milieu d'une sorte de lagune artificielle formée par les eaux du Mincio. Ainsi, l'élargissement du lit du fleuve, à l'aide de digues, forme au nord ce qu'on appelle le lac Supérieur ; puis s'étendent au-delà du pont Saint-Giorgio, le lac du Milieu, et enfin le lac Inférieur. Un canal, qui divise la ville en deux parties, forme à sa sortie un port pour les bateaux qui viennent du Pô et, par lui, de la mer Adriatique. Des chaloupes canonnières pourraient fort bien, en profitant de cette accumulation de bassins artificiels, venir ainsi détruire les ouvrages avancés de la ville. Là aussi je retrouve tous les symptômes d'une guerre prochaine. Le chemin de fer transporte des obusiers et des canons; les soldats s'exercent au tir; on redouble de surveillance et de rigueur à l'égard des habitants; des patrouilles circulent même le jour dans les rues; le gouverneur vient d'être destitué comme trop doux. Et c'est là pourtant la patrie de Virgile; et sur cette *Piazza Virgiliana,* emplacement d'un marais desséché par les Français pendant leur courte occupation, devant la statue du poëte surnommé le Cygne de Mantoue, les fanfares autrichiennes sonnent la retraite chaque soir à huit heures, en même temps qu'un coup de canon vient l'appuyer de sa voix menaçante!

Il y a 4,000 Autrichiens dans la ville, mais on attend des renforts. Tous ces soldats allemands ont d'assez bonnes figures, et, partout ailleurs qu'en Italie, ils cesseraient d'être antipathiques, même aux Italiens. Leur pantalon collant sous la longue capote, leur donne toujours l'air de se promener en robe de chambre. Ils me paraissent bien équipés et bien armés.

Par suite d'un quiproquo entre moi et le maître d'hôtel, je n'ai pu partir le soir pour Vérone. Je me suis trouvé un instant sans passe-port, entre la station du chemin de fer, située à une lieue de la ville, et la première porte des fortifications, avec la perspective de coucher à la belle étoile et sur les bords du lac Supérieur. Heureusement, on a compris que je ne venais pas m'emparer de la ville ; on m'a laissé rentrer, et j'ai pu retrouver le maudit passe-port, qui déjà se constellait de visas hiéroglyphiques.

Je me suis demandé pourquoi il y avait des hôtels à Mantoue, puisque les étrangers n'y viennent pas ; et ils ont bien raison, car on ne leur fait pas précisément un cordial accueil. Je retrouve à l'*Aquila d'Oro* l'unique voyageur que j'aie rencontré à Florence. C'est un Anglais d'au moins un mètre et demi de tour ; il est en force, du reste, pour aller en pays suspect : il est accompagné de son fils, long comme un mât de cocagne, de sa femme à lunettes bleues, le guide Murray à la main ; puis viennent en serre-file quatre filles à tête busquée, avec des pieds gigantesques, suivant maman comme deux couples de grues effarouchées. On ne pouvait dire que celles-là eussent des figures de keepseake anglais. Quand les Anglaises se mettent à être laides, elles le sont avec une conscience et une intrépidité qui leur donnent le pas, sous ce rapport, sur le beau sexe de toutes les nations. Le chef de cette intéressante famille est évidemment choqué de tout ce qu'il voit depuis qu'il est sur le territoire de la Vénétie, et, au déjeuner, je crois comprendre qu'il se propose d'en écrire quelques mots au *Times*.

En une heure, le chemin de fer nous a conduits à Vérone ; nous avons vu en passant la petite ville de Villafranca, qui vient de recevoir d'un événement mémorable une récente célébrité. A Vérone, les formalités recommencent, et, pour une demi-journée de séjour, il faut passer une heure à subir l'inspection des commissaires autrichiens, avec escorte militaire fort imposante. Dès que j'ai obtenu un certificat d'allure inoffensive, je me hâte de parcourir cette ville, qui, avec ses vieilles murailles flanquées de tours, ses ponts, dont les parapets sont des créneaux, ses longues rues et ses souvenirs du moyen âge, a, comme dit Valery, un grand air qui impose. Je visite les Arènes, qui contenaient 50,000 hommes, où le Dante prit, dit-on, l'idée des cercles de son enfer, et dont quelques vomitoires sont occupés aujourd'hui par des boutiques de marchands de ferraille ; les monuments de Scaliger, les principales églises, et enfin le tombeau de l'amante de Roméo. Ce prétendu sarcophage de Juliette est une grande auge en pierre située dans un jardin, au bord de l'Adige. On me raconta que l'archiduchesse Marie-Louise, *vedova Napoleone,* avait fait monter un collier et des bracelets de la pierre rougeâtre dont ce tombeau est formé. Le sarcophage est déjà fort ébréché par les coups de ces petits marteaux que les Anglais portent avec eux en voyage pour mutiler les statues et les monuments au profit de leurs musées particuliers.

Toutes les impressions artistiques s'effacent à Vérone devant le spectacle des fortifications qui enserrent la ville et embrassent tout un vaste périmètre au dehors. Les Autrichiens ont accumulé là des millions, puisque, depuis leur prise de possession, ils n'ont cessé, et surtout depuis la dernière guerre, d'ajouter retranchements sur retranchements. Plus de 30 à 40,000 hommes sont derrière ces remparts avec d'énormes approvisionnements. Les fortifications consistent principalement dans une série de talus hérissés de canons et dont l'approche est défendue par de larges fossés. L'ensemble est d'un aspect formidable, et pourtant, sans avoir des connaissances spéciales, on se demande si ces travaux de défense répondraient bien, comme efficacité, au but pour lequel on a englouti tant d'argent.

Février 1860.

VENISE.

Les passe-ports. — Le grand canal. — Povera-Venezia. — Les puits. — Les pigeons de Saint-Marc. — Les marionnettes. — La musique autrichienne. — Une reine déchue.

Me voici arrivé au but principal de mon voyage : depuis quelques jours je suis dans cette ville fantastique qui a inspiré tant de riches imaginations, tant de rêves, tant de chefs-d'œuvre de l'art et de la littérature, qui a réuni tant de gloires, dont l'histoire est un roman, dont le deuil est encore maintenant une poésie. On m'avait conseillé d'aller à Rome, à Naples; mais combien d'admirations banales, d'hommages vulgaires se sont exprimés devant ces deux villes : tandis que Venise, par sa position géographiquement excentrique, par la répugnance qu'inspirent aux étrangers les ombrageuses formalités de la police autrichienne, échappe plus qu'aucune de ses sœurs d'Italie aux indiscrètes curiosités des touristes. Je me promets de visiter un jour la cité éternelle et Naples, mais j'avais un désir impatient de voir Venise, même Venise triste et résignée, pleurant au milieu des lagunes de l'Adriatique une liberté qu'un instant elle avait pu entrevoir. Je m'étais préparé pour cette visite comme pour un acte important; je ne m'étais pas contenté des notions sommaires du guide; je m'étais d'avance, en lisant Byron, Georges Sand, Valery, Ruskin, Charles Blanc, Jules Lecomte, approvisionné d'histoires et de souvenirs; c'était l'armure avec laquelle j'allais, paladin normand, à la recherche du palais enchanté. Et maintenant que j'ai vu, je m'applaudis d'être venu, jusqu'au point de regretter de partir. Partout ailleurs que dans ces lettres rapidement écrites, sans prétention surtout, je donnerais carrière à mes impressions, si je n'étais un peu de l'avis de l'infortuné Léopold Robert, qui signalait comme un danger tout ce qu'on écrivait sur Venise, et dont le résultat le plus immédiat était d'attirer les profanes et surtout les membres de l'immense famille de M. Prudhomme.

Au départ de Vérone, après avoir traversé l'Adige, j'étais au cœur de la Vénétie. A partir de Vicence, une grande et belle ville où l'on conserve comme un témoignage précieux de barbarie les morceaux d'une grande toile de Véronèse, hachée en 1848 par des soldats autrichiens, la voie traverse de magnifiques champs sur lesquels vient empiéter sans cesse, au détriment de l'agriculture, un système parasite de fortifications. Nous avons passé Padoue. La voie continue à travers une plaine basse de plus en plus coupée de canaux, côtoie des forts et... s'élance au milieu de la mer. L'illusion est complète : des deux côtés d'un immense viaduc, on ne voit que la lagune ; ce viaduc, établi sur pilotis, a une lieue de long, et cette entrée dans Venise répond bien au caractère romantique de la ville.

Nous sommes arrivés : nous sommes à Venise, mais nous sommes en Autriche, et pour qu'on ne l'oublie pas, une série de ces uniformes blancs ou de ces grandes capotes grises, dont la route est semée depuis Vérone, vous indique un bureau moitié militaire, moitié de police ; ce n'est plus l'animation qui règne dans une gare en France à l'arrivée d'un convoi : il semble qu'on entre dans une immense nécropole.

Les voyageurs se dirigent vers l'office, où il faut subir un examen préalable. Cinq employés sont assis devant un grand bureau : derrière eux se tient un détachement de soldats, le fusil au pied. Près de la porte sont placés deux commissaires, dont l'un, sanglé comme un paquet dans son uniforme, la figure ensevelie sous d'épaisses moustaches qui lui donnent l'air d'un bonnet à poil, est salué avec un respect craintif, c'est le mot, par les voyageurs de toute condition, à mesure qu'ils défilent devant lui en déposant sur le bureau leurs passe-ports. Souvenir classique ou plutôt romantique à part, ce gros homme, à la physionomie rébarbative et rogue, me faisait l'effet du chapeau de Gessler salué par les Suisses. Sans être précisément un Guillaume Tell et tout en me soumettant à la formalité du passe-port, je me donnai la satisfaction de ne pas me découvrir devant ce gros tudesque, et j'augmentai la surprise que cet acte de témérité parut causer, en demandant à voix haute et en très-bon français où je pourrais reprendre mon passe-port dès qu'il aurait été examiné. Tous les regards se levèrent sur moi, je crus un instant que j'allais être arrêté pour propos séditieux. Enfin, on me remit un petit bulletin imprimé sur lequel mon nom était inscrit; on me fit voir du doigt, sans parler, un avis publié en allemand, en italien et en français, où il était dit que chaque voyageur devait, vingt-quatre heures après son arrivée à Venise, se rendre avec ce bulletin à la direction de la police. On lui remettrait son passe-port en lui indiquant combien de jours il lui était permis de rester dans la ville. Cela débutait bien.

J'arrivai le soir à Venise. Je choisis une gondole parmi celles qui se pressaient en guise de fiacres aux abords de la gare, et, installé dans la petite cabane à toit cintré, recouverte de gros drap noir ou *felze,* je me fis conduire, en traversant la ville par le grand canal, à la place Saint-Marc. C'était bien la mystérieuse Venise, la plus étrange ville du monde, la ville qui ne connaît ni le bruit ni la poussière. Le pied de ses maisons et de ses palais est dans la mer, ses rues sont des canaux, ses voitures sont des gondoles. On n'entend que les mots d'avertissement échangés par les gondoliers à l'angle des rues, à l'approche des ponts, pour éviter les rencontres. Un silence si complet, si absolu dans une ville qui compte 20,000 maisons et 130,000 habitants, me sembla singulier. En débarquant dans une rue, derrière la place Saint-Marc, je demandai à un des rameurs pourquoi, à sept heures du soir, la ville paraissait si complétement endormie, si elle était toujours aussi muette, aussi dépourvue d'animation. Cet homme, après s'être assuré que j'étais Français, me dit en soupirant et d'un ton plaintif qui me fit impression : *Povera Venezia!* et ces mots, je devais les entendre à chaque instant comme un refrain lugubre, pendant mon séjour : *Povera Venezia!*

Après avoir subi un premier examen à l'arrivée, il me fallut encore me soumettre aux investigations de mon maître d'hôtel. Ces pauvres diables sont eux-mêmes les instruments forcés d'une véritable police exercée à l'égard de leurs hôtes. Tous les jours, ils doivent aller à la direction porter les notes qui concernent les voyageurs, et ils sont responsables, jusqu'à un certain point, des négligences qui auraient été commises. J'ai gardé, comme preuve de ce déploiement de précautions prises à l'égard des étrangers, un exemplaire du bulletin imprimé que l'on me fit remplir sous ce titre: *Notifica dell'albergo la Luna S°-Marco all ascensione;* il comportait les chapitres suivants : *Cognome e Nome; Eta è condizione del forestiere è delle persone di compagnia. — Luoco di nascita è domicilio. — Giorno dell'arrivo. — Provenenzia. — Giorno della partenza. — Direzione. — Ricapito di Viagio cui è munito.* Maintenant, il y avait une colonne *observations* qui me parut très-élastique, et le maître *dell'albergo la Luna* m'apprit que, dans cette colonne, il devait publier toutes ses observations sur le voyageur, ses allures, sa mine, etc.; fort heureusement, il n'a pas intérêt à provoquer le départ immédiat de ses clients, autrement une simple indication équivoque de sa part aurait pu motiver mon expulsion. On ne m'avait pas trompé sur la défiance de la police autrichienne. Tout cela était fort ennuyeux, mais il fallait se résigner. Par une chance que j'eus lieu de bénir, mon passe-port me donnait une qualification rassurante, autrement, si la profession de journaliste français y avait été mentionnée, surtout après les récents bavardages d'Alexandre Dumas, j'aurais dû bien certainement rebrousser chemin dès Mantoue.

Enfin, tout alla pour le mieux, et, sur ma demande, on me remit à la direction de la police mon passe-port, avec la permission de rester une semaine à Venise; c'était plus que je ne désirais.

On devine que ma première visite fut pour la place Saint-Marc, qui rappelle notre Palais-Royal, et surtout cette splendide *Piazetta* qui la termine jusqu'à la mer, et où se trouvent toutes ces curiosités, toutes ces merveilles qui ont fait comparer Venise *à un riche pirate retiré des affaires ;* j'admirai les deux colonnes de granit surmontées, l'une de Saint-Théodore sur son crocodile, l'autre du lion ailé de Saint-Marc; la *Libreria Vecchia*, le *Campanile*, de cent mètres de hauteur, avec un escalier si large que Biron a pu le gravir à cheval; la *Loggia*, ce charmant petit édifice revêtu de marbres, de bronzes et de statues; les trois mâts où l'on arborait jadis les étendards de la république, la Tour de l'Horloge, la *basilique Saint-Marc*, d'architecture byzantine, enrichie d'une profusion des plus beaux marbres orientaux, de sculptures, de bronzes, de dorures et de mosaïques, où l'on compte cinq cents colonnes de marbre vert antique, de porphyre, de serpentine, enlevées à la Grèce et à Constantinople, bizarre assemblage qui fait du temple un monument unique et original, conservant, malgré la prodigieuse richesse de ces matériaux, un caractère austère et éminemment religieux ; les chevaux de bronze qui ont orné un instant l'arc de triomphe du Carrousel, enfin le palais ducal, ce Capitole de l'aristocratique Venise.

Je ne saurais dire avec quelle curiosité j'ai visité cet ancien palais des doges, d'un aspect si grandiose et si original, qui contribue, avec les autres monuments, par un mélange de style ogival et byzantin, à donner à Venise cette physionomie à la fois italienne et mauresque. Et puis, quelles richesses et quels souvenirs : l'escalier des Géants, où se faisait le couronnement du doge; l'escalier d'or, la place où a été décapité Marino Faliero, les deux citernes de bronze où viennent puiser de l'eau les Auvergnates de Venise, ces petites paysannes du Frioul, dont le costume national est si coquet et si pittoresque, etc.; la *salle du Grand Conseil*, un musée magnifique, où des chefs-d'œuvre du Tintoret, de Palma le jeune, de Véronèse, de Bassano et du Pordenone ont immortalisé les fastes de la république! Dans la frise, autour de la salle, sont les portraits de soixante-seize doges. A la place qu'aurait dû occuper Marino Faliero est un tableau noir, avec une inscription : *Hic est locus Marini Falieri, decapitati pro criminibus.* Du balcon de la grande fenêtre, on embrasse toutes les lagunes. De là, me dit le cicerone du palais, on apercevait fort bien, pendant la dernière guerre d'Italie, par-dessus le Lido, dans l'Adriatique, la flotte française. Au pied du palais, sur le quai des Schiavoni, le peuple, en dépit des patrouilles autrichiennes, restait alors des journées entières les yeux tournés de ce côté. — *Povera Venezia!*

Rien n'a changé de place dans le palais des doges : j'ai pu voir dans l'antichambre du Conseil des Dix une ouverture placée extérieurement à côté de la porte, ouverture autrefois masquée par une tête de lion en marbre, dans la gueule ouverte duquel se glissaient les dénonciations; dans la salle des Trois, *dei capi,* le couloir qui conduisait aux prisons, la salle du Sénat, où les sièges sont encore rangés pour une séance (seulement l'Autriche a appliqué son aigle noir à deux têtes sur le trône du doge) ; la salle du collége, où l'on recevait les ambassadeurs ; puis les appartements du doge, sa chapelle, etc., autant de musées dont les plafonds sont des tableaux !

Précédé de deux torches, je suis descendu dans ces sombres cachots qu'on appelait les *puits.* J'entrai dans l'un d'eux; là avait été enfermé le général Carmagnola. On ne voulut pas le torturer par ce bras qui avait glorieusement servi la république, on lui brûla la plante des pieds. Une planche sur quatre ais, des murs épais et suintants, un air fétide ! Quelle torture c'était déjà qu'un si affreux séjour ! Dans cet autre cachot, on a pu déchiffrer une inscription que mon guide me lit couramment :

Di chi mi fido, guardami eddio !
Di chi non mi fido, mi guard'io.

« Dieu me garde de celui auquel je me fie,
« Je me garde moi-même de celui dont je me défie. »

Quelle belle confiance engendrait un tel régime de terreur ! Au bout de ce couloir, où il faut marcher baissé, était une pièce étroite où avaient lieu les *suppressions*. On faisait asseoir le condamné sur une chaise, on lui passait une mince corde autour du cou et en deux tours de garrot on l'étranglait. Une petite porte s'ouvrait, elle donnait sur le canal, le cadavre glissait dans une gondole et on allait le jeter dans le canal Orfano. Mon guide, faisant tous les gestes et ce simulacre d'exécution, sous terre, entre deux torches, me donnait le frisson. Il me conduisit dans ce fameux *pont des soupirs*, sorte de sarcophage suspendu au-dessus du canal, et qui conduisait du palais ducal aux *prisons*, résidence de six magistrats, *signori di notte al criminal*. A deux pas de là, les prisonniers qui passaient pouvaient voir, à travers les dentelures du marbre sculpté, la foule qui allait insouciante sur le pont de la *Paglia*. Quels lugubres souvenirs ! On se croit au XIVe siècle ; il semble qu'on va voir passer tous les complices de Marino Faliero, et, à leur tête, l'architecte du palais, Calendario, qui sera étranglé là où nous avons vu une sellette au milieu d'une sorte de réduit ! Mais une porte basse s'ouvre : vous faites un pas, vous êtes sous le vestibule de la façade qui donne sur la mer ; vous êtes transporté du passé au présent. Devant vous est une guérite, ornée de ces bandes jaunes et noires que vous rencontrez aussi souvent en Vénétie que la croix blanche de Savoie dans la Romagne et les duchés. Derrière de fortes grilles qui les séparent du quai des Esclavons, sont les soldats autrichiens en permanence, gardant huit canons chargés, la gueule dirigée sur la place Saint-Marc !

Cet appareil militaire, vous le rencontrez partout, sinistre et menaçant. C'est, à cinq heures du matin, un coup de canon tiré sur le canal qui fait faire un soubresaut à toute la population ; ce sont des petites patrouilles de deux soldats, se promenant en plein jour le fusil chargé sur le dos, et à pas lents, comme de bons bourgeois, sauf qu'ils ont pour consigne, au moindre mot, au moindre geste suspect, de tirer sur les passants ; pauvres Allemands, victimes eux-mêmes d'une discipline implacable, et qui deviennent ainsi les instruments de la plus lourde des dominations, celle qui se sait abhorrée. Ce sont encore ces officiers autrichiens, élégants, distingués mêmes, mais que cette antipathie de la population, qu'ils sentent peser sur eux, ces railleries, ces mots insultants, partis on ne sait d'où, proférés en plein jour avec éclats de rire sardonique, *Solferino, Magenta*, rendent impertinents, vindicatifs, et, pour employer le mot juste, rageurs. Que de choses dans les regards qu'ils échangent avec les jeunes Vénitiens!

Du reste, si le peuple ne peut faire aucun effort pour secouer ce joug de fer, il emploie largement la ressource des vaincus : il se venge par des piqûres d'épingle qui exaspèrent toutes ces têtes germaniques. Entre la lourde intelligence des uns, je parle surtout des soldats, et cet esprit vénitien si fin, si subtil, si incisif, la lutte n'est pas possible, et l'Europe entière rit d'une plaisanterie cruelle des opprimés, que les oppresseurs en sont encore à comprendre quel en peut être le sens. Ainsi, rien n'est plus authentique que ces anecdotes qui ont circulé partout, et qui, autant que des faits sérieux, dénotent entre les deux races une séparation profonde, qui rend toute assimilation impossible. Les Autrichiens séjourneront cent ans en Italie, qu'ils ne parviendront pas à y prendre pied, à s'y implanter. Cela est si vrai, qu'il est défendu aux soldats d'avoir aucun commerce avec les habitants. Ce n'est même pas une occupation militaire, c'est un campement en pays ennemi.

On sait par suite de quelles moqueries de la part des uns, de quelles farouches impatiences de la part des autres, a été fermé le théâtre de la *Fenice*, que j'ai visité, et qui est bien, avec la *Scala*, l'un des plus beaux théâtres du monde. On pouvait croire que toute manifestation hostile cesserait, mais la guerre n'en a continué qu'avec plus de variété dans les moyens. On s'est d'abord servi de pigeons, ces gentils habitués de la place Saint-Marc, qui sont aussi une des curiosités de Venise. Jadis nourris aux frais de la république, par suite de je ne sais quel service important rendu par l'un d'eux dans la transmission d'une nouvelle, ils sont restés depuis des siècles les commensaux chéris de la population. Que dis-je, ils sont rentiers. La comtesse Lorenzo leur a légué une somme considérable, dont la rente est affectée à leur nourriture. Aussi, dès que l'horloge chaque jour a frappé les coups de deux heures, voit-on arriver à tire-d'aile, des profondeurs de la basilique, leur séjour de prédilection, des milliers de pigeons qui viennent prendre leur part de la distribution de grains et de pain qui leur est faite. Or, un jour, l'un des petits pensionnaires laisse voir en voletant une large cocarde italienne attachée à son cou; le peuple de rire et d'applaudir, les officiers de faire siffler leurs cannes d'un air menaçant. Le pigeon factieux, poursuivi par des soldats, se réfugie dans la basilique, où, sans respect pour le saint lieu, on le tue à coups de bâton. Et le lendemain, à l'heure où les officiers autrichiens se rendent au café *Quadri*, ils trouvent sur une large bande une inscription italienne dont voici le sens en un mauvais vers :

C'est pour tuer des pigeons qu'ils portent une épée.

Une autre fois, tous les pigeons naturellement blancs sont devenus tricolores, et la chasse d'être faite par les soldats avec une animosité qui amuse fort le public; puis il y a encore des ballons volants, toujours aux couleurs italiennes, qui, à un moment donné, planent sur la ville, se promènent sur la Piazetta, et maintiennent, la tête en arrière et le nez en l'air, une centaine d'Autrichiens qui en épient la chute pour les déchirer. Il est bien entendu que tout ceci ne se fait pas sans quelques arrestations. Elles s'opèrent la nuit et, comme il y a état de siége, le procès n'est pas long; les suspects sont expédiés, au désespoir des familles, dans les prisons militaires d'Allemagne. C'est là le triste côté de la médaille.

Si on a fermé la *Fenice*, le peuple a gardé ses deux théâtres de marionnettes, et il s'en sert largement pour satisfaire ses rancunes. Ces deux théâtres sont installés à quelques pas de la *Piazetta*, sur le quai des Esclavons, et ont une vogue que la nature des représentations fait facilement concevoir. Les mésaventures de Polichinelle sont un prétexte continuel à de piquantes allusions que le public accueille toujours avec des rires frénétiques. Tout ce qui est battu par Polichinelle, que ce soit le commissaire, le chat ou *il Gigo*, est toujours le *tudesque*, et toute cette burlesque histoire est assaisonnée de la manière la plus drôle par les gazouillements du dialecte vénitien. De temps à autre, l'*impressario* téméraire est mis pour huit jours en prison, mais le théâtre ne chôme pas pour cela. Des amis dévoués prennent sa place et Polichinelle recommence à raconter comment son habit blanc a besoin d'être battu, ce qui fait immédiatement partir cette réponse dans l'auditoire : « Comme à Magenta. »

Qu'on ne s'y trompe pas, ce sont de tristes symptômes, et le voyageur impartial ne peut s'empêcher d'en conclure que c'est une situation intolérable. Quand depuis un demi-siècle et plus, un gouvernement étranger est établi dans un pays, quand son œuvre d'assimilation est restée aussi stérile, quand sa domination ne peut se poursuivre que par l'intimidation et la funeste ressource des châtiments, quand il est obligé d'entretenir dans ce pays l'ensemble le plus dispendieux de forces et de travaux militaires, quand cette longue occupation n'a servi qu'à le rendre plus impopulaire qu'au début, malgré les sacrifices immenses d'argent et d'hommes, ce qu'il a de mieux à faire, c'est d'abandonner la partie et de laisser ceux qu'il opprime se gouverner à leur guise. Tout le monde y gagnerait : la Vénétie, l'Autriche, la morale politique et la paix de l'Italie.

J'avais des lettres de recommandation pour les familles les plus notables de Venise, et il me devenait facile de contrôler, par le jugement de la partie intelligente de la population, mes impressions de la journée et les propos recueillis çà et là. La domination autrichienne inspire une répugnance universelle. « Nous aimerions peut-être, me disait un descendant d'une illustre famille, les Autrichiens en Autriche, mais nous les exécrons à Venise. En 1849, nous avons fait un suprême mais impuissant effort pour les chasser. Nous avons dernièrement espéré un instant que nous partagerions les heureuses destinées de la Lombardie. Le sort ne l'a pas voulu. Il nous reste la ressource de l'exil ; 100,000 d'entre nous ont déjà émigré. Quand la population sera partie et qu'au milieu des lagunes il ne restera plus que les maisons vides, les palais et les monuments déserts de celle qui fut Venise, l'empereur d'Autriche s'apercevra enfin, sans doute, qu'un désert n'est plus une province, et que jamais la ville qui fut reine de l'Adriatique ne reconnaîtra les Allemands pour ses maîtres. »

Je l'ai déjà dit, celui qui me parlait avait un beau nom, inscrit dans les fastes de l'antique république ; il ne conspirait pas, il gémissait. Il ne voulait plus sortir, disait-il, que dans sa gondole ; là au moins, glissant sur les canaux, autour de la place Saint-Marc, du Rialto ou de la Giudecca, il évitait de voir un habit blanc ou les couleurs jaune et noir. La haute société de Venise était en deuil depuis une semaine ; tous les jours plusieurs de ses membres étaient arrêtés, et parmi eux des Morosini, des Cornaro, des Mocenigo, etc.

J'avais assisté, sur la place Saint-Marc, à cette manifestation dont les journaux ont parlé. Tous les deux jours, la musique militaire autrichienne, une excellente musique, vient exécuter des symphonies, et on peut dire qu'elle joue dans le désert. Mais les dimanches et jeudis, il se passe quelque chose de particulier. Avant deux heures de l'après-midi, une population compacte, empressée, turbulente, emplit la place Saint-Marc. Les instrumentistes autrichiens, protégés par un détachement, sont au centre ; mais, aux premiers accords, c'est un sauve-qui-peut général. La foule s'écoule de tous côtés et disparaît en un clin d'œil, laissant complétement seuls l'orchestre militaire, le détachement et tous les officiers, qui regardent avec colère, avec menaces, cette fuite injurieuse.

Toutes ces observations, intéressantes et pénibles à la fois, ne m'empêchaient pas de remplir consciencieusement mes devoirs de touriste. J'avais visité les églises, l'Académie des beaux-arts, les monuments, ces palais mêmes à colonnes mauresques dont les escaliers de marbre descendent dans l'eau. J'avais vu le palais Pisani, où se tua Léopold-Robert; le palais Cavalli, habité par le duc de Bordeaux; le palais Rezzonico, qui appartient à l'infant d'Espagne; le palais Mocenigo, où lord Byron composa le *Don Juan* et *Marino Faliero;* le palais Corner Spinelli, qui appartient à Mme Taglioni, ainsi que la *Cà d'Oro;* le palais Vendramin-Calergi, aujourd'hui à Mme la duchesse de Berry. D'autres sont devenus : entrepôt de tabac, caserne autrichienne, mont-de-piété, etc. Je n'avais pas oublié l'arsenal, ni même les îles Saint-Lazare, Murano, et ce fameux Lido, qui fut à Venise mon seul désappointement. Cette promenade si vantée par les Vénitiens, et chantée par lord Byron qui y faisait des excursions à cheval, n'est qu'une longue digue de sable qui protége Venise contre l'Adriatique. C'est enfin une plage désolée où, en outre du fort Saint-André et des guérites autrichiennes, on ne voit que quelques cultures maraîchères, éparses au milieu de terrains incultes et dévastés. C'est beau, peut-être, mais d'une beauté sauvage, et je m'étonnais beaucoup que les dames de Venise, du temps où les dames de Venise consentaient à se distraire, vinssent là, comme aux bains de mer à la mode, prendre le café et les glaces!

J'étais resté plusieurs jours à Venise et j'avais, de toutes les forces de la curiosité, épuisé, pour une première visite du moins, le spectacle de toutes ses merveilles et de toutes ses étrangetés. Aux souvenirs que je me préparais, se mêlaient les tristes impressions que faisait naître en moi la situation actuelle de Venise. Que deviendrait-elle? Cette décadence qui avait commencé le jour où son dernier doge impuissant proclamait lui-même sa déchéance, devait-elle se continuer? S'il était vrai que la mer Adriatique s'élevât d'un demi-mètre par siècle, comme une Pompéï d'un nouveau genre, et par une mort digne d'elle, Venise, avec ses palais et ses chefs-d'œuvre, devait-elle un jour s'abîmer sous les flots? Ou bien pouvait-elle espérer que ce mouvement d'émancipation italienne, dont l'Empereur venait de donner le signal, préparerait un jour sa résurrection? C'est ce que je demandais aux Vénitiens eux-mêmes, lorsque, désespérés, ils m'interrogeaient sur cette France assez sûre de sa force et de son autorité pour préparer à son loisir les destinées des autres nations.

Chose singulière, ballottée dès le commencement de ce siècle entre l'Autriche et la France, Venise aurait dû peut-être avoir autant de motifs de se défier de l'une que de détester l'autre. Elle avait mérité que Napoléon, par le traité de Campo-Formio, comme par un châtiment que le temps devait aggraver, la donnât aux Allemands. Nous aussi, nous y avions exercé ce qu'elle appelle une domination étrangère. Son lion de Saint-Marc, avec ses chevaux de bronze et ses tableaux, avaient été grossir à Paris les dépouilles rapportées par le vainqueur, et s'ils étaient revenus, ce n'était qu'après avoir perdu, les chevaux leurs dorures, le lion ses yeux de rubis. Et cependant les Vénitiens aimaient les Français. Ils parlaient avec orgueil de Napoléon Ier et des traces que son puissant génie et sa volonté de fer avaient laissées parmi eux : il avait fait construire la digue de Malamocco, créé les jardins publics, assaini la ville, rendu la place Saint-Marc plus régulière. Que sais-je? L'Autriche, qu'a-t-elle fait, qu'a-t-elle recueilli?

Et cependant, si ce joug était un jour secoué, que ferait Venise de sa liberté? Serait-elle annexée, elle aussi, au Piémont? J'en doute fort; il y a un monde entre Venise et Turin. Peut-être réclamerait-on pour elle les honneurs de l'autonomie, mais sous quelle forme? Qui pourrait faire revivre la Venise des doges? Le percement de l'isthme de Suez, cicatrisant les profondes blessures faites par la découverte de l'Amérique et du passage du cap de Bonne-Espérance, lui rendrait-il sa puissance commerciale? Y a-t-il enfin dans cette population, fatiguée par la domination, plus vive que ferme, impressionnable, nerveuse, assez de ressort pour qu'elle puisse fournir une nouvelle carrière? De jeunes patriciens me répondaient en faisant eux-mêmes l'aveu que l'habitude de se lever tard, de veiller tard, même dans les classes inférieures, l'absence de travail énergique, l'abus du café surtout, avait pu amener une dégénérescence morale. Mais c'était là un mal dont le remède serait trouvé le jour de l'émancipation. Cette dégénérescence, chez le peuple, était surtout le résultat d'une misère qui n'avait jamais été plus âpre que cette année. En effet, j'avais vu dans la fabrique de perles, à Murano, l'affreuse pâte de maïs dont les ouvrières faisaient leur unique nourriture, et quand je n'aurais pas eu cette preuve, elle m'aurait été fournie par cette foule de gens hâves et déguenillés qui se pressaient aux abords des bureaux de loterie. « Quand le peuple est malheureux, me disait M. de T..., ses idées se tournent vers les funestes séductions du jeu : il y en a là-dedans qui ont vendu leurs paillasses pour courir les chances du quaterne, et l'Autriche en profite. »

Je me suis laissé aller à en écrire plus long que je ne voulais, et ce n'est pas ma faute. A ma place, bien d'autres eussent été entraînés par tout ce que ces sensations ont à la fois d'attrayant et de douloureux. Je partais le matin à six heures, en longeant de nouveau le grand canal. Un ami que j'avais eu la bonne fortune de rencontrer au célèbre café Florian, le docteur Fauvel, le spirituel auteur d'une brochure sur le docteur Noir, venait me chercher en gondole pour nous rendre au chemin de fer. La cité était ensevelie dans un profond sommeil qui n'était interrompu que par les clairons des Autrichiens sonnant la diane. Nous allions quitter cette ville qui prend si complétement l'imagination, non-seulement par la splendeur des souvenirs historiques et par celle de l'art, mais encore par la poésie mystérieuse d'un passé plein de fêtes, de courtisanes, de licence et de drames sombres, — passé où il y a des fautes et des crimes, mais qui est cruellement expié. Pendant que le wagon nous emportait sur le viaduc, à travers les lagunes, nous cherchions encore à distinguer les lumières de quelques gondoles qui glissaient sur l'eau. Nous disions adieu à cette reine déchue de l'Adriatique. *Povera Venezia!*

Mars 1860.

MILAN.

L'Italia fara da se. — Souvenirs de Solferino. — Les Troupes françaises à Milan. — Le Dôme. — Les Milanais.

Plus j'avance dans cette partie de mon voyage, plus la politique prend de place dans mes impressions. Toute cette riche contrée que je viens de traverser évoque les souvenirs récents de la guerre : on s'y prépare même avec une telle hâte qu'il semble que du jour au lendemain elle va éclater de nouveau. Les Autrichiens espèrent venger sur les Piémontais, livrés à leurs propres forces, l'humiliation des défaites qu'ils n'auraient pas subies sans la puissante intervention de la France. Les Piémontais et les Italiens, comme en 1849, s'enorgueillissent à l'idée de pouvoir d'eux-mêmes, et sans secours étrangers, continuer la tâche entreprise. L'*Italia fara da se* : c'est toujours leur prétention. Puisse-t-elle, comme autrefois, ne pas les mener à l'ingratitude! Il y a encore beaucoup d'hommes sérieux qui, aujourd'hui même, doutent que l'Italie puisse abdiquer ses divisions séculaires, ses jalousies, ses passions, sa mobilité, pour préparer son émancipation et son unité. On a dit : Heureux les peuples qui n'ont pas d'histoire. Les Italiens en ont trop, et la trame si embrouillée de leur passé, toutes ces alternatives de gloire et d'abaissement ont dû semer de contradictions leur esprit national. On me citait cette particularité que les Vicentins célèbrent encore tous les ans une fête en souvenir d'une victoire remportée sur les Padouans, leurs voisins, et ceci dans la même province. Quel travail d'Hercule que de préparer l'unité d'un tel peuple !

Les Milanais surtout m'ont paru accuser cette mobilité fâcheuse qui décourage la protection. Ils semblaient presque impatients de voir l'occupation française se terminer, et on eût dit qu'ils aspiraient au moment où, sans lisières pour ainsi dire, ils pourraient donner la mesure de leur valeur. Nos officiers l'ont observé, avec un certain regret de voir s'évanouir si vite ces effusions enthousiastes d'une population en délire. Quant à nos soldats, et j'ai causé avec quelques-uns, ils avouent, en termes fort pittoresques, qu'ils n'ont pas longtemps pris au sérieux toutes ces démonstrations de reconnaissance. L'un d'eux me citait ce fait que pendant la guerre, aux plus beaux jours de triomphe, et tout en leur jetant des fleurs, les Lombards les exploitaient indignement. Ils profitaient de tous les embarras que suscitent aux étrangers les comptes à faire en monnaie, *lire milanese*, *lire austriache* et *lire italiana*. Le pauvre troupier était perdu au milieu des *swanzigers*, *mezzo swansigers*, et recevait, en échange de sa pièce de un franc bien marquée, bien luisante, une ignoble monnaie de cuivre qui avait à peine la moitié de cette valeur. Ceci n'a rien d'étonnant; l'Italien ne se fait aucun de scrupule tirer meilleur de parti possible de ses libérateurs, et, sous ce rapport, le Lombard est une variété très-curieuse de l'Italien. Je ne puis, d'ailleurs, oublier que ces mêmes Milanais, qui viennent de faire une ovation à Victor-Emmanuel, ont assiégé dans un palais, ont assailli à coups de fusil son malheureux père, Charles-Albert, trahi par le sort des armes, et qui venait de jouer sa liberté et son trône pour les délivrer de la domination autrichienne.

Il me paraît difficile que les plus habiles combinaisons de la politique puissent neutraliser longtemps les dispositions si hostiles des deux peuples. Ce n'est pas seulement par esprit de prudence et par système de précaution que de part et d'autre on se prépare si ouvertement, si résolûment à la guerre. Les formidables armements de l'Autriche, l'agitation guerrière de l'Italie centrale, les engagements volontaires, les appels aux armes, etc., n'annoncent rien de rassurant pour l'avenir. De Venise à la frontière autrichienne, on eût pu se croire bien loin de la paix de Villafranca. Aux abords de Vérone, une légion de soldats autrichiens, en habits de travail, la pelle ou la brouette à la main, se remuait autour des terrassements qui ajoutaient encore de nouvelles fortifications aux anciennes; en passant rapidement en wagon, nous apercevions dans de vastes plaines des manœuvres de cavalerie; des canons, des obusiers, que le chemin de fer avait apportés, bordaient la voie, et enfin dans une station de trois heures à Peschiera, le troisième boulevard du fameux quadrilatère, je voyais débarquer des canons rayés et j'allais assister au lancement de quatre chaloupes canonnières sur le lac de Garde, cette grande voie de communication entre la Vénétie et l'Autriche par le Tyrol. C'est par là qu'arrivaient sans cesse de nouveaux renforts de troupes.

En arrivant à Desenzano, frontière italienne, je ne pouvais m'empêcher de remarquer que la Lombardie était sans défenses et qu'un coup de main heureux pouvait en quelques heures ouvrir la route de Milan. J'étais enfin délivré de cette espèce de contrainte que j'avais involontairement subie pendant mon passage en Vénétie. On prend assez à Venise l'habitude de ne parler qu'à voix basse. Je me hâtai d'aller faire une excursion à Solferino, dont j'avais distingué de la voie de fer le cimetière, et à cette fameuse tour de l'*Espion*, d'où le jeune empereur d'Autriche était descendu si vite. C'est une croyance fort répandue en Italie que François-Joseph II, au moment de la déroute, est resté prisonnier pendant une heure d'un détachement de zouaves, qu'un ordre supérieur l'a délivré, et qu'un pareil acte de générosité de la part du vainqueur, joint à l'offre de la paix, ont rapidement amené la signature du traité. C'est un bruit dont je suis loin, on le comprend, de garantir l'exactitude. Je ne vis guère à Solferino que des bouleversements de terrain, qui accusaient les terribles phases d'une lutte longue et acharnée. Le génie piémontais avait commencé de ce côté des travaux qui changeaient la physionomie du champ de bataille, et cependant je sentais revivre dans ma mémoire, en parcourant cette plaine accidentée par de petits vallons qu'il fallut prendre successivement d'assaut, tous les incidents de cette mémorable journée.

Depuis quarante ans, les Autrichiens avaient fait dans cette plaine la petite guerre; depuis quarante ans, ils s'évertuaient à y prévoir des surprises, à y repousser des attaques : depuis quarante ans, enfin, ils apprenaient à gagner une victoire, sur cet emplacement qu'eux-mêmes avaient choisi pour y engager la lutte, et qui fut le théâtre de leur défaite.

De retour à la station du chemin de fer, et après avoir satisfait aux formalités du passe-port, qui n'étaient là qu'une distraction, auprès des soupçonneuses visites de la police autrichienne, je repartis pour Milan, où j'arrivai en quelques heures, après avoir jeté un coup d'œil sur Bergame et Brescia.

Je ne dirai pas autre chose de Milan, si ce n'est que c'est une fort grande et fort belle ville, à rues larges et régulières, et qui déjà, de son temps, paraissait à Montaigne ressembler fort à Paris. Elle formait, par son animation et l'incroyable mouvement qui se manifestait partout, un contraste frappant avec Venise. C'était bien Milan au lendemain de sa délivrance. Je vis à la Scala, où l'on jouait la *Favorite*, le maréchal Vaillant et son état-major. La salle était pleine et les loges, où venaient coqueter nos officiers de hussards, étaient occupées par les plus jolies femmes de la noblesse lombarde. La population était encore sous le coup des émotions de la fête donnée à Victor-Emmanuel. L'entrée du roi *galant uomo* dans Milan avait donné lieu à une véritable ovation, dont M. de Cavour avait eu sa large part. Celui que Mme Louise Collet, la muse garibaldienne, avait appelé « Richelieu moins le sang » jouissait en Italie d'une immense popularité. Les Italiens ne croyaient qu'en Cavour, ne juraient que par Cavour. Le suprême bon ton, sévèrement prohibé à Venise, consistait à porter des moustaches à la Victor-Emmanuel, un chapeau à la Cavour, un col à la Garibaldi ; les ultra-patriotes y ajoutaient une cravate aux couleurs italiennes.

Je n'ai pu me dispenser, comme de juste, de parcourir la ville et d'en saisir la physionomie. Le Dôme, cette splendide cathédrale de marbre, avec ses piliers si élancés, sa forêt d'aiguilles, ses 2,000 statues, eut naturellement les honneurs de la journée. Je ne me lassai pas surtout de contempler du haut de sa pyramide centrale, surmontée d'une statue de la Vierge en bronze doré, le splendide panorama où la vue embrasse la chaîne des Hautes-Alpes, une immense plaine; de là on pouvait assister à toutes les péripéties de la bataille de Magenta, jusqu'à ce qu'il plût aux Autrichiens, qui formaient encore la garnison de la ville, de tirer sur les curieux.

Une des splendides curiosités du Dôme est la chapelle de Saint-Charles-Borromée. Le *custode* qui nous la fit voir avait reçu une balle qui lui avait traversé le cou, au moment où les Autrichiens avaient chassé le peuple de l'église. Au fond de la chapelle souterraine, dans une châsse d'argent à panneaux de cristal qui permettaient de voir la figure et les mains momifiées, reposait le saint revêtu de ses habits pontificaux. La sculpture, la ciselure et l'orfévrerie ont épuisé leurs délicatesses pour embellir le monument qui renferme les dépouilles mortelles du patron vénéré de Milan. Le caveau est orné de bas-reliefs, d'écussons, de statues en argent massif pour une valeur de 10 millions. Le custode nous raconta que, pendant tout le temps de la domination autrichienne, il avait enlevé tous ces ornements et, de plus, tous les rubis et diamans enfermés dans la châsse; qu'il avait caché ces précieux objets derrière un pan de mur, scellé et dissimulé par des étoffes de soie. Le jour de la fête du saint, où la châsse était exposée aux regards du public, il disposait devant l'autel une telle profusion de lumières qu'on ne pouvait remarquer la disparition des ornements. Il les avait tirés de leur cachette et les avait remis à leur place au moment où notre armée entrait triomphante dans Milan.

Les mêmes précautions avaient été prises à l'égard de l'antique et riche trésor de la capitale ; une Paix en or, deux statues d'argent de saint Ambroise et de saint Charles, de grandeur naturelle, données par la ville en 1698, un devant d'autel en argent massif, etc. N'est-ce pas un miracle que l'idée ne soit pas venue à l'Autriche, au milieu de ses crises financières, de monnayer toutes ces richesses ?

Les palais de Milan n'ont rien de bien intéressant. J'allai visiter la galerie de tableaux, la bibliothèque ambroisienne, composée de 150,000 volumes. J'y admirai, à côté de dix lettres de Lucrèce Borgia au cardinal Bembo, une boucle de blonds cheveux appartenant à Lucrèce, et qui, au moins, renseignait mieux sur la beauté de sa chevelure que le cheveu d'Agnès Sorel précieusement conservé à l'abbaye de Jumiéges, qu'on voit bien, mais qu'on ne distingue pas.

Le plus curieux spectacle que présentait Milan était dans la physionomie particulière de la ville, occupée à la fois par les troupes sardes et une partie de l'armée française. Chaque soir, à huit heures, les clairons des bersaglieri sonnaient fraternellement la retraite, à partir du Dôme, avec la musique de nos régiments de ligne et nos fanfares de cavalerie. La foule les suivait à travers le Corso jusqu'aux portes de la ville. Rien ne saurait donner une idée de l'animation joyeuse qu'exprimait l'attitude de la population. Les équipages circulaient nombreux et élégants ; les promenades du Corso devenaient un Longchamps perpétuel ; le commerce se trouvait en pleine activité. La vie circulait de tous côtés. C'était une renaissance complète, même en faisant la part de cette exubérance de vitalité et d'énergie si saisissante alors chez les Milanais, et qui résultait d'une émancipation encore à sa lune de miel.

Mars 1860.

GÊNES.

Une station à Magenta. — Les vestiges de la bataille. — Gênes la superbe. — Les Italiennes. — La crise politique de l'Italie.

En quittant Milan, je m'étais arrêté l'intervalle de deux convois à Magenta. Là, bien plus qu'à Solferino, l'aspect des lieux rappelait la guerre. Du wagon même, on apercevait, le long de la voie, ce qu'on appelle le cimetière de Magenta, c'est-à-dire, sur une longueur d'environ 150 mètres, de profondes excavations, semées de monticules, dont l'un supporte une croix de bois. Dans ces monticules, sont placés les corps de nos soldats, recouverts, à chaque couche de sépultures, d'un lit de chaux. Mais ce n'est là qu'une faible partie de ceux qui ont succombé. Les cimetières sont partout, depuis les limites du village jusqu'au Tessin, et surtout le long de la route que les Autrichiens, sur un parcours d'une lieue, avaient littéralement semée de cadavres. Monté dans un cabriolet antédiluvien, dont le cocher, un habitant du village, était en même temps mon cicerone, j'ai parcouru, en trois heures, presque tout le champ de bataille, et j'ai pu saisir toutes les phases de cette grande lutte, que l'arrivée inattendue du général Mac-Mahon avait tournée en victoire. La première maison qui commence le village de Magenta, du côté du chemin de fer, est celle où fut tué le général Espinasse ; elle est criblée de balles, et il semble que l'assaut qu'elle a subi date d'hier. Du reste, la plupart des maisons sont dans le même état, et, près d'un petit pont qui marque l'octroi, et que les Autrichiens n'eurent pas le temps de couper, à la tête de la route, plusieurs maisons sont trouées à jour, comme si elles avaient servi de cible toute la journée. On voit encore à quelques fenêtres des traces de sang. Je poussai jusqu'à l'endroit où se tenait l'Empereur, et où le terrain fut défendu pied à pied par l'héroïque garde impériale. Je me rendais compte de la position des Autrichiens, campés sur une plaine un peu élevée et qui formait des retranchements naturels : de là, leurs feux plongeaient sur notre armée. On s'expliquait ainsi, comme le disait mon guide, comment, à une lieue du village, après la bataille, on trouvait beaucoup de nos soldats tués ou blessés ; mais ensuite, dès que l'armée de Giulay avait été entamée, la route et toute la plaine avaient été jonchées des cadavres de ses soldats. A chaque instant, dans ces champs labourés, d'étroites surfaces, respectées par la charrue et surmontées de croix, indiquaient des tombes d'officiers.

En me faisant une description animée de la lutte, mon cicerone en frissonnait encore de peur. La situation des habitants de Magenta, au nombre de 4 à

5,000, était terrible. Ils ne pouvaient s'enfuir à travers la plaine, sous crainte d'être pris et fusillés comme espions. Jamais la phrase « se trouver entre deux feux » n'avait eu une signification aussi rigoureusement exacte, puisque le bourg était mitraillé de tous côtés. Ils en étaient réduits à se cacher, hommes, femmes et enfants, dans les caves, les bûchers et jusque dans les latrines. Puis quand ils soupçonnèrent que les Autrichiens battaient en retraite, la curiosité les fit sortir un à un de leurs cachettes, et les balles sifflaient, la lutte durait encore, que toute la population battait des mains, enthousiasmée, en voyant les prouesses de nos zouaves, qui, la baïonnette en avant, pourchassaient de maison en maison les ennemis jusque sur les toits. Seulement cette admiration se changea un peu en frayeur dès que l'on vit arriver les turcos, avec leurs faces noires, leurs yeux à fleur de tête, leurs dents blanches, chantant et hurlant, faisant des bonds de tigre, frappant sans faire de quartier et poursuivant les fuyards avec une agilité qui devait désespérer ces malheureux. Mon guide m'assurait sérieusement que bien que les turcos ne se fussent montrés à craindre que pour l'ennemi, l'épouvante qu'avaient inspirée leur physionomie et leurs allures avaient été telles que plusieurs femmes de Magenta en étaient mortes de frayeur.

Je terminai mon exploration par l'église et le presbytère. Le clocher de l'église servait d'observatoire au général Giulay, qui, de là, examinait nos positions, écrivait des ordres qu'il laissait tomber à terre où ils étaient reçus par ses aides de camp. Nos soldats, qui s'en aperçurent, prirent ce clocher pour point de mire : deux officiers furent tués aux côtés de Giulay, qui, ne jugeant plus la place tenable, s'empressa de déguerpir. Après la bataille, l'Empereur s'était arrêté au presbytère, et il écrivit sa proclamation aux Italiens. Dès que plusieurs copies en avaient été faites, Sa Majesté avait déchiré son manuscrit en quatre morceaux qu'il avait jetés au panier; mais le curé les avait soigneusement réunis et recueillis, et il me montra ce précieux autographe.

Mon excursion avait été aussi complète que je pouvais le désirer. Une singulière occasion me permit de compléter par les observations qu'on est toujours heureux de faire sur les lieux mêmes, les détails fournis par l'histoire. Quand je repris le chemin de fer, je me trouvai avoir dans mon wagon, pour compagnon de route, le général Cialdini, qui, au moment où le convoi traversait le Tessin, donnait d'intéressantes explications à un officier supérieur de l'armée d'Italie centrale sur les faits qui avaient précédé la bataille. Le général allait à Modène, sa ville natale.

J'arrivai à Gênes, car je n'avais eu aucune envie de voir Turin, la froide ville. C'est par la *superbe*, la *ville de marbre,* que je connaissais déjà d'ailleurs, que se terminait ma première excursion en Italie. J'allais rentrer à Nice, où je retomberais de nouveau en pleine annexion. Je ne me sens guère envie de parler longuement de Gênes, qui, malgré son caractère cosmopolite, a encore une physionomie si italienne. Quel magnifique spectacle, quand on arrive par mer, que l'aspect de ces édifices disposés en hémicycle comme les gradins d'un vaste amphithéâtre, des hautes collines formant derrière la ville une ceinture élevée, et de son port animé et couvert de navires ! Selon M. de Rémusat, il n'est guère bon à voir que de la mer : « De ses quais encombrés et mesquins, dit-il, il n'offre guère que le spectacle d'une grande activité dans une grande saleté. » Gênes a des rues étroites, irrégulières, tristes, obscures ; mais elle a aussi ses vastes portiques à terrasses de marbre qui entourent le port, cette réunion de splendides palais qui bordent les rues *Nuova*, *Nuovissima* et *Balbi*, les fresques extérieures des maisons, ses magnifiques églises, ses galeries de tableaux, etc. Un de ces palais, le palais Doria, avait été mis gracieusement, lors de la guerre d'Italie, par le prince à la disposition de notre état-major. Les deux ailes principales étaient habitées par le général Herbillon et l'intendant militaire.

J'allais parler des particularités du costume national, mais je m'aperçois que je n'ai pas dit un mot des femmes. C'est un sujet qui, certes, ne chômera pas par mon abstention, et il faudrait que l'imagination et le goût fussent éteints pour qu'on ne trouvât pas encore quelques futurs physiologistes à ajouter au volumineux catalogue des écrivains amateurs ou fantaisistes. J'ai bien remarqué les traits fins et distingués des Toscanes, la beauté brune des Bolonaises, les cheveux et le teint des Vénitiennes, ces Irlandaises de l'Italie, la grâce coquette des Milanaises et leur voile de dentelle sur la tête, et enfin le *mezzaro*, ou voile blanc des Génoises, qui recouvre généralement d'assez laides figures ; mais je ne vois pas de type distinct. Ce qui m'a le plus frappé, c'est un détail que je livre aux conjectures des économistes : « A Venise, le chiffre des femmes dépasse de 7,000 celui des hommes. » Pourquoi ? N'entrevoyez-vous pas là un sujet de prix à proposer par l'Association normande, qui embrasse avec une si fougueuse témérité toutes les questions ? Quelle nouvelle gloire si de son sein partait une solution du problème et combien seraient dépassées toutes les découvertes possibles de tuiles romaines et de cimetières mérovingiens !

Je vais parcourir, pour revenir à Nice, toute cette belle route de la Corniche, qui cotoie la mer. Ce n'est pas dans une course rapide à travers l'Italie centrale et septentrionale que je puis avoir la prétention de puiser les éléments de notions complètes et irréfutables. Mais si court qu'ait été mon voyage, je crois l'avoir accompli dans des circonstances qui rendaient l'observation plus facile, surtout lorsqu'elle était aidée par l'occasion et facilitée par des renseignements particuliers. J'ai cru comprendre que le mouvement de l'Italie vers de nouvelles destinées, sous l'énergique impulsion de la France, était sérieux et pouvait être durable ; que le Piémont, selon le rôle considérable que la Providence assigne aux hommes du Nord dans les régénérations, devait être l'instrument d'une nationalité réelle, mais à la condition que la passion ou la précipitation ne le feraient pas dévier de la ligne si nettement tracée au début. Toutes les luttes du passé, les divisions, les divergences de mœurs et de dialectes, l'absence, en divers points, d'une véritable énergie, un sentiment mal défini de la liberté, les indications du passé historique marquaient, comme point de départ de l'émancipation, la confédération italienne. Sous cette forme, qui respectait les scrupules d'individualité, les différences de races, de mœurs, et jusqu'aux séparations géographiques, l'Italie redevenue l'Italie, libre de toute intervention étrangère, s'essayait à conquérir cette unité qui est le but de tous ses efforts. On donnait satisfaction à tous les intérêts, à tous les amours-propres; on conjurait deux dangers, l'Autriche et la démagogie, qui, à des points de vue différents, saisiront toujours la moindre brèche par où elles pourront passer. Les Italiens ont été plus impatients : ils ont voulu former par l'annexion un royaume puissant, dont la destinée logique est d'embrasser toute l'Italie et qui, par cela même, était une menace permanente pour tous les Etats non annexés. Sous le protectorat de la France, on doit croire qu'une telle situation sera exempte de dangers. Mais l'avenir? L'Autriche, qui ne ferait qu'une bouchée du Piémont privé du concours d'un puissant allié, pardonnera-t-elle jamais au roi Victor-Emmanuel ses visées chevaleresques ? Ces populations qui se donnent avec tant d'enthousiasme à son gouvernement, se garderont-elles plus tard de ces crises d'inconstance dont leur histoire fournit tant d'exemples, et n'a-t-on pas à craindre qu'avec le même entraînement elles n'en viennent à réclamer à grands cris leur séparation et leur individualité politique?

Rien n'est beau, rien n'excite comme la popularité;

mais le roi Victor-Emmanuel, au milieu de ces preuves d'affection qui lui arrivent de toutes parts, ne doit-il pas se rappeler cette époque néfaste où, tandis qu'il combattait aux côtés de son père, Charles-Albert, pour l'émancipation de l'Italie, les Italiens trahissaient eux-mêmes leur cause ; où Milan se séparait honteusement de celui qui lui avait rendu la liberté, où Gênes, tout au contraire des provinces qui s'annexent aujourd'hui, profitait de l'occasion pour s'insurger contre son roi et se déclarer république ? Il est vrai qu'à la même époque, car l'histoire est pleine de ces inconséquences, et c'est un fait bon à rappeler à nos ultra-libéraux si impérieux l'année dernière dans leur façon de prêcher la guerre d'Italie, le gouvernement de leurs vœux, le gouvernement républicain de 1848, en France, après l'avoir poussé à la guerre, abandonnait Charles-Albert et laissait succomber, dans une lutte inégale cette cause de la nationalité italienne à laquelle il n'avait su offrir que des vœux stériles et les emphatiques éloges de la tribune.

Mars 1860.

MONACO.

Une origine illustre. — Un peu d'histoire. — Lilliput. — Une révolution à Monaco. — Les mystères du moyen âge. — Un petit paradis.

Qui n'a pas vu Monaco n'a pas vu merveille : le proverbe s'est trompé d'adresse en s'appliquant à Séville.

Foin de l'Andalousie, de la ville des Maures, de l'Alcazar, de l'Alameda, du Guadalquivir à sec! Ce qu'on en voit dans la *Favorite* suffit presque à l'imagination. Mais où trouverez-vous ailleurs qu'à Monaco cette principauté-bijou perchée au bord de la Méditerranée, sur un promontoire, comme un beau sujet en bronze, de Barbedienne, sur son socle, et endormie à l'ombre de ses citronniers, à 1,000 mètres au-dessous de la route de la Corniche, dont les rochers à pics contemplent la petite cité herculéenne? Car il ne faut pas vous y tromper, de même que la montagne a pu, dit la fable, accoucher d'une souris, et que Tom-Pouce était fils d'un géant de Chartres, en Beauce, Monaco date d'Hercule, son fondateur, s'il vous plaît, Hercule *Monœcus* qui y avait un temple. Si vous en doutez, lisez plutôt le 16e livre de l'*Enéide* de Virgile et le 1er de la *Pharsale* de Lucain. Il n'y a pas beaucoup de villes qui puissent se flatter d'avoir des titres de noblesse « aussi perdus dans la nuit des temps. » Si vous connaissiez son histoire jusqu'à nos jours, elle n'est pas moins curieuse. Au Xe siècle, l'empereur Othon donne cette principauté à un membre de la famille Grimaldi, puis la république génoise s'en empare pour en être chassée par le comte de Provence et en redevenir maîtresse par une cession régulière de Raymond Béranger. Charles II d'Anjou, à titre de comte de Provence et de Nice, absorbe alors le petit rocher, mais le restitue à la maison Grimaldi qui en reste propriétaire jusqu'en 1317. Les Spinola, autre famille génoise, deviennent maîtres de Monaco transformé en un des centres d'action de la faction des Gibelins ; une flotte provençale, commandée par Raynaud, de Grasse, menace le port du Monœcus, contraint les Spinola à lâcher prise et les Grimaldi sont réinstallés dans leur antique seigneurie.

N'est-ce pas aussi compliqué que l'histoire d'un royaume de premier ordre ? Ces Grimaldi étaient de vrais hommes de guerre, bâtis tout d'une pièce et aussi à l'aise dans leurs armures que nos gentlemen modernes dans leurs redingotes. L'un d'eux, Charles de Grimaldi, fut tué sur le champ de bataille de Créquy. Il avait acquis d'Emmanuel Vento, au prix de 16,000 florins d'or, la juridiction de Menton, ainsi que les biens qu'il possédait à Vintimille et à Roquebrune.

La branche des Grimaldi qui régnait à Monaco s'éteignit en 1631 dans la personne d'Antoine Grimaldi qui ne laissa qu'une fille nommée Louise, mariée au comte de Porrigny, fils du marquis de Matignon, maréchal de France. Cet unique héritier de la principauté de Monaco prit le nom et les armes des Grimaldi. Le prince actuel et ses prédécesseurs immédiats ne descendent donc des vrais Grimaldi que *par les dames,* comme disait ce provincial. Monaco a toujours eu la conscience de son exiguité et n'a jamais pris pour devise : *Monaco fara da se.* Menacés par des voisins jaloux, les Grimaldi sentaient le besoin d'une protection efficace. L'un d'eux, au XVIe siècle, plaça son Lilliput sous le patronage de Charles-Quint. Mais l'Espagne faisait payer un peu cher son assistance, car les Grimaldi, trouvant le fardeau trop lourd, négocièrent en secret avec la France ; puis, par une belle nuit de l'année 1641, ils surprirent la garnison espagnole et, après lui avoir fait une petite saignée, la prièrent de déguerpir. Cet acte de vigueur nocturne eut pour auteur Honoré II, prince belliqueux et lettré et qui écrivit l'histoire de sa maison. Ce continuel chassé croisé de maîtres et de protecteurs a pu, sans doute, donner lieu au refrain si connu :

A la Monaco, l'on chasse et l'on déchasse,
A la Monaco, l'on chasse comme il faut.

Comme châtiment de sa félonie à l'égard des Espagnols, Grimaldi perdit les fiefs qu'il possédait en Espagne, dans le duché de Milan et à Naples. Louis XIII, pour dédommager Honoré II, le fit duc de Valentinois avec le titre de pair de France, en y ajoutant le marquisat des Baux, le comté de Cardelais et la seigneurie de Saint-Remy. En 1793, les Français s'installèrent à Monaco qui, plus tard, fit partie du département des Alpes-Maritimes. Les traités de 1814 replacèrent Monaco sous la protection de la France ; ceux de 1815 lui donnèrent pour patron le gouvernement piémontais sans que la famille Grimaldi cessât d'exercer ses droits de propriété et de souveraineté ; seulement, comme cette possession s'appuie sur les droits confus du moyen âge, il y a là une question inextricable de fief et d'hérédité débattue des deux côtés, je crois même qu'il y a un prétendant qui, de temps à autre, lance au nom des Grimaldi, d'Antibes, une protestation contre l'usurpation des Grimaldi Matignon.

Cette excursion dans les fastes monégasques est peut-être un peu longue, mais n'est-ce pas aussi intéressant que la question italienne, la question des duchés, la question finnoise et tant d'autres questions qui se partagent l'attention du monde contemporain.

En attendant que le chemin de fer lui fasse perdre un des côtés pittoresques de sa physionomie, l'accès de Monaco n'est pas des plus faciles; *non datur omnibus adire Monacum.* De Nice à la Turbie, on gravit cette magnifique route, œuvre de nos soldats, qui, dans son mouvement ascensionnel, vous livre sans cesse de splendides points de vue. A partir de la Turbie la scène change. Monaco est à vos pieds, là-bas, suspendu sur la mer; ce n'est qu'un point dans ce vaste horizon; la principauté lilliputienne, avec son petit palais, ses petites maisons, vous apparaît comme un surtout de table : la réduction Collas d'une cité italienne :

> Tout est petit, palais, usines,
> Sciences, commerce, beaux-arts.
> De bonnes petites famines
> Désolent de petits remparts.
> Sur la frontière mal fermée,
> Marche au bruit de petits tambours,
> Une pauvre petite armée.
> . . . .

Mais nous n'en sommes pas encore à la description : nous avons bien autre chose à faire. Il s'agit d'opérer la descente par un sentier en zig-zag; la monotonie de cet exercice rappelle en grand les mouvements alternatifs des ours blancs au Jardin des Plantes. Et quels aspects! des masses colossales de roches grises, des cascades produites par une chute d'eau, de magnifiques oliviers au tronc accidenté, des déchirures fauves au flanc de la montagne et, à une incalculable profondeur, de belles perspectives sur la Méditerranée. On descend toujours; à mulet, on ressent dans le corps un mouvement de tangage qui, prolongé, conduirait tout droit au mal de mer; en marche, les chaussures s'en vont et les jambes se raidissent, la pente est plus rapide que jamais et s'engage au milieu de riches plantations d'oliviers. — On arrive enfin, mais il faut s'arrêter à la douane, car la principauté de Monaco a des douaniers.—Rien à déclarer? tabacs, vin, bottines, savon?—Rien?—Vous pouvez passer. On descend encore et on se trouve dans de véritables jardins suspendus, remplis de fleurs au doux parfum, où l'on aspire un air tiède, saturé des senteurs aromatiques de l'oranger, de la lavande et du géranium. Quant à la température, c'est une serre chaude en plein air, d'où l'on nargue les cimes neigeuses des montagnes qui surplombent cet Eden inédit.

Nous entrons par la porte fortifiée, une véritable porte de sombre forteresse. Rien n'y manque : créneaux, pont-levis, poternes, machicoulis, chemins couverts, murailles menaçantes. On débouche sur la grande place au milieu d'un appareil militaire des plus imposants: des amas de bombes et de boulets, et des soldats piémontais qui représentent là une protection dont se passerait bien le protégé.

En une heure, on a parcouru toute la ville; on a visité : son port mignon, où les barques de pêcheurs fraternisent avec la flotte composée de trois pirogues et de deux yoles; trois petites rues, longues de cent cinquante pas; l'ancien château fort, l'église et le jardin public; c'est tout, mais c'est ravissant. Ce rocher, sur lequel s'élève la cité, menaçant, formidable à sa base, forteresse que la nature a rendue inexpugnable, laisse croître, à mi-hauteur, des figuiers de Barbarie ; ses surfaces rocailleuses sont recouvertes par les cactus et une foule de plantes grasses, vigoureuses et bien portantes, sous le soleil d'Afrique qui réchauffe ce paysage africain. A la surface où s'étend le jardin public, s'entremêlent le long des allées tortueuses, en laissant des échappées de vue sur la mer, des légions d'aloës, de rosiers du Bengale, de cyprès, poussant à la grâce de Dieu sur ce sol plantureux où des clous germeraient, je crois, et porteraient des fleurs.

Le palais, situé sur la place, a grand air avec sa façade seigneuriale et ses deux tours moyen âge. On y remarque la cour, l'escalier, de belles fresques, des appartements dont quelques-uns sont historiques, comme la chambre du duc d'Yorck. Mais il faut passer de suite aux jardins particuliers, de vrais jardins des contes orientaux, tels qu'en doivent entrevoir dans leurs songes les fumeurs d'opium et les hallucinés de la poésie lyrique : toutes les créations de la flore méridionale, des sentiers sinueux, le bruissement des vagues au pied des rochers, le parfum des rosiers, des orangers et des géraniums, un air doux et caressant, les vastes horizons bleus du ciel et de la mer, le charme tout-puissant du repos et de la solitude, et tout ce qu'il faut pour rêver, comme on dit au théâtre, tout ce qu'il faut pour écrire.

L'heureux possesseur de ces beautés inconnues ou méconnues est le prince régnant, Charles III. Il habite ordinairement Paris et est remplacé par un gouverneur. La cour princière se compose en outre du secrétaire du gouverneur, d'un trésorier, d'un colonel premier aide de camp et du général commandant la place avec son état-major. La justice est rendue par trois consuls ou magistrats municipaux, une cour d'appel avec un avocat général et un premier président, et une cour de cassation qui siége à Paris en la personne du prince, assisté de trois jurisconsultes. La population de Monaco s'élève à 1,200 habitants ; l'armée de ce royaume compte dans ses rangs 11 soldats, dont deux douaniers. Le service militaire consiste principalement à monter la garde à la porte du palais. J'ai causé longuement avec un caporal dans lequel j'avais reconnu un compatriote. Il m'a assuré que la position du soldat n'était pas désagréable : il s'est plaint seulement de l'insuffisance de la solde qui ne leur permettait pas, ajoutait-il en me montrant sa capote constellée de reprises perdues, une tenue aussi régulière que celle du troupier français. L'uniforme monégasque se rapproche assez, par les buffleteries blanches et croisées, par le bicorne à pompon rouge, la capote et les guêtres, de l'uniforme de nos soldats de la première république. J'ai lu un ordre du jour affiché sous le péristyle du palais : il prescrivait les saluts à présenter par les sentinelles aux autorités civiles et militaires, et contenait un article bien sévère pour les marmitons et les chiens, auxquels il était expressément défendu de passer par la grande porte. La garde nationale réunit environ deux cents hommes ; mais je ne sais si cette institution n'est pas, comme chez nous, en déchéance à Monaco.

Les méchantes langues, les mauvais plaisants s'amusent à dire que lorsque le prince régnant se met à la fenêtre de son palais, il ne peut cracher que chez son voisin, le roi Victor-Emmanuel ; que s'il tue un oiseau du haut de sa terrasse, il ne peut aller le ramasser qu'en prenant un permis de port d'armes de l'autorité piémontaise. Un autre farceur a prétendu que quand il pleuvait, il suffisait d'un seul parapluie pour abriter toute la ville de Monaco. Nous sommes loin d'approuver cette indiscrète façon de faire ressortir ce qui est à nos yeux l'un des mérites de cette principauté ; c'est-à-dire ses proportions infinitésimales. Il ne faut pas oublier d'ailleurs que le prince de Monaco étendait son autorité sur Menton et Roquebrune, et que lui aussi a été victime d'une de ces révolutions politiques qui frappent les petits comme les grands souverains. C'est un épisode de l'histoire moderne de Monaco qu'on nous permettra de raconter.

Roquebrune est placée à une lieu de Monaco, en

espalier, à mi-côte d'un rocher. Autrefois, cette petite ville était située quelques centaines de pieds plus haut ; mais un beau jour, dit-on, elle glissa tout d'une pièce et vint sans douleur se fixer à un étage inférieur du rocher. Menton n'a pas dans son histoire de glissade aussi problématique. Elle est assise au soleil, entre la mer et une forêt de citronniers, et n'en demande pas davantage. Après 1815, Honoré V occupait le trône des Grimaldi. Ce prince commença par s'emparer des biens des municipalités qu'il supprima et de ceux des églises. Il força tous les habitants de ses Etats, Monegasques, Roquebrunois et Mentonnais, à faire triturer leurs olives dans ses moulins; mais il inventa quelque chose de plus joli. Il vendit à un industriel de Marseille le droit exclusif d'approvisionner de blé ses sujets; c'est-à-dire que, moyennant une redevance annuelle de 60,000 fr. faite au prince, l'entrepreneur nourrissait la population comme il l'entendait. Défense absolue était faite de fabriquer du pain dans la principauté avec de la farine autre que la farine tirée des greniers de l'étranger. Toute infraction était punie d'une amende de 500 fr. et d'un emprisonnement de un à deux mois. Notez que ce pain provenant du monopole était mauvais, et qu'il ne fallait manger que celui-là : la fraude s'ensuit, le pain devient objet de contrebande ; le gouvernement redouble de rigueurs ; le peuple souffre, se plaint, tandis qu'Honoré laisse crier et publie des ouvrages de philantropie qui lui valent la considération des sociétés savantes.

C'était le cas ou jamais de rappeler la devise de la capitale du royaume monégasque :

Son Monaco sopra un scoglio,	Je suis Monaco sur un écueil,
Non semino e non raccoglio,	Je ne sème ni ne recueille,
E pur mangiar voglio.	Et pourtant je veux manger.

On ne mangeait pas, ou l'on mangeait mal, ainsi le voulait ce pastiche du marquis de Mirabeau, père du célèbre orateur, Honoré V, qui, par une punition du ciel, devait mourir affamé, après une étrange et douloureuse maladie.

Ce prince économiste joignit à sa spéculation de la boulangerie, celle des gros sous qui consistait à vendre 100,000 fr. par an le droit de placer son effigie sur les pièces d'argent et de billon : de là les sous de Monaco.

Il eut cette douce illusion de se croire, malgré ces fantaisies absolutistes, le bienfaiteur de ses sujets, et la meilleure preuve en est dans l'épitaphe qu'il fit mettre sur sa tombe :

Ci gît qui voulut faire le bien!

Avait-il eu réellement l'intention de faire le bien? C'est possible; en tous cas, il n'avait guère réussi qu'à tourmenter et désaffectionner son peuple, et, comme cela arrive dans l'histoire des grandes nations, ce fut son successeur qui paya pour lui. Florestan Ier, son frère, était le meilleur des hommes. Il se souvenait qu'il avait été pauvre et malheureux; privé jadis des revenus de sa famille par l'incorporation de la principauté à la France, il avait eu une jeunesse pleine de tribulations, et avait été même réduit, pour vivre, à se faire acteur aux Funambules, à Paris. Son règne promettait d'être l'âge d'or de Monaco, lorsque survint la révolution de 1848. Le Piémont se met à la tête des réformes libérales en Italie. Menton, entraîné par cet exemple, réclame son émancipation; le Piémont, qui préludait déjà à d'autres opérations du même genre, profite habilement de l'occasion pour exciter les esprits. Les mécontents demandent l'abolition de certains droits et l'obtiennent; ce succès les enhardit, il leur faut une constitution. — Florestan Ier prend la plume et, par une charte solennelle, accorde toutes les libertés possibles, et s'engage à participer à la régénération de l'Italie.

Les Mentonnais répondent par le fameux mot traditionnel en pareille circonstance : *Il est trop tard*, et déclarent qu'ils veulent leur annexion au Piémont. Remarquez bien que c'est de l'histoire de Monaco que date l'importance de ce mot annexion, si usité de nos jours dans le langage de la diplomatie. Roquebrune adhère au mouvement politique. Le roi de Sardaigne promet aux deux villages émancipés: une chambre des députés, un sénat, un ministère, une constitution, le plus de beurre que de pain qui constitue l'idéal des gouvernements protecteurs, envoie cinquante bersaglieri et... l'annexion est faite.

C'était une violation flagrante du traité de Vienne qui en subira bien d'autres. Florestan Ier, réduit à Monaco, proteste auprès de toutes les puissances, qui font la sourde oreille, et il lui faut se résigner à la perte des deux tiers de ses États, qui plus tard, par une nouvelle annexion, doivent revenir à la France.

6

Le souverain actuel, Charles III, est un homme distingué, un véritable gentleman, qui a su transformer le petit prince en grand seigneur. Il est parent, par sa femme la comtesse de Mérode, du ministre de Pie IX, et est, d'ailleurs, allié aux plus grandes familles de l'Europe. L'héritier présomptif, le prince Albert, a treize ans. On peut prévoir, dès aujourd'hui, qu'à l'aide d'une transaction amiable, Monaco, dans un temps donné, viendra s'annexer à la France, et fondre ses annales dans notre histoire. Ce ne sera pas un des moindres bijoux de notre écrin national.

Les lauriers de Bade, de Wiesbaden, d'Ems, empêchaient sans doute la cité Monégasque de dormir; depuis deux ans on y a établi un établissement de jeux, qui paie à Charles III une redevance annuelle assez élevée. La roulette et le trente-et-quarante, installés dans cette jolie ville, sont fréquentés très-assidûment par la population cosmopolite de Nice.

On cite comme une des singularités de Monaco, la fameuse procession du vendredi saint, qui attire les étrangers et les curieux. Cette procession est allégogique, symbolique, historique. Il s'agit de représenter les diverses scènes de la Passion, et de figurer le chemin de la Croix. Autant de stations sur le chemin du jardin des Oliviers, autant de scènes différentes dont les acteurs sont les membres de la confrérie des Pénitents. Tout y est, les quatre docteurs de la loi, affublés de robes noires; Ponce-Pilate, derrière lequel un esclave porte une cuvette de carton argenté; le roi Hérode, reconnaissable à son manteau écarlate et à la couronne posée sur ses cheveux grisonnants; saint Pierre et son coq, Thomas l'incrédule, les pharisiens et les scribes, Judas, Adam et Eve sous les traits d'un garçon et d'une petite fille avec costume Louis XV, y compris la perruque poudrée, tous deux mangeant des pommes qu'ils détachent d'une branche d'oranger; puis les trois Marie, les soldats romains, le peuple juif. Ce cortége qui s'avance dans les vieilles petites rues de Monaco, sous les antiques arceaux qui les accidentent, à la lueur vacillante des torches et des cierges, vous fait rétrograder de plusieurs siècles. Il y a une naïveté touchante dans la transmission de cette cérémonie aux âges modernes où elle est encore scrupuleusement maintenue. On dit cependant déjà qu'il s'y mêle certaines pratiques qui frisent la pasquinade, et ne tarderont pas à amener la complète disparition du dernier et du seul *mystère* qui ait survécu au moyen âge.

Monaco a plus de souvenirs que le royaume d'Yvetot, son confrère en Lilliput; mais il a eu plus de vicissitudes. Les souverains, guerriers ou philosophes, n'ont pas eu cette royauté débonnaire popularisée par la chanson, et ce n'est pas d'Honoré V qu'on eût pu dire :

> Il n'avait de goût onéreux
> Qu'une soif un peu vive;
> Mais en rendant son peuple heureux
> Il faut bien qu'un roi vive.
> Lui-même à table et sans suppôt,
> Sur chaque muid, levait un pot
>   D'impôt.

Et tandis que l'effigie de l'un se retrouve à peine sur quelques sous de contrebande, suspects au commerce, l'autre a son genre d'immortalité :

> On conserve encore le portrait
> De ce digne et bon prince ;
> C'est l'enseigne d'un cabaret
> Fameux dans la province.

Mais il ne faut pas pousser plus loin ce parallèle de fantaisie ; il y a toute la différence de la légende à l'histoire, d'un idéal rabelaisien à la réalité guerrière et philosophique. Rêvez du roi d'Yvetot dans les belles plaines cauchoises ; mais si vous voulez autre chose que la gaîté du flon-flon, allez à Monaco. Sur ce poétique rocher où le bruit du monde n'arrive jusqu'à vous que comme un écho lointain, vous pouvez, autant qu'il appartient à la faible nature, trouver le vrai bonheur. Si vous voulez occuper vos loisirs, n'allez pas chercher d'autres sujets d'études que l'histoire du pays ; elle vous fournira un cours complet d'économie et de politique ; pour généraliser vos observations et les étendre aux autres nations, vous n'avez qu'à grossir l'objectif : conquêtes, révolutions, annexions, c'est toujours la même chose. Et quel cabinet de travail ! des montagnes, la mer et les fleurs, un printemps perpétuel et un soleil qui verse la santé à profusion !

Mars 1860.

NAPLES.

I.

Une station à Gaëte pendant le bombardement. — Voir Naples et mourir. — Les chemises rouges. — La garde nationale.

Il n'y a pas en Italie que des tempêtes politiques, et ce mois de décembre pouvait compter, pour la navigation dans la Méditerranée, parmi les plus maussades et les plus orageux. Voici, en deux mots, le bulletin de ma traversée : sept jours au lieu de quatre jours; mer furieuse; pluie presque continuelle à partir du golfe de Gênes, et, en outre des escales régulières à Gênes, à Livourne, à Civita-Vecchia, relâche forcée, pour cause de tempête, à l'île d'Elbe et à Gaëte. Cette série de désagréments m'a du moins valu, en cette dernière circonstance, un spectacle que je n'aurais pas espéré : celui du bombardement de Gaëte. Notre navire, le *Pausilippe,* était un paquebot-poste. En cette qualité, il reçut dans le port, où stationnaient autour du vaisseau amiral la *Bretagne* nos navires de guerre, les dépêches de nos nationaux, des belligérants et des neutres. Notre bord fut accosté successivement par les canots de notre escadre, de la corvette espagnole et de François II. Les passagers du *Pausilippe* interrogeaient à qui mieux mieux nos matelots français, qui ne paraissaient pas, il faut dire la vérité, professer un grand enthousiasme pour les assiégeants.

Quelques-uns de nos officiers même s'égayaient beaucoup au sujet des fameux canons Cavalli, qui, disaient-ils, ne portaient juste que là où l'on n'avait point visé. Pendant que ces conversations s'échangeaient à notre bord, placés à peine, au milieu du port, à une demi-portée de fusil de la forteresse, nous pouvions, dans un assez vaste rayon, saisir tous les détails du siége. Les deux énormes rochers, dont les moindres saillies semblent préparées pour la défense par la nature, nous apparaissaient de si près, avec leur redoutable système de fortifications, que nous apercevions tout le mouvement intérieur, les allées et venues des casernes aux magasins, les transports de provisions par mulets d'un point à un autre, les hôpitaux surmontés d'un drapeau noir, le palais, les entrepôts de vivres et une fort jolie église d'un style mi-gothique. Tous les remparts étaient garnis de soldats napolitains, qui, appuyés sur les parapets, sans souci des projectiles des assiégeants, nous regardaient avec une curieuse bonhomie. Sur le versant des quartiers du fort circulaient paisiblement de petits détachements qui allaient occuper des postes, et, à peu de distance de l'hôpital, formant groupes, cinq à six officiers supérieurs, à en juger par les broderies des uniformes, nous considéraient avec des longues-vues. Au pied de la citadelle, dans une petite anse qui s'ouvrait sur le golfe, des felouques, venant de Marseille, débarquaient des munitions et des vivres pour les assiégés.

Il est bon de dire que le bombardement avait lieu. Toutes les cinq minutes environ, un coup de canon,

parti des batteries napolitaines, allait réveiller au-
delà de la ville Mola-di-Gaëte les assiégeants, et aussitôt cette politesse était rendue par les Piémontais,
sans grands dégâts de part et d'autre. Notre flotte, as-
sistant impassible à cet échange peu précipité de boulets, me faisait l'effet d'un prévôt d'armes de régiment
présidant à un duel entre deux conscrits et veillant à
ce que les coups ne soient pas mortels. On ne pouvait
avoir une meilleure position que la nôtre pour ne rien
perdre de ce singulier spectacle, qui n'éveillait aucune
idée des horreurs de la guerre. La série des batteries
napolitaines qui défendaient les approches du fort du
côté de la terre, à laquelle il est relié par un banc de
sable d'un kilomètre et demi à peine, paraissait assez
menaçante. Les Piémontais, postés derrière Mola-di-
Gaëte, qui leur appartenait, et dont les maisons blanches
faisaient ressortir la ligne noire de leurs retranchements, de temps à autre lançaient une bombe qui venait éclater sur la partie la plus élevée de la forteresse,
dans un espace assez stérile, où l'on voyait paître quelques chèvres. Je n'ai pas vu qu'un seul de ces intéressants animaux ait été atteint pendant les trois heures
de notre station. On nous assurait que le bombardement était plus actif pendant la nuit ; mais, le jour,
il s'effectuait avec la confiance et la sécurité que peuvent avoir en France nos artilleurs de garde nationale
lorsque, par des salves d'artillerie toutes pacifiques,
ils annoncent aux populations l'heure des réjouissances
publiques.

Au moment où le *Pausilippe* allait se remettre en

route, nous voyons un canot se diriger du navire de guerre espagnol vers l'anse du fort. On nous assure qu'il porte François II. Je remarque, en effet, un jeune homme enveloppé dans un grand paletot et coiffé d'un képi à quadruple rang de galons dorés. Est-ce le souverain déchu ou l'un de ses officiers?

Nous arrivions à Naples dans d'assez mauvaises conditions. D'abord, il pleuvait comme à Gênes, comme à Livourne, car ce beau ciel d'Italie pleure maintenant comme un ciel anglais ou normand; ensuite, la ville était littéralement envahie par les garibaldiens; enfin, on y assassinait les honnêtes gens et autres aussi facilement qu'on *fait* la montre et le mouchoir dans les pays civilisés. Ce dernier point surtout servait de texte à toutes les conversations. Tel jour, le colonel Dunn avait reçu à bout portant, en plein midi, un coup de pistolet; telle autre fois, le neveu du duc de Somerset, ayant eu l'imprudence de montrer dans un café des banck-notes, avait été poignardé à sa sortie; ici, c'est un Français que quatre garibaldiens laissent pour mort à Chiaia; là, ce sont des gardes nationaux dont on retrouve les cadavres dans le jardin de la *Villa-Reale*. Le plus inquiétant, c'est qu'il n'y avait rien d'exagéré dans ces bruits, et jamais peut-être les voyageurs n'ont été exposés à voir donner une interprétation plus sinistre au proverbe : *Voir Naples et mourir*... assassiné. Le code de la civilité puérile et honnête comprenait avant tout ces vulgaires recommandations : ne sortir qu'armé, ne pas rentrer tard, veiller à ne pas être trop approché, parce qu'un coup de couteau est bien vite donné; se méfier des Napolitains, des garibaldiens et surtout, parmi ces derniers, des Catalans, que la fin de la guerre et l'absence de toute occasion naturelle de pillage et de meurtre ont malheureusement laissés sans ouvrage. Qu'on ne croie pas que je me laisse aller à des récits fantaisistes; j'aurai occasion de revenir sur le désordre qui règne à Naples, et je dirai, comme toujours, sincèrement mon avis sur cette physionomie, assez laide jusqu'ici, de l'émancipation de l'Italie méridionale.

La poste et le télégraphe ne permettaient pas à Naples la circulation des nouvelles politiques. Le télégraphe se livrait surtout à des excentricités invraisemblables, mais déplorables. Quant à l'administration des postes, elle relève au moins sa négligence et ses inexactitudes par la plus aimable confiance. Si vous soupçonnez que des lettres dorment pour vous dans les casiers de la poste restante, malgré les dénégations des employés, vous n'avez qu'à insister tant soit peu, et on vous laissera entrer au bureau et compulser à votre aise toutes les lettres, jusqu'à ce qu'il vous plaise, selon votre degré de probité, de recueillir les vôtres ou de choisir indistinctement celles qui sont adressées à d'autres personnes, sous le prétexte qu'elles paraissent chargées de valeurs. J'ai eu ainsi à ma disposition plusieurs lettres adressées à *M. Napier,* les employés napolitains persistant à trouver, entre mon nom et celui d'un parent probable de l'amiral anglais mort récemment, une similitude qui leur paraissait justifier toutes les confusions. Grâce à leur courtoise condescendance, j'ai rapidement connu le *tri* des lettres et aurais été même en mesure d'adresser, sur la réorganisation des postes dans l'Italie méridionale, un mémoire intéressant à M. Farini, s'il n'avait pas eu à se préoccuper probablement d'autre chose que des questions secondaires d'ordre et de sécurité.

Comme je l'ai dit, Naples, à notre arrivée, était diaprée de chemises rouges. Vue à vol d'oiseau, la ville eût dû certainement offrir le spectacle d'un champ de blé de qualité inférieure, où dominent les coquelicots. Comme la chemise rouge était à la mode, on comprend bien avec quelle profusion devait se multiplier ce précieux emblème d'indépendance nationale. Il y avait eu d'abord les garibaldiens de la première heure, 1,000, je crois, qui étaient débarqués sur les côtes de Sicile. Le succès aidant, le nombre des volontaires s'était accru dans des proportions si considérables, qu'ils formaient une armée, et une armée dont on ne savait que faire, parce qu'elle paraissait bien plus dangereuse pour les émancipateurs que cette bonne armée napolitaine, de si facile composition. On donna aux chemises rouges quelqu'argent, qui fut dévoré sur place avec autant de turbulence et de désordres qu'on pouvait en attendre de gaillards qui ne provenaient pas, pour la plupart, de l'élite des peuples civilisés. La lieutenance générale, probablement parce qu'elle y était plus directement intéressée, prit alors une mesure, la seule peut-être efficace parmi celles qui ont signalé ce nouveau régime. On procéda activement à l'embarquement des garibaldiens, afin de semer sur plusieurs points de l'Italie cette graine patriotique et... d'en débarrasser Naples. C'est ainsi que 16,000 garibaldiens environ allaient cesser d'animer les rues de Naples par leurs cris, leurs chants, leurs rixes meurtrières, leurs vengeances particulières, et, il faut le dire aussi, par leurs manifestations aussi enthousiastes pour Garibaldi que désobligeantes pour les Piémontais.

J'ai rencontré parmi leurs officiers des jeunes gens des plus nobles familles d'Italie, fort distingués et que j'avais connus lors de mon premier voyage. Ils m'ont longuement et sincèrement parlé de leur expédition, des espérances qu'ils conservaient pour leur pays, des désillusions qu'ils avaient subies et des répugnances qu'ils avaient eu souvent à vaincre, surtout en ce qui concernait leurs soldats. — « J'irai jusqu'au bout, me
« disait l'un d'eux; si la guerre a lieu en mars, je me
« battrai encore pour l'indépendance de l'Italie, parce
« que c'est ma conviction et ma foi ; mais il y a dans
« tout ce qui se passe une foule de choses qui blessent
« mes instincts et mes idées de justice et de loyauté;
« d'ailleurs, j'aimerais mieux me mettre simple sol-
« dat dans une armée régulière que d'être colonel des
« chenapans qui sont venus sous les drapeaux de Ga-
« ribaldi après les combats, et lorsqu'il n'y avait plus
« qu'à chanter victoire. » Je me plais à respecter toutes les opinions lorsqu'elles reposent sur la droiture du cœur et l'honnêteté; c'est à ce titre que j'ai cité celle-ci.

Je ne sais pas trop comment les autres villes de l'Italie s'arrangent de l'expurgation de garibaldiens ordonnée par Farini, un peu au préjudice de leur tranquillité. Génes, où j'ai passé une journée malgré la pluie torrentielle, était encombrée de troupes. J'y remarquai un grand nombre de ces enfants de douze à quinze ans, affreux gamins qui, dans tous les pays du monde, commencent les révolutions par des émeutes. A Livourne, même affluence; la *Dora* débarquait 1,200 garibaldiens. Peut-être une discipline rigoureuse ferait-elle de ces gens-là de bons soldats?

Il ne reste plus guère maintenant à Naples que les garibaldiens amateurs et les officiers touristes de toutes les nations, Belges, Allemands et surtout Anglais, qui se plaisent encore à traîner sur les trottoirs de Tolède de grands sabres inoffensifs. La mode des chemises rouges a passionné une certaine partie de la jeunesse de Naples, et il n'est pas rare de voir des employés de commerce et même des administrations publiques se rendre à leurs bureaux en grand costume de guerre. Les Napolitains, les gens les plus pacifiques du monde, et on l'a bien vu, ont conçu un amour frénétique de l'uniforme, et le seul commerce qui soit ici en prospérité est celui des munitions et des équipements militaires pour l'Etat, des armes et des uniformes pour les particuliers. Depuis que la révolution est faite, il s'est fondé à Naples, au grand amusement des étrangers et de la partie intelligente de la population, le régiment civique de Masaniello. Il se compose de bourgeois imbéciles qui, pour occuper sans doute les loisirs nombreux que leur laisse le comptoir, ont adopté un costume de parade mi-partie zouave bleu, avec guêtres noires, mi-partie tenue traditionnelle de Masaniello, avec le bonnet phrygien rouge. Ils sont un millier déguisés ainsi et ils paradent avec un sérieux grotesque, inventant pour se produire des buts de promenades militaires : un vrai troupeau d'oies qui ne sauveraient jamais le Capitole.

Une autre institution plus sérieuse est dans son épanouissement : je veux parler des bataillons de garde nationale passés en revue, il y a quelques jours, par le roi Victor-Emmanuel. L'uniforme est élégant, les hommes sont bien équipés, et, sauf la valeur militaire qu'on n'a pu encore jauger, les Napolitains m'ont paru avoir sous les armes un aspect assez martial. La garde nationale est, à Naples, dans toute sa primeur ; elle est saluée, applaudie et acclamée par la population ; elle a le sentiment de ses devoirs. On pourrait peut-être dire qu'elle se prodigue trop ; mais, pour être indulgent, il faut se rappeler l'effervescence civique qui se manifesta chez nous en pareille circonstance, vers 1830. Le moindre détachement de garde nationale napolitaine qui va occuper un poste prend le plus long chemin et se promène deux heures dans la ville, musique en tête. Comme il y a, en outre, ici plus de 20,000 Piémontais et des détachements de garde mobile toscane et bolonaise, toutes ces promenades, toutes ces exhibitions d'uniformes et de plumets, les tambours, les musiques, donnent à la ville une physionomie guerrière qui ferait croire que l'ennemi est aux portes.

Cette fièvre de garde nationale a de sérieux inconvénients, qu'un peu plus de vigueur de l'administration ferait disparaître. Mais je ne vois pas du tout en quoi jusqu'ici, à part les satisfactions de badauderie données à la foule, les récréations militaires, les mises en scène de drapeaux et d'uniformes, se sont fait sentir les bienfaits du nouveau régime. J'aurais cru à une succession régulière de décrets remaniant tout, redressant tout et faisant surgir sur les abus et les fautes de l'ancien gouvernement toutes les améliorations, tous les progrès inscrits en tête du programme de l'émancipation italienne. Rien de cela : il n'y a plus de police, la misère est extrême, le commerce est nul, et tout ce que d'autres correspondances peuvent dire de désolant sur la situation des Deux-Siciles est parfaitement exact.

Farini semble attendre la chute de Gaëte pour faire acte d'administration ; mais pourquoi ajourner d'aussi bonnes intentions, quand il est nécessaire de convertir un peuple à une cause qu'il comprendra seulement par les avantages qui, pour lui, en pourront être les conséquences directes ? Le roi Victor-Emmanuel n'a pas eu à se louer de l'accueil qu'il a reçu ici, et qui, sans être froid, a été peu empressé. On accuse avec assez de raison les Piémontais d'avoir des façons de conquérants ; c'est l'idée qu'exprimait un journal humoristique de Berlin, le *Kladderradatch*, lorsqu'il nommait plaisamment Victor-Emmanuel *Annexandre-le-Grand*. En somme, Garibaldi et les garibaldiens sont très-mécontents de Farini et des Piémontais ;

ceux-ci sont mécontents des Napolitains, qui, en général, sont mécontents de tout le monde et d'eux-mêmes.

Décembre 1860.

II.

Les fêtes de Noël. — Les fusillades en l'honneur d'*il Bambino*. — L'hymne à Garibaldi. — La jettatura.

L'année finit sans léguer à la suivante de bien belles espérances. Chaque jour des incidents nouveaux viennent aggraver les inquiétudes des gens sérieux sur l'avenir. Là où il fallait une police intérieure agissant avec activité et énergie, le gouvernement manifeste ses bonnes intentions par de petits avis officiels, des arrêtés fort sages et fort opportuns, que personne ne lit, parce qu'ils se confondent avec les récompenses annoncées pour bagues perdues. Mais les journaux n'en disent pas un mot, et les excès ou les abus continuent de plus belle. Les fréquentes et très-bruyantes patrouilles de garde nationale ont pour résultat direct d'avertir ceux qui ont envie de mal faire qu'ils aient à attendre que la place leur soit laissée libre. Ce n'est pas que le zèle fasse défaut à la garde civique, comme on dit ici ; mais il se manifeste avec prodigalité dans certaines circonstances, avec parcimonie dans d'autres. Ainsi, le 28, à Chiaia, vers le soir, une douzaine d'individus se promènent avec un drapeau blanc en criant : *Vive François II !* Immédiatement on voit arriver successivement, en moins d'une demi-heure, pour les cerner et les arrêter, plus de 1,000 hommes de garde nationale tout fiers d'avoir réprimé, à force d'énergie, cette tentative de la réaction. Mais dimanche 30, à huit heures du soir, à deux pas de tous les postes possibles, devant San-Carlo, un individu frappe d'un coup de poignard le duc de San-Donato, surintendant des théâtres, et personne ne bouge, et l'assassin s'échappe tranquillement.

Cette déplorable indifférence, qui donne l'essor à toutes les mauvaises passions que cette période de révolution bâtarde peut faire naître, cause un mécontentement général. On dit hautement que la sécurité publique n'était pas moins assurée sous le gouvernement déchu.

J'ai à citer une autre preuve de cette coupable incurie. Le peuple napolitain, un peuple enfant, qui ne ressemble pas toujours aux autres, ne s'amuse réellement que lorsqu'il fait beaucoup de bruit. Jamais peuple n'a fait aussi grande consommation de poudre... dans les réjouissances publiques. Les fêtes religieuses, surtout, sont l'occasion de débauches pyrotechniques, et Noël au premier rang. Dès la veille au soir, dans cette grande cité qui compte 500,000 habitants, sur tous les points, dans toutes les rues, à chaque porte de maison, éclatent des pétards ; c'est un feu roulant de détonations qui se propage et se prolonge jusqu'à minuit. On ne s'inquiète nullement des accidents que cela peut produire : on lance les pétards sur les passants, sur les voitures, et ceux qui font le plus de bruit ont le plus de succès. Le gouvernement de François II tolérait ce singulier divertissement, en raison des principes qui lui faisaient accorder certaines coudées franches à la populace. Mais la tolérance ne s'étendait qu'aux pièces d'artifice. La lieutenance générale, pour bien inaugurer un régime de progrès, crut devoir étendre la concession jusqu'aux armes à feu. Noël a donc offert cette année le spectacle de la plus étrange licence. Ce n'était pas assez des gardes nationaux déchargeant leurs armes le soir dans les rues, en revenant du poste. Dans toute la ville, les Napolitains de la classe moyenne n'ont cessé de tirer des fenêtres, toute la nuit, des coups de fusil et jusqu'à des petits canons. Naples, bien plus que Gaëte, paraissait en proie à un bombardement. La circulation dans les rues était interdite par le plus simple sentiment de prudence. On comprenait encore les pétards dans les mains du peuple; mais comprend-on les Napolitains de l'aristocratie et de la bourgeoisie, dans les palais et les maisons, à chaque balcon, entourés de fusils chargés, qu'ils font détoner une journée et une nuit pour le plus grand honneur de la fête de la Nativité? Comprend-t-on bien, par ce seul fait, le caractère de cette population que ne guide aucun sentiment de dignité, et que la gravité des circonstances et le sérieux de sa situation n'empêchent pas d'obéir, en l'exagérant encore, à une coutume barbare ?

Un journal indigné s'écriait avec raison que les

Napolitains n'avaient compris sans doute dans cette révolution, faite à leur barbe plutôt qu'à leur profit, que cette manière de brûler de la poudre. Il était facile de prévoir ce qui devait survenir de pareils désordres. Rien ne peut égaler la profusion avec laquelle sont répandues à Naples les armes à feu, si ce n'est la curiosité enfantine avec laquelle on se les dispute et la maladresse avec laquelle on s'en sert. Le lendemain de Noël, plusieurs centaines de blessés étaient portés aux hôpitaux, et aujourd'hui même on accusait douze morts. Que dire du rôle joué en cette circonstance par l'administration de M. Farini? Si les Napolitains doivent inspirer de la compassion, que penser de ceux qui sont venus ici pour les réformer, les émanciper et en faire des hommes ?

Je doute qu'en Angleterre même la Christmas soit célébrée d'une façon plus gastronomique qu'à Naples. Le peuple, ordinairement si sobre, et par nécessité malheureusement, semble avoir son jour de saturnales pantagruéliques et de franches lippées. Il n'est si pauvre qui ne se soit réservé, pour la fête d'*il divino Bambino,* de quoi acheter des pétards et surtout le plat national de rigueur, l'anguille sous le nom de *capitone ;* mais pour la plupart du temps on s'est préparé des vivres en appliquant le système de la caisse d'épargne à la charcuterie. La chose est bien simple : pendant toute l'année, les charcutiers, bouchers, marchands de comestibles, reçoivent des Napolitains tantôt deux ou trois grains, tantôt un demi-carlin. Chaque individu a ainsi son compte-courant de bonne chère, et la liquidation s'opère la veille de Noël par la livraison de victuailles qui serviront aux bombances de la famille. Et quel plaisir ! comme il signor Pulcinello se préoccupe peu de l'émancipation qui lui vient de Turin avec embranchement sur Caprera !

Cette année, la révolution (la vingt-neuvième qui se soit faite à Naples) a amené la rareté d'un des produits les plus estimés par la cuisine populaire et même bourgeoise, depuis Pouzzoles jusqu'à Sorrente. Une des choses qui frappent le plus ici, c'est la familiarité avec laquelle les porcs se mêlent aux indigènes, dont ils diffèrent d'ailleurs d'une manière peu sensible par les habitudes de propreté. Dans les quartiers les plus famés, dans les rues les plus aristocratiques, ces intéressants et utiles animaux circulent sans obstacle et fournissent leur contingent à l'animation bruyante de la voie. Or, cet aimable abandon est devenu un sérieux danger le jour où les Garibaldiens sont entrés dans la ville. Les braves volontaires, après avoir enfoncé toutes les portes ouvertes du royaume des Deux-Siciles, écrasé une armée qui ne s'est pas défendue, chassé un roi qui se sauvait bien tout seul, et donné aux Napolitains ébahis la liberté et un souverain nouveau, s'accordèrent quelques privautés bien permises aux vainqueurs ; et c'est alors qu'on les vit successivement décimer la malheureuse cohorte des porcs napolitains, entraînés dans des guet-apens nocturnes et victimes innocentes offertes en holocauste aux libérateurs de l'Italie méridionale.

Les manifestations garibaldiennes sont devenues

assez rares ; elles ennuyaient fort Farini, qui, avec plus d'adresse et de savoir-faire, eût pu les annuler plus promptement. Le chant national est *l'Hymne à Garibaldi* ; l'air en est original et saisissant, les paroles ont assez de noblesse et beaucoup d'énergie : c'est dire qu'il a un succès immense. La *Marche royale* et tous les chants du Piémont ont vite pâli devant ce *Chant du Départ* italien. Tous les Napolitains chantent l'*Hymne à Garibaldi*, moins parce qu'il exprime leur enthousiasme ou leurs vues que parce qu'ils en aiment la musique. A la dernière représentation de San-Carlo, quelques individus demandent l'*Hymne,* qui se crie dans les rues, qui est joué par des instrumentistes de la garde nationale et tapoté sur tous les pianos. L'orchestre se tait et la représentation continue. — Une lutte s'établit entre le public et l'administration. Il eût été plus habile de faire exécuter l'air partout et toujours, et si fréquemment que le peuple en fût rassasié, comme en 1848 il advint des *Girondins*. Loin de là, l'irritation se propage, les aigres propos s'échangent, d'amères récriminations sont formulées contre le gouvernement et les Piémontais, et sur un ordre venu de la lieutenance générale, la toile est baissée, les lustres sont éteints, et les spectateurs n'ont plus qu'à chercher la porte à tâtons pour sortir. De là, groupes au dehors, irritation croissante, etc. Je suis loin d'être fanatique des chemises rouges ; mais il m'a semblé que dans cette circonstance le gouvernement, qui commençait à dissoudre l'armée garibaldienne en procédant par engagements ou par embarquements, eût dû, en se prêtant de bonne grâce à un désir qu'il avait vingt fois satisfait, éviter tous ces déchirements intérieurs qui indisposent les esprits et compliquent la situation.

Il est certain que le roi Victor-Emmanuel a été peu satisfait de son séjour à Naples. Avant son départ, la municipalité lui a donné un bal dans le palais du prince de Salerne. L'ornementation était du plus mauvais goût : elle se composait en grande partie de tentures de calicot avec profusion de drapeaux. Une trentaine de dames étaient pour ainsi dire noyées au milieu de plus de deux mille uniformes. La physionomie du bal était triste. Le roi ne parla qu'à très-peu de personnes et sortit à minuit pour retourner à Turin. Une particularité qui se rapporte à son séjour à Naples peut servir à faire connaître les idées superstitieuses encore persistantes dans certaines classes de la population napolitaine. On a remarqué qu'il avait plu lors de l'entrée de Victor-Emmanuel à Naples, dans la revue qu'il avait passée des troupes de gardes nationales à son retour de Palerme, et du reste pendant tout le temps qu'il a résidé au Palais-Royal. Le roi, sauf ces rares circonstances, se montrait peu et passait à la chasse la plus grande partie de ses journées. Le peuple napolitain en a tiré cette singulière conclusion que le roi était *jettator,* et persiste d'autant plus dans cette opinion qu'en effet il a fait beau temps depuis son départ pour le Piémont.

La presse de tous les partis fait une guerre très-vive à Farini, auquel on reproche d'abord son inaction, ensuite son entourage d'étrangers. On parle de son remplacement par Liborio Romano ; mais l'opinion est peu favorable à tous les *ralliés*, pour employer l'expression la plus adoucie. Dans tous les pays du monde, on caractérise sévèrement le rôle du ministre qui n'attend même pas que son souverain soit tombé pour faire défection et se tourner contre lui. Cela est si vrai, qu'on a signé des pétitions pour demander le renvoi de Liborio Romano et du général Nuziante.

Janvier 1861.

III.

Les Piémontais dans l'Italie méridionale. — La camarilla Farini. — Les ministres. — La réaction.

Tout va de mal en pis, et les gens sérieux se demandent si ce n'est pas à Naples que va échouer le programme du *royaume d'Italie*. Je ne saurais dire avec quelle sourde inquiétude les sincères amis de la cause italienne observent l'allure heurtée, et pour ainsi dire ahurie, des événements. On ne sait plus où l'on va, on ne sait même pas ce qu'on a voulu faire. Rien de ce qui se passe ici ne remplit les vœux des Napolitains, n'apaise le mécontentement des garibaldiens et ne satisfait les vues des Piémontais. Je comprends, certes, le progrès dans sa plus large acception. Je suis loin de me faire le champion du gouvernement de François II, d'un gouvernement qui, sourd à toutes les représentations, a préparé sa chute par l'ignorance préméditée de ses peuples, par un système patent de démoralisation, par l'application obstinée et aveugle des principes les plus rétrogrades. Mais il me paraissait logique que ce fût des Napolitains que sortît la révolution qui devait affranchir les Napolitains. Il faut avouer que ce n'est guère ce qui a eu lieu. Quel spectacle nous présente maintenant l'Italie méridionale? Celui d'une nation envahie, remuée, au nom des principes de fusion et d'unité qu'elle ne connaît guère, par des émancipateurs cosmopolites, dont la plupart, leur chef, par exemple, ont travaillé un peu partout, même en Amérique. Des garibaldiens, par un tour de main aussi hardi que peu scrupuleux, les destinées des Deux-Siciles passent aux mains d'un petit peuple conquérant et d'un roi annexioniste, et on appelle cela un affranchissement! C'est-à-dire que cette émancipation, dont le moindre caractère est d'être indigène, a été faite par Garibaldi et les siens, par quelques Français, par des Belges, par des Anglais, qui font beaucoup de bruit, comme s'ils avaient remporté la victoire de Solferino; par le père Gavazzi, par de Flotte, par Alexandre Dumas et par les Piémontais, par tout le monde enfin, excepté par les Napolitains!

Les Chauvins de l'unité disent bien qu'il faut tenir peu de compte des moyens pour ne se préoccuper que du résultat. Mais où est-il ce résultat? Pourquoi avoir chassé l'ancien gouvernement, puisque vous ne pouvez le remplacer par un meilleur? Les Napolitains ne

sont-ils pas en droit de dire : « Comment se manifeste
« pour nous cet heureux changement de condition que
« vous avez eu la complaisance de nous promettre en
« prévenant, du reste, tous nos désirs par une ini-
« tiative assez brusque ? Vous avez eu quatre mois
« pour vous mettre à l'œuvre, et en quatre mois on
« fait bien des choses. Où sont vos réformes, vos
« améliorations, vos travaux ? Où sont vos adminis-
« trateurs, où sont vos hommes nouveaux tout pré-
« parés par le feu divin du patriotisme à concourir à
« l'œuvre de la régénération italienne ? Vous nous
« êtes venus en même temps que la famine, vous oc-
« cupez-vous de donner du pain au peuple ? Avez-
« vous mis l'ordre partout, ramené la sécurité, en-
« couragé la fusion des partis, replacé Naples au rang
« des grandes cités modernes qu'anime et que vivifie
« le souffle du progrès ? Sommes-nous plus heureux,
« plus tranquilles, plus libres que sous la tyrannie ?
« Nous vous le demandons comme à ceux-là surtout
« qui doivent être responsables de notre sort. Et si
« vous n'avez rien fait de tout cela, si nous souffrons,
« si nous sommes mécontents, si nous sommes in-
« quiets de l'avenir, si vous n'êtes restés que des
« conquérants maladroits et embarrassés, au lieu
« d'être véritablement nos frères, croyez-vous que
« nous soyons bien disposés, après avoir fait le sa-
« crifice de notre dignité de peuple, si étrangement
« compromise jusqu'ici, à vous faire celui de notre
« autonomie ? L'ex-roi François II était Napolitain et
« nous laissait être Napolitains. Vous voulez nous

« faire Piémontais, sous prétexte de nous réunir plus
« intimement à la grande famille des Italiens. Etait-
« ce bien la peine de faire une révolution pour cela,
« surtout si vous nous laissez sans administration, et
« si vous ne nous faites sentir de la liberté que les dé-
« plorables excès qui résultent de la faiblesse et de
« l'indécision des gouvernants, comme de l'exaltation
« des partis? »

C'est bien là en quelques mots le thème des récriminations à Naples, et on ne peut nier qu'elles ne soient fondées. Le Piémont peut avoir des hommes d'Etat, des généraux; mais dans une œuvre aussi délicate que celle qu'il vient d'entreprendre, il manque d'administrateurs. Cette admirable faculté d'assimilation que la France possède à un si haut degré lui fait complétement défaut. Il ne faut pas croire, comme se le fait écrire le *Siècle*, que tout soit irréprochable dans l'Emilie et les Romagnes. Depuis un an que s'opère le travail de l'annexion, on n'est pas sorti du provisoire, et à Bologne comme à Florence le malaise se fait toujours sentir. On fait ici un *véritable fiasco*, qui, bien plus que la résistance de Gaëte, met en question l'unité italienne. « Le dé-
« sordre est tel, me disait un des libéraux les plus
« convaincus, qu'il donnerait raison et gain de cause
« à l'administration des Bourbons si cela était pos-
« sible. » Et il exprimait là une idée déjà fort répandue et formulée de diverses manières.

Les premiers soins de la lieutenance générale devaient avoir pour but de se mettre en communication avec les provinces et de se rendre compte de leurs besoins. Cette première et importante partie d'une mission sérieuse a été négligée. A Naples, la situation n'est pas meilleure : les conspirations sont en plein épanouissement; on parle toujours d'assassinats. Les arrestations politiques sont presque quotidiennes, mais on n'arrête pas les assassins, et ce serait important, semble-t-il.

Farini et les hommes qui l'entourent sont pleins de bonne volonté et d'honnêteté, on doit le croire; mais ils n'ont aucune des qualités politiques qu'on peut attendre du plus modeste des gouvernements. Ils n'ont pas compris les Napolitains, n'ont pas su se les concilier et éviter la comparaison qui commence à se faire entre la roideur welche et la familiarité, l'apparente bonhomie des anciens rois, employées comme un moyen sûr d'agir sur un peuple enfant, très-sensible à ces attentions. Flatter et amuser, et en même temps réformer, diriger et réprimer s'il le fallait, là était le secret, disent les vétérans de l'opinion publique. Au lieu de cela, isolement et inaction du pouvoir, froideur et mécontentement de la population.

Depuis l'ère de l'émancipation, ce malheureux pays est en proie à des coteries inabordables qui composent autant de camarillas. Ainsi, camarilla Nunziante, camarilla Liborio Romano, camarilla Bertani, camarilla Conforti, et enfin camarilla Farini, qui règne actuellement au milieu de ces intrigues de bas étage. Où est le pays? Où sont les hommes qui en puissent être l'expression, qui en comprennent les aspirations, qui en devinent les besoins? Où est l'action d'un gouvernement national italien?

De quoi se compose la lieutenance générale de Farini?

D'un ministre piémontais qui déjà compte trois décrets malheureux. Les deux premiers : adoption du tarif piémontais, du soir au lendemain, caisse d'escompte à 6 0/0 et trois mois d'échéance la plus longue, ruinent l'industrie qui emploie un assez grand nombre d'ouvriers et avait besoin de protection, surtout à son enfance, et frappent le commerce languissant déjà depuis dix-huit mois. Il est bien entendu que l'Etat est ainsi privé de recettes qu'il ne paraît guère en position de dédaigner. Les droits indirects perçus par Naples, levés sans profit pour personne, privent cette immense cité d'une des seules ressources sur lesquelles elle pouvait appuyer un emprunt pour créer du travail. On implore, on mendie à l'étranger 25 millions de francs, sans trouver le moyen de présenter d'une manière convenable, digne et régulière, cette piètre opération financière. Voilà les coups d'essai de l'administration des finances : un premier médecin qui saigne son malade à tort et à travers ;

Du ministre de la guerre, qui n'a pu mettre encore une colonne mobile à la disposition des gouverneurs de provinces, débordés par les progrès de la réaction royaliste dans les Abruzzes, et surtout aux environs de Chieti, où les pillages, les incendies, les vengeances particulières sont à l'ordre du jour, ni prendre aucune disposition qui ressemble à un plan régulier, et qui tende à faire prévaloir, sur tous les points de l'Italie méridionale, le régime qu'on veut établir ;

Du ministre de la police, qui en est encore à choisir la couleur de l'uniforme pour les agents du service de sûreté. Depuis quelques jours seulement on s'est décidé à faire des arrestations et à défendre l'usage des pétards et l'exercice inconsidéré des armes à feu en pleine ville ; mais il est toujours imprudent de sortir au delà de huit heures du soir ;

Du ministre des travaux publics, qui demande ce que c'est qu'un trafic commercial sur les chemins de fer, qui n'a pas trouvé à prescrire un *carlin* de travaux dans un pays où tout est à créer depuis l'administration française sous Murat, lorsque le pain est cher, qu'on s'adresse à un peuple qui ne reconnaît de gouvernement que celui qui lui donne à manger ;

Des ministres de l'intérieur, des cultes, de l'industrie et du commerce, qui ne voient rien de mieux à faire que de remplacer bien vite par leurs hommes les employés des ministères prédécesseurs, qui eux-mêmes en avaient remplacé d'autres, et ainsi de suite en remontant au jour de l'émancipation, au point de départ des réformes et du progrès.

Le roi Victor-Emmanuel pouvait faire beaucoup ; il était attendu comme le Messie. Il eût pu être l'idole de ce peuple qui divise le monde moral et le monde physique en trois étages : Dieu et la madone au premier, le roi au second, et le reste au-dessous. Le roi, au contraire, a paru peu disposé pour ses nouveaux sujets : il s'est fort peu produit, et est parti sans laisser aucun souvenir de son séjour. Le charme a bien l'air d'être rompu, et s'il est un nom dont le prestige domine encore les esprits, c'est celui de Garibaldi, qui, de sa tente de Caprera, peut suivre les défaillances qui se produisent. Celui-là au moins est en droit de dire qu'il n'était pas besoin de repousser si énergiquement sa dictature, si on ne devait pas se montrer meilleur organisateur que lui!

Les provinces inquiètent beaucoup. On est assez tranquille dans les Calabres, mais on y meurt de faim, et si une fois on s'insurgeait dans ces montagnes, ce serait la pire des guerres civiles. Quatorze députés de Turin arrivent comme commissaires extraordinaires chargés de prendre des mesures promptes et énergiques. C'est là, certes, un bon parti; mais pourquoi a-t-on si longtemps attendu? Il fallait à la fois concilier, sévir et prévoir. Cette initiation aux libertés constitutionnelles par la répression était un peu dure et peut-être illogique, mais il n'y avait que ce moyen de légitimer les faits accomplis, dont la doctrine prévaut si aisément. Il est juste de commencer par la sécurité et le bien-être la série de bienfaits que l'émancipation promet si solennellement à un peuple. Le Napolitain surtout n'est pas élevé à se serrer le ventre devant l'idole de la liberté. Il a un instant entrevu, avec une situation meilleure, une sphère plus digne de lui. Il s'est senti Italien; mais, comme sœur Anne, ne voyant rien venir, il rentre dans sa coquille, et dans un mois, peut-être avant, serait disposé à accepter l'ancien ordre de choses avec la plus complète indifférence, et comme s'il n'avait pas eu un instant la fièvre de patriotiques aspirations.

Les conspirations ont beau jeu avec cette tendance de l'esprit public ; aussi n'entend-on parler que de cela. Il y a quatre jours, un rassemblement avait lieu sur la place du Palais-Royal. On y échangeait de vives discussions, des coups de pistolet ; des cris et des arrestations avaient lieu. Les garibaldiens se sont rapprochés des royalistes, et ces deux extrêmes sont d'accord pour miner, par tous les moyens, l'action piémontaise. On crie de côté et d'autre : A bas Victor-Emmanuel ! vive Garibaldi ! ou vive François II ! On découvre dans un petit bâtiment qui porte du charbon à Gaëte des papiers révélateurs. Immédiatement la garde nationale, que travaille le fantôme d'une réaction royaliste avec représailles, ramasse de tous côtés un certain nombre d'individus qu'elle jette en prison. On a arrêté ainsi plusieurs généraux : Polizzi, de Linguori, le colonel d'Ambrosio, les généraux Palmieri et Barbalonga ; on les a mis au fort Saint-Elme. On procède à des visites domiciliaires, à des perquisitions, et chaque jour je vois arriver à l'état-major de la place des bandes d'individus qu'on relâche quelque temps après, faute de preuve. Il y a deux jours, plus de six cents personnes ont parcouru Chiaia avec des drapeaux blancs en criant : Vive François II. Cette manifestation s'est prolongée jusqu'à Sainte-Lucie, où elle a été dissipée par l'arrivée de détachements de la garde nationale, qui ont pu arrêter une trentaine de meneurs. Tous ces mouvements, dont la signification est chaque jour plus prononcée, annoncent que l'agitation est dans les esprits et qu'il y aurait danger à ce que les choses continuassent à aller de ce train.

Les élections au Parlement italien jettent quelque diversion dans l'opinion publique, mais elles ne passionnent qu'une partie de la classe moyenne. Le peuple reste profondément indifférent à l'exercice de ce droit, dont il ne comprend ni le sens ni la portée. Ceux qui s'occupent des élections ne parviendront à le remuer qu'en s'adressant à deux sentiments hostiles aux Piémontais : l'enthousiasme pour Garibaldi ou le souvenir de son ancien roi, de ses habitudes, de ses spectacles favoris et de ses traditions. Voilà un suffrage universel qu'il faudra traiter par les grands moyens pour éviter qu'il n'apporte des résultats inattendus.

Janvier 1861.

IV.

Le prince de Carignan. — La Jettatura. — Un situation difficile. — Un demi-dieu. — Les Garibaldiens. — Une épisode du siége de Gaëte. — Les affiches politiques.

La lieutenance Farini a fait long feu ; son successeur n'est rien moins que le cousin du roi Victor-Emmanuel, doublé du commandeur Nigra. Le petit peuple sera plus que jamais persuadé qu'il y a *jettatura* dans la maison de Savoie. Le prince de Carignan était à peine débarqué que le beau soleil d'été, qui nous réjouissait depuis le commencement de l'année, faisait place au *sirocco* et à la pluie. La réception a été tiède. La garde nationale et les troupes piémontaises formaient la haie depuis la Specchia de la Marina jusqu'au Palais-Royal. Il n'y avait pas affluence de population, et les cris de : *Viva l'Italia !* ont dominé tous les autres. Le prince assistait du balcon du Palais-Royal au défilé des troupes. Les musiques de la garde nationale ont joué avec acharnement l'*Hymne à Garibaldi ;* le peuple a accueilli son air favori par des applaudissements frénétiques, et l'accueil fait au représentant du roi s'est terminé, comme cela arrive toujours, par une véritable manifestation en l'honneur de Garibaldi. Les détachements de garde nationale ont ensuite, comme d'usage, parcouru les quartiers de la ville; les Piémontais sont rentrés dans leurs casernes, les Napolitains ont fait force démonstrations de deux doigts vers la place du Palais pour conjurer le *mauvais œil,* puis tout a repris son cours habituel. Selon la malicieuse parodie faite par l'*Arlecchino :* « Il n'y avait rien de changé à Naples, il n'y avait qu'un Piémontais de plus. »

Maintenant que Farini disparaît de la scène politique dans l'Italie méridionale, on n'est pas éloigné de le plaindre et d'accuser de son impuissance le cabinet de Turin, qui neutralisait ses bonnes intentions. Une courte proclamation, par laquelle Victor-Emmanuel annonce aux Napolitains l'arrivée de son cousin dans leur ville et réclame leur dévoûment à l'œuvre commune, jette bien quelques fleurs sur la chute « de l'illustre homme politique qu'un deuil de famille tient éloigné des affaires. » Mais on trouve qu'il a été sacrifié, et, pour caractériser la période de son administration et sa retraite, on se sert ici d'une expression qui a chez nous son équivalent vulgaire et qui reviendrait à dire que M. de Cavour lui a *fait essuyer les plâtres.* Ce qu'on ne peut nier, c'est que Farini avait les plus sérieux embarras sans les moyens d'y remédier. Ses ministres étaient retenus sans cesse par l'étroitesse de leur sphère d'action. On ne faisait rien parce qu'on ne pouvait rien faire sans les instructions du *pouvoir central,* et que ces mots : « On en référera au pouvoir central, nous attendons les ordres du pouvoir central , » étaient la fin de non-recevoir opposée aux réclamations les plus légitimes.

Le prince de Carignan a fait d'abord une proclamation aux Italiens des provinces napolitaines. Le prince retrace en quelques mots l'histoire de la réunion de ces provinces au reste de l'Italie sous le sceptre constitutionnel de la dynastie de Savoie. Pour que le pays puisse retirer tous les bénéfices de la liberté, il lui faut observer, comme première condition, le maintien de l'ordre et le respect des lois. On peut être convaincu que le gouvernement ne pactisera pas avec le désordre et saura réprimer sévèrement et promptement toute tentative illégale. Il compte sur le bon sens des populations, sur le patriotisme éprouvé de la garde nationale, ainsi que sur le concours énergique de la magistrature, qui, dans chaque pays, est l'expression de la moralité publique. Le gouvernement veut que l'Eglise et ses ministres soient respectés et que rien ne vienne les troubler dans le libre exercice du culte. Mais, en même temps, il rappelle au clergé l'obéissance au roi, au statut et aux lois. La proclamation promet ensuite toutes les alouettes rôties qui, en semblable circonstance, doivent inévitablement tomber sur les peuples : cours publics, enseignement, l'instruction et le travail (ces deux sœurs, dirait M. Perrichon), les finances réorganisées, des réformes, des améliorations, etc. Le prince terminait en rappelant aux Napolitains que l'Europe avait les yeux tournés sur eux et leurs actes.

Un des passages qui ont été le plus commentés dans la proclamation du prince de Carignan est celui qui est relatif à la réorganisation des finances. Elles étaient en fort bon état, comme on sait, lorsque François II se retira devant l'approche de Garibaldi. Nous avons entendu successivement proclamer l'honnêteté de toutes les pro-dictatures qui se sont succédé. Mais il n'en est pas moins vrai que Farini ne trouva rien dans les caisses de l'Etat, et qu'on dut recourir aux plus tristes expédients pour faire face aux premières dépenses. Je ne sais si le gouvernement central, comme on dit, envoie des fonds dans les provinces, et si le nouveau lieutenant général arrive avec la poule aux œufs d'or; mais la meilleure organisation des finances consisterait à en avoir. J'ai eu les renseignements les plus curieux sur la détresse dans laquelle se trouvait le mi-

nistère qui tombe avec la retraite de Farini, et je doute qu'on improvise un trésor au nouveau cabinet. La semaine dernière, l'ancien ministre des finances disait à un de ses amis, en déplorant la pénurie dans laquelle il se trouvait, que jamais des fonctions n'avaient été moins justifiées que les siennes : « On est dans une
« telle position, ajoutait-il, que, comme un fils de fa-
« mille ruiné, on s'estimerait presque heureux d'ac-
« cepter un emprunt dont le versement s'effectuerait
« moitié en numéraire et moitié en chameaux et en
« crocodiles empaillés. » Et il y avait si peu d'exagération dans ce triste tableau, qu'on ne pouvait pas payer à la même heure les quelques malheureux auxquels on improvisait des travaux de voirie publique pour les empêcher de voler.

La situation est en effet extrêmement difficile. La cherté des vivres augmente ; il n'y a pas de travail et le malaise est général : avec de tels éléments, en France, il y aurait eu déjà dix émeutes. Les patrouilles de garde nationale qui sillonnent chaque nuit la cité n'empêchent point les assassinats. Les arrestations sont toujours fréquentes ; je ne sors pas sans rencontrer entre deux haies de gardes nationaux des bandes d'individus de toutes conditions : bourgeois, paysans, soldats. Les manifestations royalistes abondent, mais n'ont pas grande portée. Il semblerait même que, dans beaucoup de cas, les individus arrêtés ont choisi ce prétexte de se faire mettre en prison pour ne pas mourir de faim. C'est surtout aux environs de Naples que sont faites ces démonstrations qui, malheureusement, sont toujours accompagnées de coups de fusil et de morts d'hommes.

En Sicile, La Farina a succombé devant son impopularité. Ce sont des faits peu rassurants que cette chute du ministère sicilien réclamée avec menaces par la population, que ce mécontentement produit à Palerme et à Naples par les mêmes causes et produisant les mêmes effets. Le nouveau ministère napolitain se résume dans les noms de Spaventa et de Liborio Romano, le ministre qui a, comment dirai-je? préparé la transition entre François II et Garibaldi. Quelle sera l'action politique du nouveau cabinet?

Il y aura beaucoup à faire pour que les élections ne se ressentent pas de cette période où les gouvernants piémontais se sont rendus si peu sympathiques à la population. Les gens conciliants font tous leurs efforts pour resserrer les liens parmi les adeptes de l'unité italienne. Garibaldi lui-même écrit publiquement pour leur recommander de n'avoir d'autre programme que *l'Italia una e indivisibile sotto lo scettro costituzionale di Vittorio-Emmanuele.* Cet appel à la fusion de toutes les nuances est signalé comme une réponse à opposer à ceux qui mettent en doute, en présence de tous ces déchirements, l'œuvre de l'unification. Seulement les passions ne peuvent être longtemps dissimulées.

Dans la circulaire électorale qui patronne les candidatures du parti avancé, Garibaldi est proposé comme un demi-dieu. « Ni l'héroïque Grèce, dit-on, « ni l'antique Rome ne peuvent opposer un héros « semblable au héros de Varèse, de Montevideo, de

« Velletri, de Catalafimi, de Marsala, de Capua... »
Un nome più terribile, più spaventeso, di ogni umana sforza!

On énumère les prodiges accomplis par ce foudre de guerre, et on y parle en ces termes fanfarons de sa lutte à Rome contre les troupes françaises : — « *A Roma, con poche centinaia di volontarii, il 30 aprile 1849, batte Oudinot di Reggio, celebre generale francese, lo pone in fuga colle sue numerose e agguerrite falangi, e lo costringe a chiedere un armistizio, a fin di riprendre fialo et lena.* Que dites-vous de ce héros de l'antiquité... moderne qui « bat Oudinot de Reggio, « célèbre général français ; le met en fuite avec ses « bataillons, nombreux et aguerris, et le contraint à « signer un armistice ! » — N'allez pas croire que ce soit là une fanfaronnade purement individuelle. La vanité italienne n'y va pas de main morte. La Lombardie a été enlevée à l'Autriche à la suite des victoires de Melegnano et de San-Martino, disent les Piémontais ; à la pointe du sabre du héros de Varèse, disent les garibaldiens ; mais les Français, on n'en parle guère : on serait même tenté de supposer que ce sont eux qui, par amour-propre national, ont inventé Magenta et Solferino.

Le ministère Liborio Romano doit se mettre à l'œuvre et aborder la tâche difficile de faire de l'argent d'abord, d'être sévère sans mécontenter, de pacifier en réprimant, de donner satisfaction à certaines exigences sans gêner cependant les plans du gouvernement central pour l'organisation de l'Italie, par des concessions partielles de chemins de fer et d'entreprises d'utilité publique faites dans les provinces ; d'influencer les élections sans faire sentir de pression imprudente, et d'arriver sans secousses, sans trop d'engagements pris, sans trop de promesses, au jour heureux de la convocation du Parlement italien.

Ce n'est que cela, mais c'est beaucoup, et il y a de quoi s'effrayer d'avance.

Le licenciement de l'armée de l'Italie méridionale appauvrit considérablement les ressources dont on aurait pu disposer tout d'abord. Cette mesure est une de celles qu'on reprochait le plus au gouvernement piémontais, au point de vue politique et économique. On avait, dit-on, pour ainsi dire sur les bras une armée de 30,000 hommes. Il fallait la maintenir, l'organiser régulièrement, l'occuper à Gaëte ou sur la frontière des Etats-Romains. Au bout de quelques mois de discipline sévère et d'engagements sérieux, cette armée s'épurait et était purgée de tous les chenapans dont on ne pouvait faire de bons soldats. On formait un noyau solide qui laissait libre alors la disposition des quelques régiments piémontais que réclament les gouverneurs des provinces pour réprimer les troubles. On a, au contraire, par le système de licenciement complet, mécontenté tous les garibaldiens, ceux qui avaient pu se battre, ceux sur lesquels on pouvait le plus compter. Pendant qu'on évinçait ceux-là qu'on ne retrouvera peut-être plus au jour du combat et lorsqu'on aura besoin d'enthousiasme et de bras, on faisait appel, par la prime de la solde de six mois, à une foule d'individus de tous pays, de toute profession, qui trouvaient commode d'endosser une chemise rouge pour avoir le droit de toucher une somme assez rondelette. Ces cadres s'étaient agrandis à vue d'œil, les bureaux composés de garibaldiens se montraient d'ailleurs accommodants sur les formalités à remplir, et voilà comment on avait eu affaire à 30,000 créanciers de l'Etat. L'inscription close et les titres prétendus ou réels enregistrés, il restait encore 11,000 individus environ à « indemniser. » Cette armée de 41,000 individus environ comptait 13,000 officiers, un peu moins de un sur quatre hommes. Un colonel de la cavalerie sicilienne, ancien sous-officier français, m'avouait en riant qu'il avait mené au feu, à Catalafimi, un escadron où il avait 88 officiers. Ces appointements élevaient considérablement la valeur de la carte à payer. N'est-il pas évident que si on avait formé un corps régulier assimilé à l'armée piémontaise, on aurait évité cette invasion parasite de faux combattants garibaldiens, et on aurait fait des économies considérables!

En accompagnant des compatriotes aux ministères, j'ai eu occasion de me rendre compte de la vaste pétaudière que formaient toutes ces administrations. Les ministres sont en guerre réglée avec leurs employés, agents napolitains de l'ancien régime, qu'ils ont dû garder, ne fût-ce que provisoirement, pour ne pas faire un bouleversement trop complet. Il ne faut pas croire que le ministre reçoive ceux auxquels il a donné audience. Pas le moins du monde : les huissiers lui imposent, avec le sans-façon le plus comique, leurs *protégés*. On ne saurait s'imaginer, depuis le secrétaire général jusqu'au garçon de bureau, avec quelle liberté tous ces gens-là se traitent les uns les autres. J'ai assisté à cette petite scène : un Français parle au secrétaire d'un ministre, un Piémontais ; celui-ci fait le gros dos comme tous ses compatriotes, se dandine et prend des allures telles, en un mot, que son interlocuteur le rappelle sèchement aux convenances. Le Piémontais se dresse sur ses ergots, crie à l'impertinence. Bref, le Français impatienté, et qui n'était pas un solliciteur, se retire en lui disant tout net qu'il ne s'attendait pas à trouver autant de suffisance et d'ignorance. Le secrétaire reçoit ces adieux en poussant des cris de paon. Le Français, sorti du cabinet, demande curieusement à l'huissier, vieil employé napolitain, quel peut être ce fonctionnaire. L'huissier lui répond avec un geste intraduisible de dédain : *Educatissimo Piemontese !* c'est-à-dire à peu près : « un des mieux élevés parmi les Piémontais. » Par ce seul fait, qu'on juge de l'impression générale.

Le bombardement de Gaëte venait de commencer et le peuple semblait fort peu s'en préoccuper. Il n'en était pas de même du gouvernement et, depuis plusieurs jours, on redoublait d'activité dans l'expédition au camp des assiégeants, des canons et des provisions de bombes et de boulets qu'avait accumulés dans l'arsenal de Naples la prévoyance des Bourbons. *Sic vos non vobis !* Le *Vatican,* qui venait d'arriver de France, s'était arrêté à

Gaëte pour prendre et conduire à Naples les familles des officiers de François II. Un des passagers m'avait donné quelques détails sur cette scène déchirante et qui avait causé à bord une pénible émotion. La mer était très-mauvaise et les barques risquaient de sombrer en s'approchant du navire. Les femmes se suspendaient en sanglotant au cou des officiers tristes, mais résignés à cette douloureuse séparation. Il y avait là également les familles des marins du fort qui retournaient à Castellamare, à Sorrente et sur le littoral. C'était comme un suprême adieu, car les assiégés devaient, dit-on, se défendre jusqu'à la dernière extrémité. La difficulté d'accoster le navire rendait la situation plus pénible en la prolongeant ; on voyait dans les canots les femmes se débattre dans des crises nerveuses et paralyser les mouvements des rameurs. Enfin, des cordages jetés du *Vatican* permirent d'embarquer ces malheureux qui poussaient des cris à fendre le cœur, et étaient reçus à bord glacés par la pluie, mouillés par les vagues et presque inanimés. Les officiers et marins royalistes accompagnèrent du regard leurs femmes, leurs sœurs, leurs enfants, jusqu'à ce qu'on cessât de les voir, puis se dirigèrent, sombres et résolus, dans leurs canots, vers la forteresse qui présentait le spectacle d'une agitation fébrile. On voyait de tous côtés des charrettes transporter : ici des sacs de terre, là des boulets dans des casemates, plus loin des quartiers de viande. Tout le côté escarpé qui fait face à la baie exposait aux regards le mouvement et la vie qui se manifestaient dans les batteries où l'on aurait sur ce plan à répondre au feu de la flotte piémontaise.

La baie de Gaëte était ainsi occupée, la veille de l'ouverture des hostilités, c'est-à-dire le 18 janvier : nos deux navires de guerre et plusieurs avisos français, deux corvettes espagnoles, quelques navires de commerce qui doivent être partis, et, au fond du port, à l'extrémité même de Mola-de-Gaëte, à droite de la forteresse, l'escadre napolitaine. Le capitaine du *Vatican* avait reçu à bord une lettre de l'amiral Le Barbier de Tinan ; elle contenait l'avis que, par suite du bombardement de la forteresse et de la retraite de nos derniers vaisseaux, les paquebots des Messageries impériales n'auraient plus à faire relâche à Gaëte pour le service des correspondances. Le *Vatican* avait pris à Civita-Vecchia trois généraux étrangers, dont l'un autrichien, qui sont débarqués à Gaëte. Le bombardement devait être formidable de part et d'autre, et on attendait à Naples avec une vive impatience les premières nouvelles du théâtre des opérations militaires.

Le peuple s'inquiète aussi peu du sort de son ancien roi que des succès des Piémontais. Assiégés et assiégeants ne semblent pas du tout l'intéresser. Il se montre encore plus froid pour les élections de ses députés, et n'a pas plus l'air de s'occuper du parlement italien que s'il s'agissait des Moldo-Valaques. En revanche, il joue le rôle des chœurs antiques dans toutes les démonstrations et manifestations, et Dieu sait à quelles tribulations est vouée cette pauvre garde nationale qui n'en peut mais. Comme chez nous en

1848, la poésie des murs est en pleine fleur, les professions de foi, les avis politiques, les appels à la concorde, aux armes, à toutes sortes de choses, s'étalent sans cesse aux yeux des désœuvrés, dont ils charment l'imagination par l'abondance des citations empruntées à l'histoire des républiques. C'est la nourriture de l'esprit, la seule qui abonde aujourd'hui, et avec quelle exubérance excentrique! Cependant, la disette n'empêche pas les agapes patriotiques, et, dans un banquet sicilien qui réunissait une centaine de convives en l'honneur de l'anniversaire du 12 janvier 1848, Alexandre Dumas a trouvé moyen de se faire porter le toast suivant : *A Alexandre Dumas, né Français avec un cœur italien, et déjà citoyen sicilien!* C'est sans doute en sa qualité de comte de Monte-Cristo que notre amusant romancier est devenu le compatriote de Garibaldi, à moitié Italien lui-même, puisque Nice est française.

Janvier 1861.

V.

Les rassemblements. — Un curieux marché. — Les ministres et les employés. — Le parti muratiste. — Un journaliste à Gaëte. — Voyages de plaisir pour le bombardement. — Les tristesses du carnaval.

Les élections au Parlement italien vont avoir lieu, et les professions de foi, les appels à la conciliation, les appels au vote, jettent leur dernier feu dans les journaux et sur les murs. Cependant la population semble fort calme, pour ne pas dire indifférente; il n'y a guère que dans les classes représentées pour ainsi dire par la garde nationale, que se manifestent, et encore très-médiocrement, les passions électorales. Pour chauffer un peu le scrutin, l'administration a émis, coup sur coup, quelques nouvelles appuyées de petites mesures intérieures. Ainsi, on a fait un peu de bruit, non pas d'un succès remporté à Gaëte, mais de l'espoir que lorsque le bombarbement sera définitif, les intelligences qu'on a dans la place ne permettront pas à François II de prolonger sa résistance. Puis on a publié dans les rues la grande défaite des royalistes dans les Abruzzes, la grande découverte d'une conspiration bourbonienne, etc. Les électeurs ont pu ainsi entrevoir dans une perspective prochaine, au moment de déposer leurs bulletins dans l'urne, Gaëte rendue, la réaction anéantie, et, dans une patriotique apothéose, M. de Cavour recevant des provinces napolitaines, persuadées, converties, enthousiastes de l'annexion, une couronne de lauriers.

Il y a bien quelques ombres au tableau, et la meilleure preuve en est dans les actes mêmes de l'administration napolitaine. Le questeur de la cité et du district de Naples, dans une notification que les journaux reproduisent, en la qualifiant d'*insulso proclama,* s'élève contre la funeste habitude des démonstrations, et, en effet, les rassemblements se multiplient à un tel point, que la population semble avoir fait élection de domicile dans la rue. On crie contre Liborio Romano, contre Poërio, contre Spaventa, le ministre de la police, et le refrain de ces protestations bruyantes est l'éternel *Hymne à Garibaldi*, le redoutable adversaire de la *marche royale* piémontaise. Dès les premières mesures de l'air favori, toutes les physionomies s'épanouissent, toutes les bouches se dilatent, et c'est une explosion générale lorsqu'on en arrive aux paroles :

Va fuori d'Italia, va fuori ò Stranier !

Les révolutions n'en font jamais d'autres ; c'est toujours le « *qu'ils chantent, mais qu'ils paient,* » et on a besoin de beaucoup d'argent. On ordonne bien des travaux : 420,000 ducats pour les routes, une certaine somme pour le dessèchement du lac d'Agnano ; on entreprend l'agrandissement du port de Naples. Mais toutes ces mesures idéales ressemblent aux bonnes intentions dont est pavé l'enfer. Le premier *grano* est encore à venir. Garibaldi a trouvé à Naples 27 millions de ducas ; il a rendu ses comptes pour justifier l'emploi de 5 millions, mais il ne reste plus rien des 22 autres. Il y a eu là une liquidation très-lourde à effectuer, lorsqu'il a fallu récompenser la défection des officiers et employés napolitains. Il ne faut pas croire que cette conversion se soit opérée à bon marché. Il y a encore au dicastère des finances des comptes fort curieux et où figurent des chapitres encore plus curieux dans ce genre : « Achat (*compra*) du général X..., tant. » — Quelques lettres mêmes témoignent d'une discussion originale entre l'acheteur et le vendeur. Il s'agissait de faire passer sous les drapeaux de l'indépendance italienne un régiment napolitain en bon état. Le colonel, qui vit paisiblement en Angleterre, demandait 4 piastres (20 fr. environ) par homme. D'autre part, on marchandait, en objectant que cela ne valait pas un tel prix. Le colonel ripostait que chaque soldat avait sur le dos pour plus de 25 piastres en équipement et armement. Enfin on a traité à 1 ducat, un peu plus de 4 fr. par homme, sous réserve d'une stipulation spéciale au profit du vendeur. Ceci est de l'histoire, et des sommes considérables ont été ainsi consacrées à dissoudre l'armée napolitaine, qui, il faut l'avouer, s'est assez bien prêtée à ces honorables transactions.

On ferait un gros volume in-4° de tous les décrets et de tous les arrêtés qu'on a fait pleuvoir sur les Deux-Siciles, depuis Garibaldi jusqu'à M. Nigra; on ferait tenir facilement en vingt lignes les mesures qui ont été réellement exécutées. Le prince Carignan témoigne des meilleures intentions, exprime le désir d'entreprendre et de faire. Il a successivement visité les travaux du *Corso Victor-Emmanuel,* de *Torre del Greco* et des *Granili.* Il a ordonné l'ouverture pour le premier février du *Lycée national Victor-Emmanuel.* Il passe en revue la garde nationale, dont il loue nécessairement la bonne tenue et l'esprit. Mais à côté de ces actes dont le bon effet n'est pas contestable, l'administration devrait un peu mieux s'inspirer **des véritables besoins du pays et de l'expérience de certains hommes. Il** y a au ministère et au cabinet, ou des fonctionnaires dont le seul titre au choix du gouvernement consiste dans des publications historiques et économiques, ou des jeunes gens sortis tout frais émoulus de la diplomatie ou des secrétariats, et qui espadonnent de la plume sur les ordonnances avec tout le sans-façon qu'autorise sans doute la qualité de pays annexés. On a trouvé tout naturel d'apporter aux Napolitains les bienfaits du libre-échange : un décret vient de permettre l'entrée en franchise des huiles de sésame, d'arachide, de colza, dans les provinces napolitaines. Dans les circonstances actuelles, et lorsqu'il y a rareté des huiles, il semblait au contraire que, dans l'intérêt de la production locale qui fait vivre le pauvre, on dût faire le contraire. Aussi, les journaux de Naples sont-ils unanimes pour s'élever contre cette mesure.

Une des difficultés que rencontre la lieutenance générale est assez bizarre pour qu'elle soit à mentionner. Il s'agit du refus des employés destitués de quitter leur poste. On sait quel immense va-et-vient de fonctionnaires s'est produit dans les Deux-Siciles, depuis quatre mois. Dès les premiers temps, les destitutions furent prises au sérieux, puis on cessa de s'en occuper, et les agens s'habituèrent à ne plus tenir compte des décisions des ministres lorsqu'ils les virent si éphémères. Il en résulte que certains emplois ont eu jusqu'à cinq et six titulaires ; l'occupant était le plus tenace ; mais alors les autres, quand ils étaient adroits, s'arrangeaient de manière à avoir les appointements à défaut des fonctions. On comprend quelle série d'embarras les ministres actuels rencontrent maintenant dans leur administration, nonseulement dans les provinces, mais encore dans les bureaux, où on calcule, le jour même de leur prise de possession du portefeuille, la probabilité de leur départ. L'*Arlecchino* a représenté cette consommation de directeurs de *dicastères* dans une caricature où la lieutenance générale, sous la figure de Saturne, dévore à la fourchette des ministres que lui présente, empilés dans un plat, M. de Cavour vêtu en maître d'hôtel. L'allusion est d'autant plus originale qu'on dit la lieutenance générale sur le point de dévorer prochainement un ou deux ministres. On désigne comme une des futures victimes, le ministre de la police Spaventa; mais sa chute est d'autant moins probable qu'il a su se rendre nécessaire en découvrant à point, comme faisait Fouché jadis en France, une série de conspirations royalistes, dont lui seul tient les fils et qui se lient, paraît-il, par de mystérieuses ramifications, aux mouvements des Abruzzes. Il est de tradition qu'une *congiura* soit découverte au moment précis où un préfet de police prévoit qu'on va le remercier.

Cependant des arrestations viennent d'avoir lieu, et on cite comme compromises quelques familles des plus distinguées de Naples. On pourra objecter que ce n'est pas un fait nouveau, et qu'il n'est point de semaine où la police ne jette ses filets sur un complot.

Avant que M. Liborio Romano fût appelé à faire partie du ministère actuel, il avait été vivement attaqué par l'*Indipendente* et le *Nazionale*. Ces deux journaux, depuis un mois environ, publiaient des pièces tendant à prouver qu'il avait eu de secrètes entrevues avec Ruffoni, secrétaire particulier du prince Murat. M. Liborio Romano vient de faire paraître, dans le *Pungolo* et d'autres journaux, une note où il repousse avec mépris ces insinuations et déclare ne pas vouloir y répondre. On pense qu'en pareille circonstance un ministre doit garder le silence, ou ne se mêler au débat qu'avec des preuves écrasantes.

On annonce comme devant paraître prochainement par les soins du même ministre, M. Liborio Romano, un *Recueil de documents et actes relatifs à la chute du gouvernement bourbonien de 1799 à 1860*. On s'accorde à reconnaître généralement que nul ne pouvait mieux que M. Liborio Romano décrire avec une parfaite connaissance de cause tous les régimes politiques depuis François II jusqu'à la lieutenance générale du prince de Carignan. C'est sans doute cette aptitude à survivre à toutes les formes du gouvernement qui aura induit en erreur quelques journaux, déjà entraînés par une sollicitude naturelle à se préoccuper des rapports futurs du ministre actuel avec un des prétendants au trône de Naples.

Du reste, certains symptômes assez curieux à noter se produisent dans l'opinion publique : on parle très-ouvertement du parti muratiste. Un des journaux du gouvernement, le *National*, signalait la découverte d'une conspiration en faveur du prince Murat. Mais ce mot de conspiration était assez ambitieux, puisque dans des réunions de notables, à propos d'élections, on a tranquillement discuté les chances que ce parti pourrait avoir.

Il faut reconnaître qu'on s'inquiète bien plus à Naples du bombardement de Gaëte que des élections, des conspirations, des réactions, etc. Dans les régions politiques, tout le monde n'est pas convaincu que c'est contre le gré du gouvernement piémontais, et au grand chagrin de ses généraux, que la flotte française accomplissait sa mission d'humanité. On va jusqu'à supposer que rien n'étant prêt pour le siège, ni munitions, ni canons, ni vivres, avec peu de troupes disponibles et un corps de génie, distingué sans doute, mais peu exercé aux opérations obsidionales, le cabinet de Turin avait fait œuvre de profonde politique en suppliant l'Empereur Napoléon III de laisser la flotte française dans les eaux de Gaëte, avec le prétexte d'empêcher le bombardement et le but de ne pas trop faire apparaître ainsi l'impuissance où étaient les assiégeants de commencer l'attaque. On pouvait alors user du double jeu d'avoir le temps nécessaire pour les préparatifs, et d'alléguer aux patriotes impatients, comme cause du retard, la station de notre escadre dans les eaux de Gaëte.

On m'a appris un fait qui montre jusqu'à quel point le rôle de la presse est agrandi par les circonstances et combien elle se trouve mêlée maintenant aux événements politiques de quelque importance. Le roi François II n'a permis le séjour dans la place qu'à un seul journaliste. C'est M. Garnier, correspondant de l'agence Havas, qui représente seul la presse européenne dans cette mission qui n'est pas sans danger. Présenté et patronné par le général Ulloa, il a été installé à peu de distance de la batterie Philipstadt, dans les casemates, où on lui a arrangé tant bien que mal une sorte de cachot, à l'abri des bombes et des boulets. Il doit rester jusqu'à la fin du siége, et se propose de suivre les destinées de la forteresse jusqu'à la reddition exclusivement. La plupart des édifices ont été déjà très-endommagés, entre autres les églises, les hôpitaux et le tombeau du connétable de Bourbon. Tout le côté de la mer a été fortifié à nouveau et muni de canons qu'on a fait rayer dans la forteresse même. Les vaisseaux espagnols ont quitté les eaux de Gaëte. Le blocus a été déclaré par l'amiral Persano après le refus de reddition formulé par François II. Les communications entre les forteresses de Rome et de Gaëte, interceptées par le blocus, se poursuivent, dit-on, par le secours de pigeons dressés dans ce but, et qu'on distingue fort bien lorsqu'ils partent pour accomplir leur mission ou qu'ils reviennent avec leurs dépêches dans leur dangereux asile.

On a créé à Naples des trains de plaisir pour aller à Gaëte; cela devait être à notre époque de progrès. C'est une compagnie anglaise qui a organisé ce service; ceci n'a encore rien d'étonnant. Deux navires, le *Thames* et la *Princess,* partent alternativement chaque soir à minuit de Naples, et pour 4 ducats (18 fr.) les amateurs peuvent aller admirer ce que M. Proudhon appelait en juin « la sublime horreur de la canonnade. » Il semble du reste que le ciel de Naples, ce ciel si vanté par les poëtes, favorise ces excursions originales, mais peu philanthropiques. Le trajet s'effectue en six heures.

J'étais bien tenté, je l'avoue, d'aller voir ce spectacle, si rare sans doute dans l'ère de paix universelle qui promet de s'ouvrir pour nous. Mais j'étais retenu par des considérations dont quelques-unes avaient leur valeur : je n'étais pas venu d'abord en Italie pour courir le guilledou des bombardements ; on ne sait pas ensuite jusqu'où peut s'égarer une bombe partie de la forteresse ou des retranchements, et j'avais, dans les deux cas, l'égoïsme de craindre aussi bien les assiégés que les assiégeants ; enfin, le plus habituellement, le *Thames* et la *Princess*, en même temps que des passagers, avaient des chargements de poudre pour les Piémontais, je ne voyais dans ce lest aucune garantie de sécurité, et franchement il m'eût répugné d'être la victime et le héros d'un lamentable *fait divers*. Ces excursions se faisaient également par terre ; on allait en chemin de fer de Naples à Capoue, et en voiture jusqu'à Borgo-di-Gaëta. Mais dans cette seconde partie de la route il y avait beaucoup trop de chances de faire de mauvaises rencontres et de trouver une *costellada* dans le fortuné pays où on était venu chercher la santé. De plus, après une tolérance exagérée et dont les Anglais et les Anglaises avaient abusé pour faire séjour dans les retranchements, le général Cialdini avait employé les mesures les plus énergiques, et les touristes amateurs étaient exposés à être pris pour espions, et comme tels fusillés. Par ces causes, comme on dit au Palais, il me parut plus sage de rester à Naples, où sous un beau soleil de juillet se produisait une température de vers à soie, et d'y attendre paisiblement les récits qui m'arrivaient de Gaëte, soit par terre, soit par mer.

Dans une excursion à Baïa, de l'Arco-Felice qui domine Cumes, et à quelques pas de l'antre de la Sibylle, j'ai parfaitement distingué Gaëte à l'extrémité de la baie, et nettement perçu le bruit de la canonnade. A défaut des yeux l'ouïe était satisfaite; mais ce n'était qu'un demi-résultat. Allez demander à un pauvre diable affamé si l'odeur de la cuisine où il ne peut entrer remplit son estomac !

Les Italiens ne me semblent guère prêts à entrer en campagne au printemps contre l'Autriche, comme Garibaldi l'a annoncé dans ses proclamations. Le siège de Gaëte a jusqu'ici absorbé tous les efforts de l'armée piémontaise, exigé d'énormes sacrifices comme approvisionnements militaires et parcs d'artillerie. Il reste encore à faire pour organiser les nouvelles provinces d'Italie; et puis il y a cette grosse question des finances, qui, si elle augmente toujours en Europe dans la même proportion, finira par parler plus haut que tous les rêves de civilisation et d'humanité en faveur du paradis de la paix universelle. Je veux bien que les finances de l'Autriche ne soient pas en meilleur état; mais un puissant empire peut chanceler, les morceaux en sont bons pendant longtemps encore. L'appel fait aux volontaires et la voix de Garibaldi amèneront bien des milliers d'hommes sous le drapeau de l'indépendance, mais cela ne suffit pas; et puis, il est bon de le reconnaître afin de se garder de toute comparaison inexacte, le dévouement des Italiens à l'unité, si généreux qu'il soit, n'est pas le souffle puissant de 1789 qui faisait se ruer nos patriotes à la frontière, et leurs Hoche, Marceau et Bonaparte sont encore à venir, soit dit sans faire tort aux généraux Fanti et Cialdini.

Les Italiens n'hésitent pas à croire que, quoi qu'ils entreprennent, la France viendra à leur secours. Nous pourrions demander au moins, comme compensation, un sentiment de reconnaissance un peu plus prononcé, et moins d'exigence à réclamer en faveur de leurs intérêts exclusifs le sacrifice de toutes autres considérations.

C'est ici que M. Prudhomme utiliserait ses pompeuses métaphores et pourrait, sans erreur de pensée, faire naviguer sur un volcan le char de l'Italie. Inquiétude, bourse plate et ventre creux, telle est en deux mots la physionomie du Napolitain. Il a beau se monter la tête avec des mots nouveaux et des idées nouvelles, il s'aperçoit que les chants patriotiques nourrissent peu, et donnerait bien ses droits d'électeur et ses libertés politiques pour une rente viagère payable en nature. Le carnaval est triste et les *Arlecchini* n'ont pas assez de pain pour aller débiter dans les carrefours leurs joyeuses sornettes. L'*Arlecchino* du théâtre San-Carlino, le Pierrot de l'endroit, a seul conservé sa joyeuse humeur et continue dans son patois napolitain à discourir à chaque représentation sur les incidents du jour. Il raconte entre autres, au milieu de mille lazzis, que pour que la prise de Gaëte fût une bonne opération, il faudrait qu'elle eût lieu en quatre jours. Il calculait sur ses doigts que chaque bombe coûtait douze piastres ; les Piémontais ne pouvaient s'en permettre que tant par jour, et au bout de tant de bombes il faudrait aller chercher les anciennes pour les faire servir de nouveau. Et le public de rire comme on rit à Naples, même quand le *maccarone* et les *brocoli* sont chers !

Janvier 1861.

VI.

Les illuminations pour la prise de Gaëte. — Le tableau de Naples. — La foule. — Les étendards. — La vie en plein air. — Les Napolitaines. — Etudes et mœurs. — Les cochers et les voitures. — Les cornes. — Les Chinois de l'Europe.

La nouvelle de la reddition de Gaëte a été accueillie à Naples avec un véritable délire. En un clin d'œil, toute la ville s'est illuminée, de la base au faîte, dans les riches quartiers et les plus infimes faubourgs. Le spectacle qu'offrait la ville, pendant trois soirées, était des plus saisissants. L'immense rue de Tolède présentait surtout un coup d'œil féerique avec ses six étages d'illuminations, ses balcons pavoisés, la foule compacte qui encombrait la chaussée et les trottoirs, éclairés par des torches. Des bandes de gens du peuple, portant des drapeaux tricolores, parcouraient la ville en chantant l'*inno à Garibaldi*. Partout retentissait le cri d'*Evviva Galoubalda!* car c'est ainsi que le peuple à Naples prononce le nom de Garibaldi. Or, vous comprenez que c'est Garibaldi qui s'est emparé de Gaëte. — *Evviva Galoubalda!*

On se serrait les mains, on s'embrassait, on chantait, on agitait des drapeaux, on criait : *Viva l'Italia una!* Il n'y a peut-être pas un seul malheureux qui n'ait contribué, lui aussi, par quelque *candelle*, à l'immense illumination, qui ne comportait pas seulement comme chez nous des lanternes vénitiennes, des verres de couleur, etc., mais de riches candélabres garnis de bougies et jusqu'à de splendides lustres de salon suspendus aux balcons tendus de velours. Il n'y avait à noter dans cet ensemble qu'un petit détail discordant : c'était la formation de bandes d'individus et de gamins qui inspectaient les rues en jetant des pierres dans les fenêtres restées muettes et sombres. La municipalité a dû prendre des mesures pour faire cesser ce mode d'encouragement, qui rappelait un peu trop notre célèbre période des *lampions*.

A voir cet enthousiasme, on ne peut douter que le peuple ne soit enchanté d'être débarrassé de son souverain. Le jeune roi, devant lequel s'ouvrent les portes de l'exil, a payé les fautes de ses prédécesseurs plus que les siennes propres. Il a relevé son infortune par son courage. Mais on était dans des dispositions à ne pas même lui accorder cette dignité dans le malheur noblement reconnue par un souverain dont il avait trop tard écouté les conseils. Les Napolitains avaient sans cesse devant les yeux le fantôme d'une restauration bourbonienne, avec tous les excès et les représailles qui devaient, leur disait-on, s'ensuivre. Ils célébraient moins encore leur affranchissement politique, que la fin de la guerre civile et l'événement qui leur paraissait la garantie d'une sécurité individuelle et matérielle. Habitués, de par les enseignements de leur histoire, aux sanglantes répressions, ils se félicitaient, par des réjouissances publiques, de ne plus avoir à redouter le châtiment de leur conversion. Il va sans dire que ce sentiment intéressé, et de nature assez vulgaire, devenait, dans les journaux et les rapports officiels, l'orgueil patriotique, l'amour de l'unité et le noble espoir de faire revivre, par une glorieuse solidarité, l'antique éclat de l'Italie.

On ne saurait, sans tomber dans les redites, parler de la situation politique. Qu'il s'agisse d'accidents de chemins de fer, d'incendies, d'émeutes d'ouvriers, de disettes, tout va de mal en pis. C'est toujours le même bleu indigo au ciel et sur mer; la garde nationale se prodigue toujours avec le même zèle; les solliciteurs sont aussi nombreux et aussi ardents, les caisses aussi vides, M. Nigra reçoit toujours en audience, avec le même déshabillé de flanelle bleue à filets blancs, les Napolitains que stupéfient ces façons Brummell; les emprunts en sont toujours au même point. Pour le moment on est sans ministres; ils étaient élus députés, ils sont partis. Ce qu'ils faisaient ne fera pas trop sentir leur absence. Les garibaldiens ont disparu, et aucune voix ne s'élève pour demander leur rappel. Les Napolitains sont donc bien à eux-mêmes et aux Piémontais, et ils doivent s'efforcer de faire cesser cette crise terrible qui, depuis plusieurs mois, pèse sur le commerce et la banque. Mais malheureusement c'est l'esprit de défiance qui domine bien plus que l'esprit d'initiative.

Je n'aime pas lire les descriptions, et partant j'aime peu en faire. Il me semble d'ailleurs que je ne saurais jamais rendre, je ne dis pas d'une façon digne du sujet, mais seulement avec une exactitude qui satisfît mes souvenirs, le magique tableau de Naples, avec ce ciel inconnu en France et ce beau golfe qui miroite au soleil, sillonné comme à son regret par les bateaux à vapeur et les barques nonchalamment balancées des pêcheurs. Devant vous s'étend un magnifique amphithéâtre de maisons, de palais, de villas, que couronne la sombre forteresse de Saint-Elme. Puis les deux côtés de l'amphithéâtre vont se prolongeant à gauche, si l'on fait face à la mer, par les montagnes de la Somma et du Vésuve, abritant Portici, Torre dell'Annunziata, Herculanum, Pompéï, Castellamarre, Sorrente; à droite, par le Pausilippe, Nisida, Pouzzoles, le lac Averne, Cumes, Baïa, le cap Misène, tous noms qui évoquent les traditions de l'antiquité, en y joignant les éternelles beautés de la nature. Que de regards empressés, avides, émus, ont embrassé ce splendide panorama que la mémoire devra garder comme un rêve, lorsqu'au moment du retour nous verrons peu à peu s'évanouir dans la chaude vapeur du soleil les lignes de plus en plus indécises de ces rives enchantées.

On serait tenté de penser qu'il ne faut emporter de Naples que cette rapide et éblouissante image, sans les déceptions et quelquefois les dégoûts d'une visite dans l'intérieur de la ville. Et cependant, là aussi, il y a matière à d'intéressantes observations. Ce n'est plus l'antique rivage immobilisé par le temps dans toute sa poésie, et chanté sans cesse par les âmes impressionnables; c'est le spectacle étrange, saisissant, attristant ou amusant, de mœurs, d'habitudes qui mettent l'Italie méridionale bien plus loin de l'Europe qu'elle ne l'est réellement, Dès qu'on entre à Naples, ce qui frappe surtout, c'est le grouillement d'une population immense en même temps qu'un bruit assourdissant. Vous vous rendez compte bien vite de cette affluence sur tous les points par le nombre des enfants qui galopent, la plupart pieds nus. Il est clair que le Napolitain se multiplie avec la fécondité du hareng. Il est aussi évident qu'il n'en est pas plus riche. Mais le soleil est si beau, que lorsque les *brocoli* et le pain ne sont pas trop chers, lorsqu'il y a du travail, les enfants se roulant au soleil sur la voie, la femme filant, on est encore assez content pour faire honneur aux grandes fêtes en s'offrant ces jours-là les plats nationaux. Les soirs d'été, on dansera la tarentelle et, s'il fait bien chaud, on boira pour un *grano* un verre d'eau glacée avec de l'anis. Jamais un habitant ne fera usage des liqueurs fortes, que le climat rend d'ailleurs presque mortelles. Si par hasard on rencontre un homme ivre dans les rues, le peuple dit que c'est un English. Je ne sais pas si nos voisins ont donné lieu de leur appliquer cette injurieuse exception, mais ils peuvent être sûrs que leur réputation est parfaitement établie sous ce rapport.

Rien ne saurait donner une idée du mouvement perpétuel qui règne à Naples, de l'animation de ce peuple gesticulateur et criard, assez gai et toujours porté à la bouffonnerie. Et puis quelle activité bruyante, chantante et carillonnante ! Ici, ce sont deux grands bœufs de la Pouille qui traînent une charrette ; là, s'avance un attelage à trois chevaux aux harnais couverts d'ornements de cuivre brillant, à la pyramide de grelots sur le collier ; le conducteur, garçon bruni des environs d'Amalfi, conduit son attelage avec la pompe d'un triomphateur. Un modeste roussin, chargé d'un paillasson replié et cousu de manière à former d'immenses bissacs garnis outre mesure, chemine lentement, aiguillonné par le bâton d'un paysan à gilet rouge, à petite veste, à longues guêtres et à grand chapeau. Puis la vache avec sa cloche au cou, les chèvres avec leurs clochettes, l'une marchant gravement, les autres trottinant, toutes s'arrêtant avec l'instinct du fournisseur devant les maisons qu'elles approvisionnent de leur lait ; les *carrossels*, voitures de place à un cheval ; les voitures de louage à deux chevaux, les équipages, une procession de pénitents blancs qui passe, la promenade de la statue d'un saint, des gardes nationaux, des garibaldiens, des Piémontais, des prêtres blancs, noirs, violets, en bas de soie ou en bottes à tiges montantes, des moines de tous les ordres, d'anciens soldats de François II et le flot sans cesse renouvelé du peuple, ouvriers, maraîchers, portefaix, et les femmes et les enfants, tout cela se heurtant, se poussant, se cognant, se piétinant, tout en conservant de la débonnaireté et de la bonne humeur, mais en criant comme si on disait du mal de saint Janvier, tel est le tableau fidèle de la rue à Naples.

Si vous voulez mieux étudier la vie populaire et laisser Tolède et les quelques rues larges de la ville, où l'on peut à la rigueur marcher sans être écrasé, venez dans ces petites rues escarpées qui ont l'air de vouloir se dresser à angle aigu vers Saint-Elme, ou celles non moins remarquables du quartier du Tribunali et du Mercatello.

La couleur locale vous saisit de suite; dans toute la série de la rue se profilant devant vous, vous apercevez fraternisant avec des drapeaux plantés à chaque maison les jours de réjouissances patriotiques et laissés là pour le bon effet, vous voyez, dis-je, fraternisant avec la *bandiera italiana,* des nippes que je n'oserai jamais qualifier de linge. Dans cet enchevêtrement d'étendards variés à chaque étage, selon les locataires, s'allongent des fenêtres les plus élevées, comme de celles du premier, à certaines heures de la journée, une multitude infinie de cordes terminées par autant de paniers, qui attendent une ration régulière, soit de pain, soit de légumes, soit de charbon, de tous objets nécessaires au ménage, en un mot. Presque toujours une maison entière est représentée par une jeune fille qui, placée dans la rue, opère sans s'embrouiller tous les paiements, fait remplir les paniers et donne le signal de les remonter. On m'a raconté, et j'en ai encore la chair de poule, que les garibaldiens, dans les premiers jours de leur épanouissement à Naples, eurent l'infamie d'ourdir une conspiration et simultanément d'emmêler les cordes des paniers dans chaque rue. Ce fut presque une révolution, et tous les engins d'alimentation durent être réparés. Il y eut une profonde perturbation dans les familles du peuple, et les commères en parlent encore, en se signant, depuis Mergellina jusqu'à Marcellina.

Pour se donner en toute sécurité ces jouissances de flâneur, il faut avoir pris soin de mettre à l'abri sa montre et son mouchoir, ce dernier objet surtout ; c'est celui qui tente le plus la naïve enfance dans ce joli pays. J'en ai ainsi *égaré* trois, mais je ne les regrette pas trop, surtout le troisième, qui m'a été dérobé avec une délicatesse infinie par un des jeunes porteurs et crieurs de l'*Indipendente*, journal d'Alexandre Dumas seul. Le soir arrivé, on crie par les rues le *Pungolo*, le *Lampo*, le *Popolo d'Italia* ; c'est le moment d'aller voir illuminées, dans les *vicos* qui servent de débouchés entre Tolède et la Strada-Medina toutes ces petites boutiques où vient s'approvisionner le client. Vous les voyez couvertes de montagnes de fruits, de légumes, de victuailles de toute sorte. Les gargotiers sont établis en plein vent, les fourneaux sur un brasier ardent, les chaudronnées d'eau bouillante prêtes à recevoir le macaroni. De toutes parts les narines napolitaines sont sollicitées par d'épais parfums de viandes cuites, de poissons frits, et on voit hommes, femmes et enfants, les *grani* en mains, dans l'attente du souper, se presser autour de ces officines et surveiller, quand leur tour arrive, l'exactitude de la livraison. A côté, les marchands d'eau glacée et de pastèques se désarticulent, c'est le mot, pour appeler la pratique. D'une main ils balancent le tonneau suspendu où l'eau se glace, de l'autre ils offrent des pastèques, les découpent habilement en longues et minces tranches, en vantent les avantages : « *Co tre calle vive, magne è te lave faccia.* (Avec trois centimes, tu bois, tu manges et tu te laves la figure.) » Mais le Napolitain néglige toujours cette dernière opération : ses principes s'y opposent.

Une des particularités qui ne laissent pas que de surprendre, c'est l'exhibition de certains détails de toilette auxquels on procède en plein air avec le plus aimable abandon. Les Napolitaines, parmi lesquelles j'ai vu de jolies femmes, ont surtout de beaux yeux et de magnifiques chevelures noires dont elles s'occupent avec une certaine coquetterie. On peut les voir assises par groupes dans les rues, se coiffant les unes les autres avec assez de recherche. Mais, hélas ! pourquoi faut-il que d'horribles insectes, multipliés par la malpropreté, les obligent à un nettoyage préliminaire dont la mutualité atteste une indulgence réciproque ! Et cependant que de Françaises, vouées par l'indigne nécessité au culte des fausses nattes et des fausses queues, envieraient l'authenticité de ces chignons si plantureusement garnis, que traverse crânement dans toute leur épaisseur une grande flèche en fer. On a devant ses yeux un petit tableau de genre : les femmes s'épluchant entre elles, tandis que les enfants s'ébattent joyeusement avec les porcs, ces dieux-*lards* du foyer napolitain, qui ont, comme les chiens à Constantinople, la précieuse mission de faire disparaître les immondices. Ils s'en acquittent d'une manière fort insuffisante et c'est une des choses qui choquent le plus l'étranger. Je ne sais pas si le nouveau régime modifiera ce système de voirie par trop fantaisiste, mais je doute fort que les Piémontais soient bien aptes à faire jouir les autres villes de l'Italie des bienfaits qu'ils n'ont pu guère apprécier eux-mêmes. Gênes, Alexandrie, Nice, avant l'annexion, sont des villes fort mal entretenues, et il n'y a pas même de porcs pour opérer la plus sommaire partie du nettoyage. Toutes ces améliorations sont encore à attendre, et c'est à Naples surtout qu'elles feront, au profit des lois les plus simples de la salubrité publique, une véritable révolution, quand elles seront accomplies, si cela arrive jamais.

Le Napolitain se moque bien de tout cela ! il y est habitué, et il tomberait malade si un décret barbare et tracassier l'obligeait à se laver autrement que lorsqu'il va chercher au fond de la mer, le dimanche, jour de repos, les pièces de monnaie jetées par un étranger flâneur. Ce n'est plus le lazzarone si richement exploité par les romans ; cette race de parias insouciants, allant presque nus, couchant à la belle étoile, n'existe plus depuis l'administration française. Aujourd'hui, les lazzaroni, en y comprenant les portefaix, *facchini*, pêcheurs, vendeurs ambulants de fruits, de légumes, forment une population vivace, alerte, travaillant plus qu'on ne croit pour un maigre salaire, et se contentant de peu pour la nourriture et le costume. Sur les 500,000 habitants de Naples, cette population fournit au moins 400,000 individus.

Je ne sais si je rends bien cette physionomie singulière du Napolitain, criard, déclamateur, remuant, bon enfant, gouailleur et un peu filou. Il ne sait ni lire ni écrire, cela va de soi; la dynastie des Bourbons ne versait pas des torrents de lumière sur ses sujets. Mais il a des chansons et des légendes curieuses où les ménestrels plébéiens ont arrangé l'histoire à leur manière : Masaniello est naturellement un des héros de ces chansons. Ses manifestations religieuses sont mélangées des idées les plus excentriques. Autant le Napolitain est en adoration devant son saint de prédilection, saint Janvier, autant il le maltraite quand il croit avoir à s'en plaindre. On m'a fait écouter un Napolitain qui, agenouillé devant une madone, lui parlait à peu près ainsi : « Voilà déjà cinq *candelles* « (petites bougies) que je *te* brûle pour avoir un bon « billet à la loterie; j'en brûle encore une ; mais, « sainte madone, fais-y attention, c'est la dernière. « Si je ne gagne pas cette fois tu n'en auras plus; « tu le regretteras, mais tant pis ! » Tant il est vrai que la religion est comprise par les masses dans le sens des superstitions les plus grossières.

Quant aux opinions politiques, notre homme n'en

a pas. Il aimait assez le roi Nasone, qui lui donnait de l'argent et des fêtes, et avait le petit mot pour rire quand il visitait les quartiers populaires. Il a peu connu François II, qui n'a pas eu le temps de faire de grandes largesses. Garibaldi l'a séduit en lui rappelant Masaniello ; puis, tous les événements qui se sont succédé lui ont fourni des spectacles et fait économiser les quelques *grani* qu'il aurait dépensés en allant au théâtre du Sebeto. Il n'aime pas les Piémontais, ces petits hommes du nord de l'Italie, si roides et si peu expansifs ; mais en somme, comme on ne touche à aucune de ses habitudes et de ses affections, que le miracle du sang de saint Janvier s'est fait cette année comme les précédentes, il ne regimbe pas trop pour le moment contre sa récente émancipation. Cela lui semble parfaitement indifférent que l'Italie soit une, que les provinces napolitaines sacrifient leur autonomie et que lui-même soit associé désormais aux destinées d'un grand peuple. Mais la cherté du blé l'a assombri ; la misère en décembre et dans une partie de janvier a sévi cruellement. Il n'a pas eu d'abord l'idée de faire remonter cette disette à sa véritable cause, l'impéritie des gouvernants. Non ; l'Angleterre avait cinq vaisseaux de ligne dans le port de Naples ; il paraît que les équipages de ces vaisseaux mangeaient comme autant de bataillons d'ogres. C'étaient eux qui, au préjudice du pauvre peuple, accaparaient, en les achetant plus cher, tous les blés qui arrivaient, tous les bœufs, et dévoraient cela dans leurs navires, j'allais dire cavernes. Mais (c'est toujours le Napolitain qui parle) le syndic s'est mis en colère ; il a dit à l'amiral Munday que cela ne pouvait durer ainsi, qu'ils ne devaient pas dévorer les subsistances d'une population, et les Anglais ont été obligés de faire venir les vivres de France, où ils sont très-bon marché. Alors, de nouveaux ogres sont survenus ; les Piémontais qui n'ont pas de pain dans leur pays, ont fait à Naples des provisions pour leurs familles et expédient tous les blés à Turin.

Pour bien compléter le portrait, il faudrait pouvoir exprimer en même temps que toutes ces conversations populaires l'exubérance de gestes et de langage par lesquels elles se traduisent. Quand un Napolitain parle, de quelque classe qu'il soit, il y a toujours un moment où il prend des intonations qui semblent produites par la *pratique* de Polichinelle. Aussi, c'est un vrai spectacle que de voir causer avec animation deux Napolitains ; tout va : froncements de sourcils, contractions de bouche, haussements d'épaules. Ici deux hommes s'abordent ; ils s'embrassent sur la bouche. Les dames embrassent à domicile les mains de leurs maris, dans la rue, les mains de tous les moines qu'elles rencontrent, et il y a de ces mains là qui augmentent terriblement le mérite de cette humble démonstration.

La mendicité met l'étranger à une rude épreuve ; l'absence de police municipale permet à toutes les infirmités de s'étaler sur les trottoirs et à chaque coin de rue. Il faut comprendre surtout la mendicité déguisée sous l'offre de services, la persistance opiniâtre de tous ces misérables qui spéculent sur la durée de votre patience pour vous arracher quelque monnaie. Heureusement, à défaut d'intervention de police, les démonstrations énergiques sont tolérées, et on peut avec la canne se débarrasser des importuns. Cette race est en partie si abâtardie, que vous battez très-impunément le cocher d'une voiture de place; c'est souvent, c'est presque toujours le seul moyen de mettre fin à des prétentions exagérées lors du paiement de la course. Rien n'est moins rare que de voir un habitant de Naples, comme un étranger, asséner sur le dos du cocher cinq ou six coups de canne, qui rendent le quidam aussi souple et aussi obséquieux qu'il était arrogant. On a parlé de l'abondance des voitures : elles comportent pour le piéton de sérieux inconvénients ; les cochers de calèches et de citadines, dès qu'ils l'aperçoivent, se dirigent diagonalement sur leur victime, lui font cortége au risque de la renverser, en lui offrant leurs équipages, et s'il ne lui plaît pas d'y monter, il faut qu'elle ait recours à quelques gestes menaçants pour se débarrasser de cette dangereuse escorte.

Ces voitures de place, calèches ou carrossels, vont avec une rapidité inconnue à Paris. Les chevaux napolitains semblent être d'une race à part. Nourris d'une manière qui paraîtrait en France fort insuffisante, ils vont sans cesse d'un train de cheval de course. Ils n'ont pas de mors, mais seulement le caveçon, et cependant on les conduit avec une grande facilité et ils ne s'emportent jamais. On leur donne exclusivement pour nourriture certains légumes. Il est curieux de voir, au retour d'une course ou à une station du voyageur, le cocher aller acheter une botte de carottes et la donner à son cheval, qui la dévore avec autant d'appétit que s'il avait affaire à du foin.

Cette économie dans l'alimentation est une des raisons qui font pulluler les chevaux et les voitures ; d'ailleurs l'emblème de Naples est un cheval, et il faut faire honneur à ses armoiries. La noblesse semble mener grand train, parce que tout le luxe est dans les équipages. Il y a un proverbe napolitain qui, pour peindre les vaniteux, dit « qu'ils traînent leurs voitures avec leurs dents. » Ici les princes foisonnent, et quand on n'est pas prince on ajoute au bas : Des princes de Rusticoli, — par exemple. Moi-même je suis prince depuis que je suis à Naples, et jamais on ne se risquerait à nous parler sans nous traiter de *principe* et de *principessa*. La noblesse est généralement ignorante et oisive, mais d'une telle oisiveté, qu'il est parfaitement reçu qu'un prince, en passe d'ennui, sonne son domestique et passe sa soirée à jouer aux cartes avec lui. Les fortunes, soit qu'on les administre mal, soit qu'elles aient été écornées, ne répondent pas aux équipages, qui sont toujours splendides; aussi on achète par de durs sacrifices ces satisfactions de vanité. Telle dame élégante, que l'on voit étendue dans une magnifique calèche à Chiaïa, vit tous les jours à dîner, avec son mari, d'un plat de brocoli, parce que les ressources ne permettent pas de mettre la cuisine en équilibre avec l'écurie ; — telle autre a un chasseur splendide, haut de six pieds, sans compter le panache, mais elle manque de bas. Et que ceci n'étonne pas : j'ai reçu à ce sujet les confidences les plus originales; les grandes dames napolitaines, comme les grandes dames romaines, ne mettent aucun amour-propre dans le linge. La princesse de S... enverra emprunter à la princesse de V... son jupon, parce qu'elle a donné le sien à blanchir. C'est du meilleur monde. Et vers quatre heures elles se rencontreront dans de superbes équipages devant la *Villa Reale,* et s'enverront de gracieux sourires.

Je ne saurais trop dire, du reste, à quelle classe de la société il faut arrêter le reproche de malpropreté si largement mérité par le peuple. Au-dessus des lazaroni, des facchini, de la classe inférieure, en un mot, s'élèvent les artisans, puis les commerçants. Là, c'est le Grec dégénéré, intelligent, âpre au gain, méfiant, propre au commerce, mais auquel les circonstances n'ont pas permis de développer jusqu'ici son entente instinctive de toutes les opérations du trafic. D'un patriotisme douteux, il est enragé sur le chapitre de ses intérêts. Il est relativement ignorant, ou du moins bourré de préjugés et de croyances contradictoires. En un mot, sa doctrine est ce qui rapporte, comme celle du petit peuple ce qui amuse.

La bourgeoisie est une force naissante; c'est elle surtout qui a appuyé le dernier mouvement. Dans cette classe de la société napolitaine les mœurs sont simples, sauf le secret désir du ménage d'avoir un jour une voiture. En général, les soirées se passent en famille à jouer à la *primiera*, ou bien aux théâtres. L'artisan est excessivement laborieux, et il n'est pas un voyageur que n'ait frappé le concert de tous ces ouvriers installés en plein air, au devant des boutiques, et travaillant sans lever la tête. En somme, le Napolitain ne mérite pas toujours la réputation d'indolence que son climat pourrait justifier. Il a une certaine activité et comprend facilement, mais sa mobilité est extrême et lui fait parcourir en un instant toutes les gammes des sentiments humains.

Le Napolitain n'a généralement d'autres maladies que les fièvres, qui pullulent surtout pendant l'été. Le remède est invariable : on court chez le *salassatore* (saigneur), il vous tire du sang de la main et du pied, et vous êtes guéri ; il y a bien les sangsues, mais c'est une innovation que les commères n'ont pas encore adoptée. L'important est surtout de ne pas attraper le mauvais œil. Lorsqu'un étranger est assailli par une nuée d'officiers ou de mendiants, il n'a pas de plus sûr moyen de les mettre en fuite que de leur lancer un regard fixe avec une certaine contorsion de l'œil et un froncement de sourcils. Le *jettator* est craint comme le choléra, et on ne peut annuler sa funeste influence qu'en faisant le geste conjurateur avec deux doigts tendus. Aussi les cornes jouent-elles, comme amulettes, comme talisman, un rôle immense dans la vie. Vous en portez en corail à votre montre, en épingle à votre cravate, en boucle à votre chapeau. Il n'est pas une maison dont l'antichambre, souvent même les pièces principales, ne soient ornées, en endroit apparent, de deux immenses cornes de bœuf, singulier emblème, ici de sécurité, en France d'infortunes conjugales, et qui, respecté ici, serait bien vite chez nous jeté dehors par chaque mari, au risque de le faire porter chez le voisin après malicieuse réflexion.

Cette belle mer qui s'épand dans le golfe de Naples a fort à faire pour enlever de ses brises les odeurs nauséabondes qui s'exhalent des rues à certains moments. Heureusement les vents des montagnes viennent un peu compléter cette tâche sanitaire, de façon que la nature répare complaisamment les négligences de l'administration. Et cependant malpropreté, incurie, bruit, encombrements, bizarreries, on pardonne tout cela en faveur du soleil dont les chauds rayons inspirent l'indulgence. Il donnerait aux indigènes le droit d'être plus paresseux qu'ils ne le sont, et ils se montrent aussi industrieux que les Chinois, mais tout aussi dépravés qu'eux. La morale chrétienne a toute une conquête à faire sur ces esprits-là. Physionomie complexe, heurtée, plus laide que belle, mais excusable par l'ignorance dans la plupart de ses défauts, le peuple napolitain intéresse plus qu'il ne séduit, et provoque plus la curiosité que la sympathie. Lorsqu'on veut aimer Naples, et on doit l'aimer, il faut dégager la grande impression de l'ensemble, des critiques que suggèrent quelques mois de séjour : splendide nature, ville étrange, peuple avili, on ne peut pas dire dégénéré, car l'histoire nous prouve que, depuis les Romains, il n'a été bon qu'à subir des dominations, et qu'il n'a jamais valu grand'chose !

Février 1861.

VII.

La Confédération italienne. — Une opinion impartiale. — Les journaux de Naples. — Un grand émancipateur. — Alexandre Dumas et le père Gavazzi. — L'indépendance du cœur chez les Italiens.

On a l'air de commettre une naïveté lorsqu'on prononce les mots de Confédération italienne ; elle semble pour le quart d'heure bien et dûment enterrée, et ses plus chauds partisans ont gardé en poche son oraison funèbre. Il ne s'agit plus que d'unité, *Italia ouna*, comme prononcent les indigènes; les provinces s'annexent comme si elles n'avaient jamais fait que cela, et, deux derniers obstacles levés, l'Italie aura cessé de n'être qu'une expression géographique, comme disait M. de Metternich. A vrai dire, je ne vois aucun inconvénient à ce que cette nouvelle expérience soit tentée. Les Italiens font leurs affaires comme ils l'entendent ; rien de mieux. J'ai le tort de n'avoir en cette matière aucune passion; j'ai bien eu une assez forte envie de m'éprendre d'un vif enthousiasme pour l'Italie, mais les Italiens, à mesure que je les ai connus, m'ont refroidi. Ce n'est donc pas ma faute si je ne puis me mettre au diapason de certains de nos compatriotes, qui ne peuvent parler de l'émancipation italienne sans côtoyer les convulsions épileptiques. C'est la France qui a pris l'initiative de cette grande entreprise : c'est la France qui, par sa puissante intervention, en deux grandes victoires, a ouvert la voie; toute prépondérance de l'étranger a cessé d'être une insulte et un danger pour nous; c'est en tournant à chaque instant les yeux vers la France que les Italiens agissent; les traités de 1815 sont à tous les vents; la France est la première des nations, supériorité incontestée et pour ainsi dire officielle; mon amour-propre national est largement satisfait. Je suis sûr que les événements en Italie, quel que soit l'imprévu, se garderont bien de heurter les vues et les légitimes susceptibilités de notre politique, ou bien l'amende honorable viendrait presque aussi vite que la faute. Partant je suis tranquille, et je ne vois pas que j'aie à dépenser pour mes voisins autre chose qu'un intérêt et une curiosité historiques.

Au point de vue des doctrines humanitaires, je dois paraître répréhensible; mais j'estime qu'il faut garder ses plus généreux sentiments pour son pays, et ne pas faire du patriotisme un amour banal qui se promène sur tous les peuples. Comme chrétien, je me plais à reconnaître des frères jusque dans les Esquimaux. Comme citoyen, il est sage de renfermer certains élans du cœur dans les limites de sa patrie. Si j'étais à peu près centenaire, que de passions cosmopolites n'aurais-je pas épuisées! J'aurais frémi à l'indépendance de l'Amérique, et j'aurais versé des larmes en parlant de Lafayette et de Washington ; j'aurais porté des chapeaux à la Bolivar et traité d'Anglais les *calmes*. Plus tard, le réveil de la Grèce m'eût transporté d'allégresse ; au récit des prouesses des descendants de Thémistocle, mon cœur eût palpité d'enthousiasme ; je me serais fièrement proclamé philhellène et n'aurais cessé la lutte... d'argumentations politiques, à mon cercle ou ailleurs, que lorsque la nationalité de la Grèce eût été constituée. Puis serait venue la question de la Pologne, l'infortunée Pologne! J'aurais été l'un des auditeurs les plus assidus des discours de M. Mauguin ; j'aurais fait partie de toutes les manifestations en faveur des Polonais, nos frères! J'aurais adressé au colosse du Nord les plus effrayantes menaces. Que d'émotions aurais-je ainsi subies pour l'extérieur, sans compter celles que l'intérieur n'aurait pas manqué de me fournir, surtout dans la période que j'ai embrassée! Et quelle marge nous avons encore! l'Italie, la Hongrie, la Pologne, les îles Ioniennes, l'Irlande. Pour Dieu! ménageons-nous ; avec ces dépenses exagérées de sensibilité humanitaire, je ne m'étonne plus qu'en France la statistique médicale accuse tant de maladies cérébrales et d'affections de cœur. — On en aurait à moins.

Nous vivons à une époque très-fertile en enseignements politiques, et je crois que le meilleur cours d'économie sociale est l'histoire contemporaine. Ainsi donc, tandis que les Etats-Unis d'Amérique se désunissent, les provinces d'Italie désunies se réunissent. Voilà certes une intéressante contradiction soumise au jugement des philosophes modernes et à venir. Mais que ceci ne nous écarte pas de l'unité italienne.

J'avais bien quelques préventions que j'ai peu dissimulées; j'avais, en outre, ce grief que je voyais partagé par tous les Français un peu artistes qui voyagent en Italie : il nous semblait que l'élément welche, représenté par les Piémontais, était singulièrement réfractaire à l'expansion des idées artistiques; que cet élément militaire et énergique, si l'on veut, en absorbant, de par les lois de l'assimilation, les sources d'inspirations vers la poésie, la littérature, la musique, la sculpture, la peinture, etc., devait peu à peu faire des villes qui furent le berceau de gloires immortelles, Florence, Venise, Milan, Bologne, Rome, Naples, autant de Turins, où l'intelligence, satisfaite par l'émancipation et la nationalité reconquises, ne s'élèverait pas jusqu'aux sphères où les créations du génie illuminent l'histoire d'un peuple. Mais on m'a répliqué que cet élément welche était au contraire l'élément régénérateur de l'Italie; qu'à cette population affaiblie par de longues désunions, abâtardie par la domination étrangère, engourdie par la lassitude d'efforts longtemps infructueux, il fallait infuser le sang d'une race forte, d'une race d'hommes du Nord, comme les Piémontais, âpre comme les montagnards, énergique, guerrière et persévérante. L'Italie recevait, au contraire, de ce contact une vigoureuse impulsion qui en complétait le réveil, et, son unité accomplie, elle retrempait dans des forces nouvelles le génie de ses enfants. Je me suis incliné avec quelques doutes en admirant comme nous avons fait des progrès en technologie, et comme on vous traite aujourd'hui pathologiquement les questions de maladie, de convalescence et de guérison des peuples. C'est tout bonnement de la médecine politique.

Puisqu'il s'agit d'unité, je demande à grands cris, avec passion cette fois, s'il le faut, qu'on expulse le plus tôt possible les Autrichiens, et qu'on rende Venise à l'Italie : *povera Venezia*. Florence et Venise, mes deux chères prédilections, comme les Vénitiens et les Toscans sont les seuls Italiens qui me soient complétement sympathiques; Florence, l'élégance artistique de l'Italie, comme Venise en est la douce et mélancolique poésie, je donnerais pour elles sans remords toute l'Italie méridionale et tout le Piémont! C'est Venise qu'il faudra un jour annexer, et ce jour-là, jour de délivrance, jour de triomphe, je voudrais revoir toutes ces beautés qui m'ont si vivement impressionné; je voudrais revoir le palais des doges, la basilique de Saint-Marc, la Loge, la mer Adriatique, le Grand-Canal, les longues lignes de palais de marbre descendant dans la mer; il me semble que tout aurait revêtu une physionomie nouvelle. Mais je me hâte de jeter quelque glace sur cette exhortation, qui ne tend à rien moins qu'à troubler la paix de l'Europe, et j'ajourne mes vœux et mes espérances à l'heure où ils ne risqueront plus d'être une imprudente provocation. J'ai donc aussi mes enthousiasmes, mais je n'ai pas la prétention de les faire reposer sur de profondes combinaisons politiques. Pour le reste, je m'en rapporte à la diplomatie et surtout à la Providence; j'observe avec calme et impartialité, et comme le Conrard de Boileau, assis sur la barrière, je regarde avec une curiosité désintéressée comment va s'opérer l'œuvre de l'unité italienne.

Je serais coupable de ne pas comprendre les journaux parmi tous les éléments qui doivent coopérer à l'unification. Je ne sais trop si c'est la troisième ou la quatrième puissance de l'Etat, mais c'est une puissance sous un régime constitutionnel, et il en faut parler avec quelque considération. Ceux qui m'occupent surtout aujourd'hui sont nouveaux venus dans la lice. Née d'hier, la presse, dans l'Italie méridionale, en est encore à essayer ses ailes. Sous le gouvernement déchu, il n'y avait que le journal officiel, et encore n'était-il pas prudent de le lire. Dans les papiers de la police, dont quelques-uns par hasard ont passé sous mes yeux, à la suite des noms incriminés, venait souvent cette note : « *Lit le journal officiel.* » On était suspect de chercher à savoir quelque chose, fût-ce même dans le *Moniteur*. Aimable régime! Et ceci est authentique. Aussi, on devine avec quel transport les Napolitains émancipés se sont précipités sur les journaux improvisés des premiers jours de la révolution. Les journaux de Naples sont en général de très-petit format, le tiers des journaux de Paris. Ce sont les plus répandus, parce qu'ils coûtent le moins cher : *un grano*, 4 centimes le numéro.

D'autres feuilles, le *Pays*, le *National* et *l'Indipendente*, ont le grand format, mais sont peu lues, particulièrement les deux premières, bourrées depuis A jusqu'à Z des élucubrations les plus indigestes et les plus déclamatoires qui puissent sortir d'un cerveau italien. Je dois faire une mention toute spéciale du ***Popolo d'Italia***, organe de Mazzini, qui n'est pas mal rédigé, quoique dans un esprit qu'on devine aisément, et qui a une certaine clientèle.

Mais occupons-nous un peu de l'*Indipendente*, confectionné par Dumas seul, notre Dumas, le grand amuseur public, devenu citoyen napolitain, ami de Garibaldi et de Mazzini, ancien directeur des musées de Naples et historien de toutes les révolutions passées, présentes ou futures, sous forme de romans avec ou sans mousquetaires. Il est ici, ce grand enfant bientôt légendaire, avec sa tête crépue, toute blanchie par l'âge et qui fait ressortir son teint bronzé, avec ce sourire moqueur et éternel, avec ce regard à demi fermé qui ne plonge jamais en face et vous échappe par une mobilité dénuée de franchise. Sa taille de tambour-major a fait pousser bien des soupirs de jalousie à tous ces magnifiques chasseurs empanachés qui, la canne en main, se tiennent en montre à la porte des palais. Mais c'est là sans doute un des succès dont Dumas est le moins glorieux. Il se complaît surtout à jouer à Naples le rôle de civilisateur et de régénérateur. En un mot, il est venu apporter la lumière. Qui veut l'*Indipendente?* lisez l'*Indipendente!* N'est-ce pas lui qui a importé à Naples l'organisation des crieurs, a su rassembler une bande de petits lazaroni merveilleusement dressés maintenant à s'abattre comme une nuée dans les principales rues, avec des paquets de journaux, en faisant d'habiles contre-parties de notes aiguës et de notes graves, et se maintenant l'air essoufflé de gens qui ne suffisent plus à la demande ?

L'*Indipendente* contient généralement *les Mémoires de Garibaldi,* par Alexandre Dumas ; des épisodes de l'expédition de Sicile, par Alexandre Dumas ; des récits historiques sur l'Italie, par Alexandre Dumas ; des attaques contre les gouvernants, par Alexandre Dumas ; un premier roman, *Une Nuit à Florence,* par Alexandre Dumas ; un second, *Le Docteur Bazile,* par Alexandre Dumas. On se rappelle que, sous le dictateur et lors de sa nomination à la direction des musées, on lui accorda pour résidence le joli palais Chiatamone, situé sur la mer, avec un jardin ; palais de marbre richement meublé. Notre Dumas s'y est installé, et sa démocratique personne s'y trouve si bien qu'il y est resté et qu'il s'y cramponne, quoique son seul titre à cette insigne faveur du gouvernement ne soit que l'opposition violente qu'il ne cesse de lui faire. Cependant, on parle vaguement d'une prochaine invitation à déguerpir, et ce bruit répand quelques sombres nuages sur l'esprit des habitants de Chiatamone.

On ne peut s'imaginer quelles sont les ressources de ce cerveau inépuisable. Tandis qu'il produit de la littérature à quatre et cinq plumes fonctionnant à la vapeur, il fait des opérations commerciales et multiplie ainsi les moyens de bénéfices, hélas ! toujours insuffisants pour ce grand dévoreur d'argent, qui ferait un emprunt à l'Autriche, s'il l'osait. On sait déjà que l'expédition des Mille conduits par Garibaldi, l'organisation de l'armée de l'Italie méridionale, ont été pour lui des occasions de dévoûment en même temps que de spéculation, et que l'auteur des *Trois Mousquetaires* et de *la Reine Margot* a été un des principaux fournisseurs d'armes et d'équipements des légions de volontaires. Aujourd'hui que la paix a mis fin à ce rôle, la maison Dumas continue son commerce dans d'autres voies. Ainsi, dans le palais de Chiatamone sont des approvisionnements de marchandises dont la plupart ont été apportées par le grand homme lui-même au retour de son dernier voyage à Paris. Voici l'énumération des articles Dumas, colportés par des commis voyageurs *ad hoc :* fusils, revolvers système Lefaucheux, bijouterie, liqueur de Garibaldi (imitation de chartreuse), flacons d'essence de café, articles de bonneterie, joujoux, articles de Paris, etc. Je puis affirmer de source certaine que les affaires vont assez mal et que la spéculation, soit par le choix des marchandises, soit parce qu'on ne peut être à la fois un commerçant et un grand romancier, est en pleine débâcle. Mais qu'importe! il aura bien vite trouvé une autre idée. Il parle déjà de fonder une compagnie de gaz.

« A père jovial, enfant chagrin. » C'est un proverbe napolitain. Il s'applique admirablement à notre héros. Alexandre Dumas fils habite en ce moment avec son père, à Naples, le palais de Chiatamone. Vous n'ignorez pas que l'auteur de *la Dame aux Camélias* est atteint d'une véritable hypocondrie et qu'en outre il est malade imaginaire dans toute l'acception du mot. Voyez-vous d'ici ce tête-à-tête : Jean qui rit et Jean qui pleure, Héraclite et Démocrite! Tandis que le père sème les mots et s'épanche en d'inépuisables et spirituelles gouailleries, le fils, impassible, sourd à tous les éclats de rire provoquants, mange peu, ne parle pas du tout et, constamment enfermé dans le jardin, passe ses journées à contempler la mer. Le père guérira-t-il le fils? lui seul est capable de mettre en fuite la tristesse la plus enracinée. N'est-ce pas plutôt le fils dont la sourde mélancolie finira par mettre en pièces les gasconnades du père et par faire pleurer celui qui a tant fait rire? C'est là un problème qui n'intéresse pas seulement la science.

Le journal le plus accrédité de Naples, celui qui accuse la plus grande publicité, est un petit journal politique, le *Pungolo*, dont le sosie paraît à Milan. Il n'a guère d'autres titres à la supériorité sur ses confrères que son extrême bon marché. Le *Lampo*, la *Bandiera italiana*, moins répandus, sont également des journaux à un *grano*. Sauf le *Popolo d'Italia*, aucun des journaux de Naples n'a une physionomie tranchée; ils sont tous de l'opposition, d'une opposition assez verte, et d'une allure hargneuse qui promet de bien mauvais jours à la future administration régulière des provinces napolitaines.

Au milieu de ces feuilles d'une individualité plus ou moins accusée, ressort avec un certain brio un journal satirique et caricaturiste, l'*Arlecchino*, rédigé avec une verve mordante, avec beaucoup d'àpropos; il est aussi spirituel que le *Fischietto* et plus indépendant. Il n'a cessé d'accueillir avec une fusillade de mots piquants et des caricatures à vif tous les actes malheureux et maladroits des gouvernants depuis que Naples est livrée au provisoire. Je me dispense de citer une foule de feuilles mortes qui ont épuisé toute la série des titres disponibles. Le père Gavazzi, ce moine prêcheur ami de Garibaldi, a eu quatre journaux tués sous lui : *Gazette du Peuple, Journal du Peuple, Sentinelle du Peuple, Drapeau du Peuple*. On se rappelle que ce même Gavazzi voulait faire mettre sur les statues équestres en bronze de Canova, qui ornent la place du Palais-Royal, les têtes de Victor-Emmanuel et de Garibaldi à la place de celles de Charles III et du roi Ferdinand. Il est à remarquer que la statue de Charles III avait dû être successivement, selon les événements politiques, celle de Napoléon Ier, puis celle de Murat, et que dans les trois circonstances l'artiste dut modifier l'allure du coursier selon le caractère du cavalier. Le père Gavazzi n'eut pas la satisfaction de voir s'accomplir une nouvelle métamorphose; méconnu comme prédicateur de la révolution et comme journaliste, il publie ses Mémoires, où il prouvera clair comme le jour que c'est à lui surtout qu'est due l'émancipation de l'Italie méridionale ; c'est un concurrent d'Alexandre Dumas !

La revue des journaux napolitains n'est pas longue :

ils ne brillent ni par le talent des écrivains, ni par la sincérité des principes. Je n'admets pas, par exemple, que l'on ait pour devise : *Unité de l'Italie, Royaume d'Italie, Victor-Emmanuel,* et qu'on fasse une opposition quand même, la plupart du temps justifiée, je le veux bien, mais qui, généralisée dans toute l'Italie, tend à créer les plus sérieux obstacles à l'unité que l'on poursuit. On appelait cela autrefois chez nous opposition systématique, et je trouve qu'ici cela devient une flagrante inconséquence. Je me permettrai aussi de reprocher aux journaux italiens du nord et du sud de mauvaises dispositions peu dissimulées contre les Français, un esprit de malveillance imparfaitement démenti par les protestations officielles. On flatte les Anglais, on les caresse, on les proclame les plus zélés défenseurs de la cause italienne, et Garibaldi affecte de ne voir que par eux et pour eux. Quant à nous, on nous traite de protecteurs exigeants, on passe sous silence Magenta et Solferino, comme je l'ai dit souvent. On se plaint de ce que notre grandeur attache les Italiens au rivage et de ce que notre politique les empêche de courir à l'immortalité. Toutes ces lamentations aigres-douces laissent toujours entrevoir une crainte respectueuse de la France, et il n'est pas d'Italien qui, après avoir fanfaronné à satiété, avoir amené Cavour à faire ceci, Garibaldi à faire cela, avoir enlevé comme des jetons les Autrichiens de la Vénétie et la papauté de Rome, ne se modère et, avec une inquiétude évidente, ne demande : « Que pense-t-on en France ? Que dit-on en France ? Que fera la France ? »

Il n'y a donc dans ces petites manifestations de défiances rien qui ne soit au fond un hommage rendu à notre influence. J'y vois aussi des essais d'ingratitude ; on a dit que c'était l'indépendance du cœur. Les Italiens, si friands d'indépendance, veulent sans doute avoir encore celle-là !

Février, 1860.

VIII.

Les emprunts. — Les ennemis des Italiens. — Les théâtres. — La politique devant la rampe. — Une insurrection à San-Carlo. — Les pièces de circonstance. — Que de choses dans un ballet ! — Polichinelle.

La ville de Naples a fait feu d'illuminations générales pour célébrer la prise de Gaëte et la ruine des espérances de François II : c'est vrai ; mais si la situation continue, il se peut qu'avant deux ans on illumine avec autant d'unanimité et d'enthousiasme pour fêter le départ des Piémontais. Je sais le peu de compte qu'on doit tenir de la ferveur de ces démonstrations publiques, dont la série dans l'histoire de chaque peuple n'a pas eu de résultat plus direct que d'accuser sa mobilité et son inconstance. J'accorde très-volontiers tout ce qu'on peut penser en particulier de défavorable sur le caractère napolitain. Mais je n'en suis pas moins persuadé que si l'émancipation en arrivait à cette conséquence, c'est-à-dire à une démonstration contre le régime infligé de par le prétexte du provisoire à l'Italie méridionale, il faudrait bien reconnaître que, dans les circonstances actuelles, cela signifie quelque chose.

Depuis six mois que se succèdent ici les lieutenances et les ministères, il est de la plus grande exactitude que rien n'a été fait, hormis des maladresses. Je me demande si ce n'est pas un système d'ajournement; car on ne peut se figurer que ce défilé de lieutenants soit la juste mesure des capacités administratives du Piémont, réorganisateur de l'Italie. Mais comprend-on que des innombrables décrets qui ont fleuri depuis Garibaldi jusqu'à M. Nigra, trois ou quatre à peine aient reçu un commencement d'exécution? Tout est resté au même point. Il faudrait de l'argent, beaucoup d'argent, et le Piémont, pauvre comme Job, est plus porté à en demander aux provinces annexées qu'à leur en fournir.

L'emprunt de la municipalité de Naples, qu'on dit à tort souscrit par une maison anglaise, attend toujours les offres. L'affaire se présente dans des conditions qui la rendent assez épineuse. La municipalité de Naples ne veut pas accorder l'émission au-dessous du taux actuel de la rente, et s'indigne, en considération de son crédit naissant, de la proposition que lui ont faite successivement des financiers français et un banquier anglais d'émettre à 70, lorsque la rente est à 75 ou 76. Ils expliquaient ainsi cette proposition: la fusion de toutes les rentes napolitaines-siciliennes avec celles du Piémont fera certainement baisser la rente devenue unique, la rente piémontaise si l'on veut, à laquelle seront ramenées toutes les autres. De plus, il est presque probable qu'un second mouvement de baisse s'effectuera lorsque M. de Cavour fera son emprunt de 300 ou de 350 millions. Ceux qui prendraient l'emprunt napolitain au taux actuel risqueraient donc de se trouver en face d'une baisse qui les forcerait à garder leurs titres et à attendre des jours meilleurs. Vis-à-vis de cette prévoyance qu'on ne peut blâmer se trouve la susceptibilité du syndic, qui a le défaut d'être inopportune. Quand on est pressé par le besoin d'argent et que les prêteurs sont rares, il ne faut pas trop ergoter. La seule chance d'accommodement est avec les Rothschild, de Naples, qui, par compatriotisme, peuvent accepter ces conditions, et, sans se préoccuper de la baisse, garder les titres en portefeuille jusqu'au moment favorable à leur émission.

Voilà pour l'emprunt municipal; on sait quel fiasco a fait l'emprunt de 25 millions du ministère des finances, proclamé aux quatre points cardinaux et qui n'a jamais rien vu venir. Ceci n'empêche pas les gouvernants, avec la plus grande bonhomie, de rendre des décrets où on affecte au soulagement des indigents, par exemple, tantôt un million, tantôt deux, à prélever sur le trésor des finances. Infortuné trésor, qui ne suffit pas à payer les employés et les garçons de bureau, par quel miracle fourniras-tu ces ressources, surtout lorsque tes gardiens sont les premiers à avouer que les toiles d'araignée s'étalent dans les caisses de l'Etat! S'agit-il de travaux publics, rien n'est plus facile : on fait un décret qui alloue telle somme pour ouvrir une route, ou pour les fouilles de Pompéï, ou pour toute autre entreprise. Les ouvriers arrivent, on leur offre deux carlins au maximum de salaire, soit 90 centimes par jour. Les ouvriers remercient, car ils aiment mieux courir les chances du métier de *facchino* sur le port. Alors on constate que les ouvriers refusent du travail et qu'on ne sait comment les satisfaire; l'entreprise reste à l'état de projet, et les millions alloués sommeillent dans les caisses d'où il serait embarrassant de les faire sortir.

Aucune solution n'est donnée aux affaires administratives. Adressez-vous à Turin, telle est l'éternelle formule de congé. Aucune mesure, si secondaire qu'elle soit, n'est prise pour apporter quelque soulagement aux souffrances du commerce, d'autant plus éprouvé que depuis longtemps il n'y a eu qu'une seule bonne campagne, celle de l'année 1858. Le petit commerce de détail, fort important à Naples, se ressent vivement de la misère du peuple. Ceci est pour le présent; et que comporte l'avenir le plus prochain? Des impôts; les sacrifices pécuniaires après les sacrifices d'autonomie? Les Piémontais, plus imposés que les Français, élèveront leurs frères des autres provinces à leur niveau de contribuables. L'*Italia ouna*, quand elle sera politiquement fondée, aura d'immenses besoins. En attendant les bienfaisants rayons de l'unité, il est patent que l'émancipation arrive comme les sauterelles, en dévorant toutes les ressources pécuniaires qu'elle rencontre sur son passage. Pour le moment, l'Italien est patriote : il donnerait son champ, sa maison, ses habits; mais laissez-le recevoir quelques averses, et il se pourra qu'il change de gamme. C'est aux spectateurs sans passion et sans exagération de parti, comme je crois l'être, qu'il appartiendra de suivre avec le plus d'intérêt ces débuts du nouveau royaume d'Italie, bien plus difficiles que la conquête des Deux-Siciles et la prise de Gaëte.

Si les Italiens échouent, ce ne sera ni par les guerres extérieures ni par les empêchements diplomatiques, mais par eux-mêmes, chez eux-mêmes, par l'absence de tout principe d'administration, de tout esprit synthétique qui puisse donner à l'unité politique d'un pays sa plus grande force, une réelle homogénéité. Si ces défauts se produisent, c'est des Italiens que viendront les plus violentes réclamations. Car s'ils étaient parfaitement maîtres chez eux et libres dans toute l'étendue de leurs vœux, qu'ils n'eussent ni à menacer l'Autriche vaincue, ni à récriminer contre la France, ils crieraient contre eux, contre eux-mêmes : c'est dans le sang; les meilleures précautions n'y pourront rien.

On s'occupe beaucoup de Messine, que le refus du général Fergola de rendre la citadelle met dans la position la plus critique. En effet, le principal argument du général napolitain consiste dans le bombardement de la ville. Il est certain que, dominée par deux forts et par les hauteurs que vont occuper les troupes piémontaises, exposée du côté de la mer à tout le feu d'une flotte, la citadelle ne pourra pas opposer une grande résistance. Mais, dominant à son tour la ville et embrassant de toute son artillerie le demi-cercle formé par Messine, la citadelle peut en une journée en faire un monceau de ruines. Fergola paraît s'être complétement résigné aux conséquences de sa détermination, et on craint qu'il ne veuille accomplir, comme terribles représailles de sa part, la destruction complète de la cité. Cette considération émouvante fait suivre avec une préoccupation anxieuse les moindres détails relatifs au siège de la citadelle.

Mais nous avons bien le temps de parler des événements politiques. Revenons à Naples ; il me reste quelques traits à ajouter à sa physionomie. Je n'ai rien dit des églises ; elles sont pour la plupart richement mais lourdement ornées à l'intérieur ; à l'extérieur, elles n'ont aucun style. En général, comme architecture et comme décoration, elles accusent un mauvais goût qui étonne en Italie. Du reste, rien de monumental, si ce n'est les forteresses Saint-Elme, le château de l'Œuf, le château Neuf, auquel les sombres fortifications avec tours, fossés et créneaux, conduites jusque dans l'intérieur de la cité, donnent un singulier aspect. Les palais sont simplement de belles et grandes maisons, comme on en voit des milliers en France, et n'en diffèrent que par les proportions ambitieuses de la grande porte d'entrée. Les palais royaux, magnifiquement décorés quant aux appartements, n'ont extérieurement aucun cachet particulier ; pour le reste, maisons italiennes à balcons et toits plats, et par-ci par-là une certaine couleur africaine qui se révèle surtout dans les quartiers populaires par les arches formant portiques et les terrasses.

J'ai dit quelques mots des journaux : je vais passer en revue les théâtres. A tout seigneur tout honneur ! *San-Carlo* se dispute avec la *Scala* de Milan l'honneur d'être le plus beau et le plus grand théâtre du monde. On ne peut se figurer en effet les splendeurs d'une représentation à *giorno* dans cette salle immense, avec ses six étages de loges et son ornementation fastueuse. Les lois de l'acoustique y ont été si bien observées qu'on entend parfaitement le chant de tous les points de la salle. Voilà comment je comprendrais l'Opéra en France. Les Italiens ont cette supériorité : dans leurs théâtres, les places ne sont pas mesurées avec l'économie qui, chez nous, s'exerce aux dépens du bien-être dû au public. Dans combien de loges et de stalles n'avons-nous pas à gémir sur le désagrément d'avoir des jambes ! Dans toutes les villes d'Italie, ce défaut n'existe pas ; le public, à tous les degrés, est parfaitement à l'aise, et les souffrances physiques ne viennent pas le distraire de l'intérêt qu'excite en lui la représentation. *San-Carlo* ne joue que l'opéra et le ballet. Puis viennent en ordre hiérarchique : *San-Ferdinando*, doublure d'opéra ; le *Fondo*, également voué à l'opéra, sauf six mois de l'année, où une mauvaise troupe d'artistes nomades, sous couleur de haute comédie française, joue tout le répertoire du Palais-Royal. Le bon ton est de suivre ces représentations, comme en Russie, et les

Napolitains sont persuadés que *les Trois Epiciers, les Femmes terribles, Mon Isménie, J'ai mangé mon Ami, le Misanthrope et l'Auvergnat, le Chapeau de paille d'Italie,* sont l'expression la plus distinguée de la littérature dramatique française. Notez bien que les familles y vont sans scrupule et que les jeunes personnes s'y amusent beaucoup.

Après le *Fondo* viennent le théâtre *Nuovo* qui a été récemment brûlé, et où se jouaient les opéras-comiques et les opéras-bouffes ; les théâtres *Fiorentini* et *Parthenope,* drames et comédies ; *San-Carlino,* temple de Polichinelle ; le *Sebeto,* théâtre populaire, et les *Marionnettes.*

Il ne faut pas croire que les théâtres de nos grandes villes de province en France aient le privilége d'existences difficiles. Le public napolitain, généralement mobile et capricieux, a emprunté aux circonstances un esprit de licence fantaisiste qui se manifeste avec plus de bruit encore que de gaîté dans toutes les représentations. Au contraire des déclarations de Bilboquet, la politique n'est jamais étrangère à l'incident. La Médori chante : elle est Piémontaise : rires, miaulements et cris du côté des Napolitains autonomes. La Boschetti danse ; elle passe pour avoir eu des relations d'agréments et d'affaires avec les princes de la famille royale de Naples, oncles de l'ex-roi : sifflets et murmures dans le camp italianissime. Elle ne pourra reconquérir les bonnes grâces d'une partie du public que le jour où sa réconciliation avec la maison de Savoie sera divulguée par les cancans de coulisses. Quoi ! de la politique jusque dans les ronds de jambes ! Elle est partout, jusque dans la mendicité, et le pauvre qui vous tend la main en exhibant à travers les trous de ses haillons quelque répugnante difformité, fait en même temps sa petite profession de foi, selon le tempérament et les allures de celui dont il implore la pitié.

Nous sommes au théâtre : l'immense parterre est rempli de vêtements noirs et d'uniformes ; les loges se garnissent peu à peu à tous les étages des toilettes les plus voyantes et des épaules les plus dénudées. On se rappelle, en les lorgnant, le mot d'Alphonse Karr : « On ne sait pas jusqu'où peut aller une femme qui « se sait un joli signe quelque part. » Il est à peu près prouvé maintenant que le signe est à peu près inutile ; on agit comme s'il existait. Les lampes à globes qui remplacent nos becs de gaz sont allumées, et de temps à autre le bruit d'un verre cassé et l'odeur puante d'une lampe qui file viennent faire regretter l'emploi d'un mode d'éclairage un peu arriéré. Au milieu du brouhaha des conversations qui précède le lever de la toile, vous percevez quelques dialogues très-animés. Une blouse rouge se dispute avec un habit noir, un uniforme piémontais avec l'uniforme d'un officier napolitain licencié. Le chef d'orchestre est à son poste ; il lève l'archet pour donner le signal de l'ouverture. On siffle ici, là on applaudit. Qu'a-t-il fait ? a-t-il marqué la mesure à faux ? Non ! il était le professeur de la jeune reine de Naples, et dès lors l'artiste distingué est devenu un drapeau. La toile se lève, un baryton paraît ; il ouvre la bouche et fait entendre une voix bien conduite, mais usée; malgré de rares protestations, il est applaudi à outrance; c'est une véritable ovation. L'étranger s'étonne, interroge. Ce baryton est un héros comme il y en a tant; il a combattu à Capoue et conserve dans sa chambre, comme un trophée, une vareuse déchirée au coude, par une épée, une balle, ou peut-être tout bêtement un clou. Voici la première chanteuse légère; elle est jolie, elle est sémillante, elle est gracieuse: tonnerre d'applaudissements; mais elle n'a pas encore chanté; qu'importe, voyez son costume; ne remarquez-vous pas au bas de son jupon? — Quoi donc? — Les trois couleurs italiennes! *Evviva la Delmora!*

Dans cette justice sommairement distributive, voici le mauvais côté de la médaille. J'ai vu à peine comme une ombre au fond de la scène; c'est ce que nous appelons la Dugazon; elle s'avance avec résignation au milieu des protestations et du tumulte de la salle; elle chante, fort gentiment, ma foi! autant qu'on peut en juger par quelques notes qui s'élèvent au-dessus du tapage. Les *hou-hou* deviennent de plus en plus accentués, car c'est ainsi plus encore que par les sifflets que les Napolitains manifestent leur mécontentement et leurs antipathies. L'élan est donné; tous les artistes qui vont se succéder seront immolés à côté de la Dugazon, auteur et première victime de ce scandale. Que voulez-vous y faire? Elle a refusé d'illuminer pour la prise de Gaëte : le bruit continue; des soufflets retentissent au parterre; les gardes nationaux de service dans les coulisses, apparaissent timidement le long des décors et sont accueillis par des huées. La surintendance prend le grand parti. Les allumeurs courent le long des galeries pour éteindre les lampes. Les places se dégarnissent et, après quelques rafales violentes, toute la masse du public s'écoule dans une demi-obscurité, comme une mer furieuse reculant avec rage devant un obstacle infranchissable.

Il y a quelques opéras italiens à la représentation desquels je n'ai assisté que dans ces conditions. Il me serait naturellement difficile d'en parler en connaissance de cause. Ces orages ont donné lieu à un incident assez grotesque. A un anniversaire patriotique, je ne sais trop lequel, car ils foisonnent, San-Carlo donnait deux représentations : l'une de jour, l'autre du soir. A la représentation du jour le public trouve dans une pièce et dans le jeu des acteurs une allusion offensante au rôle politique des Napolitains, s'exalte, devient exigeant et enfin si rageur, que les artistes se sauvent, que la toile se baisse, que l'orchestre déménage, que les bureaux se ferment et qu'on le laisse dans l'immense enceinte, livré à son emportement et à ses fureurs. Les mécontents, comme jadis les sénateurs romains restés impassibles sur leurs chaises curules devant les Gaulois, persistent à exiger que les autorités absentes viennent prêter l'oreille à leurs tumultueuses réclamations. Ce n'est plus un auditoire, c'est une assemblée, un véritable club, et des Napolitains ne peuvent laisser échapper une aussi belle occasion de pérorer. On tient bon et c'est à peine si l'on remarque quelques désertions honteuses. Cependant le moment du dîner avance, et çà et là on interroge les montres d'un certain air préoccupé. Un commissaire se hasarde à la porte du parterre, lance, au milieu des huées, une sommation d'avoir à déguerpir et donne lui-même l'exemple en fuyant à toutes jambes la grêle d'oranges qui s'abat sur lui.

La faim se fait sentir. On prend la résolution de ne pas céder que la surintendance générale du théâtre n'ait donné sa démission. Des députés sont nommés qui iront en bon ordre chercher des vivres ; les boutiques de charcuterie voisine sont vidées en un clin d'œil et les députés reviennent avec de véritables panoplies de victuailles. On mange et on rit ; dans les loges circulent les tasses de café et les sorbets. L'heure arrive de la seconde représentation, celle du soir ; un nouveau public arrive et, trouvant vides les bureaux de contrôle, vient grossir sans payer les flots de cette insurrection d'un nouveau genre. Seconde sommation infructueuse ; le commissaire ne s'enfuit pas assez vite et est inondé de carafes de limonade. De nouveaux députés ont, à l'aide de nombreuses cotisations, fait emplette d'une grande quantité de bougies que les insurgés tiennent d'une main, tandis que l'autre, si elle n'est occupée par le repas, gesticule en faveur des droits d'un peuple émancipé. Enfin, on atteint de cette façon minuit, l'heure des sombres drames et des sinistres résolutions. Les femmes et les enfants sont endormis pour la plupart ; les gosiers, complétement asséchés, ne donnent plus que des notes rauques ; les plus farouches déterminations mollissent ; c'est le moment où il ne faut plus qu'un prétexte pour transiger avec les serments solennels. Un individu bien inspiré autant que compâtissant ouvre cet avis, que, puisque la surintendance générale ne veut pas venir, il n'y a rien de mieux à faire que d'aller la trouver. Les acclamations réveillent les dormeurs; tout s'ébranle et en moins de dix minutes il ne reste plus dans San-Carlo que les parfums étranges laissés par cette agglomération d'individus et les jonchées d'oranges, d'écailles d'œufs, de tranches de pastèques, de morceaux de pain, de pelures de saucissons, de reliefs de toutes sortes, monstrueux débris de ces grotesques agapes.

La manifestation roulait pendant ce temps dans les rues, braillant l'hymne à Garibaldi et perdant à chaque encoignure de *vico* des centaines de faux frères qui regagnaient furtivement leurs domiciles. On arrive enfin devant la demeure du surintendant général. On frappa; au bout de quelques minutes une fenêtre s'ouvrit, un domestique parut et le dialogue suivant s'établit entre lui et la foule :

— Que voulez-vous ?

— Nous voulons parler au surintendant général.

— Pourquoi ?

— Parce qu'il a voulu nous faire sortir de San-Carlo.

— D'où venez-vous ?

— De San-Carlo.

— De quoi vous plaignez-vous alors, si vous y êtes resté jusqu'à présent et si on vous a laissé faire ?

Mouvement d'incertitude dans l'auditoire; il est évident que cette réponse embarrasse quelque peu ; mais un orateur répond :

— Nous voulons parler au surintendant.
— Il est couché ; il dort.
— Eh bien ! allons en faire autant, s'écrie un des insurgés que le sommeil accable, et comme si la foule n'attendait que ce mot d'ordre pour abandonner un genre de protestation qui lui devenait pénible, la fenêtre du palais n'était pas fermée, que le sauve-qui-peut était général, et que chacun des mécontents, entraînant à sa suite sa famille fatiguée et somnolente, se hâtait, à l'imitation du surintendant et de son domestique, d'aller clore par une bonne nuit de repos cette journée de fière attitude et de courageuse résistance.

Les Italiens sont en général mauvais acteurs; ils faussent, en les exagérant, toutes les situations. Le public napolitain n'admet pas dans le chant la voix de tête : il faut que tout vienne de pleine poitrine, et vous jugez quelle source d'écueils peut être une pareille exigence, et quel charme une semblable exécution enlève aux morceaux qui demandent de la douceur et de la délicatesse dans la voix. Leur véritable triomphe est dans l'opéra-bouffe ; là tous les défauts du type sont des qualités ; abondance de gestes, gaîté perpétuelle, intonations burlesques, jeux de physionomie, etc., rien n'y manque, et je ne crois pas qu'on puisse trouver de meilleurs interprètes.

Les événements ont lancé les auteurs dramatiques

dans la voie des actualités, mais ils ont bien vite dépassé les limites du raisonnable. Les titres des pièces ont l'air d'être des titres d'articles de journaux. *San-Carlo* lui-même n'a pas échappé à cette contagion, et on a exhumé un des premiers opéras de Verdi, qui en a fait de si bons et de si médiocres, *la Bataille de Legnano,* dont la musique est souverainement plate et incolore, parce qu'il s'agit d'un épisode historique, la lutte de Milan contre Barberousse. Mais j'ai noté quelques titres et je les livre au jugement du lecteur : au théâtre *Nuovo, la Guardia nazionale,* opéra-comique en cinq actes (comprenez-vous un opéra sur la garde nationale ? c'est le tambour qui aura fait la musique); *la Fuite des Bourbons,* opéra-comique en trois actes ; *le Réveil de la Sicile, le Triomphe de Catalafimi, la Bénédiction des Drapeaux,* etc., opéras-comiques ; enfin un ballet, *le Réactionnaire et la Garibaldienne.*

On devine quel peut être le scenario : un réactionnaire riche, comme ils le sont tous, aime une jeune garibaldienne ; cela répond à nos ex-vésuviennes. Il lui peint sa flamme en quelques flics-flacs bien sentis et exprimant à la fois par un prodige de souplesse l'intention de lui faire un sort brillant. La jeune fille hésite entre ce riche avenir et ses sentiments patriotiques qui lui font considérer presque comme une honte de céder aux vœux d'un ennemi de la cause italienne. Elle aimait d'ailleurs un jeune homme de Nola, pauvre, mais bien pensant. Il est parti comme volontaire à la suite de Garibaldi, et il est mort en combattant vaillamment à Catalafimi. Elle pleure sa perte par des jetés battus pleins de suave mélancolie. Cependant sa mère est dans le besoin et pour assurer du pain à ses vieux jours, elle va se résigner à épouser le réactionnaire, lorsque tout-à-coup, ô surprise, ô bonheur (deux demi-cercles avec pointes), le garibaldien perdu est retrouvé, et vient déposer aux pieds de sa bien-aimée, ses bottes de sept lieues, sa vareuse rouge, son béret et un sabre gigantesque. Le réactionnaire est repoussé, et le garibaldien, après un mouvement de toton qui traduit toutes les ivresses de l'âme, reçoit sur son bras gauche, émue et renversée, celle qui, par son amour et son patriotisme, a su vaincre les obstacles du destin (style de libretto).

Dans les théâtres de drames, *Partenope, Fenice,* que j'avais oublié, et *Fiorentini,* même système d'actualités : 1860 *ou les Napolitains et l'ancienne police, — les Libéraux et les Codini* (codini est un mot assez injurieux qui répond à notre mot *rétrogrades*), — *les Cavouriens et les Garibaldiens, — Venise ou la Résurrection prochaine, — le Départ des Troupes piémontaises pour la guerre de* 1859, — *la Bataille de San-Martino,* etc., etc.

N'allez pas croire que les autres pièces, drames et même comédies, antérieures à la révolution, ou écrites sans intention politique, puissent se soustraire à cette influence qui ne vient pas seulement du peuple. J'ai vu un drame où une mère, pendant cinq actes, déjouait toutes les manœuvres exercées contre son fils, rompait tous les pièges, neutralisait tous les guet-apens, détournait tous les dangers. Au dénoûment, le traître, désespéré, tirait un coup de pistolet sur le jeune homme ; mais c'était la pauvre mère qui, victime jusqu'au bout de son dévoûment maternel, recevait le coup mortel. C'était pathétique, c'était larmoyant. Vous n'imaginez pas que dans ce cadre il y ait place pour une manifestation politique si mince qu'elle soit ; eh bien ! vous vous trompez. La mère, expirant dans les bras de son fils, lui demande à sa dernière heure un drapeau italien, qu'on lui apporte. Elle le serre dans ses bras et se félicite de mourir, puisque au moins elle a vu l'*Italia ouna*. Et de ce fils chéri pour lequel on meurt, pas un mot ; on s'en moque comme de Colin-Tampon. Mais le public applaudit, parce qu'un drapeau fait toujours de l'effet sur la scène, et il demande l'*inno*, l'*inno à Garibaldi*, avec cet acharnement béotien du peuple qui, lorsqu'il a adopté un air, le serine à satiété. Nous autres Français, les plus civilisés et les plus spirituels du globe, à ce que nous croyons, avons-nous été, sans flatterie, assez bêtes, assez ridicules avec notre air des *Girondins ?* Avons-nous assez parlé de mourir pour la patrie, lorsqu'il n'en était pas question et qu'on ne nous le demandait pas ? Eh bien ! l'*Inno* me rappelle les *Girondins*, mais à mon grand ennui.

Je laisse de côté le *Sebeto* et les *Marionnettes*, théâtres aussi fréquentés par les insectes que par le public, et j'arrive à *San-Carlino*, qui, lui aussi, n'en chôme pas. Mais le Polichinelle de Naples, le seigneur Antonio, est un homme renommé ; son nom est en vedette sur les affiches, et il a des licences de langage qu'on ne tolérerait chez nul autre. Le Pulcinello napolitain, je parle du type conforme à la rigoureuse tradition, a le nez crochu comme un petit poulet (*pulcinello*); c'est un grand garçon, bruyant, alerte, au demi-masque noir, au bonnet gris pyramidal, à la camisole blanche, sans fraise, au large pantalon blanc plissé et serré à la ceinture par une cordelière. Ce n'est pas notre Polichinelle à double bosse, au costume éclatant, rouge et galonné.

Le Polichinelle de Naples est naturellement le héros principal des pièces où figurent des acteurs en chair et en os comme lui. Il y a cette différence entre notre Pierrot *des Funambules* et lui, que le premier est un personnage muet et que le second joint l'éloquence de la parole à la pantomime; et comme il laisse loin derrière lui Debureau et Paul Legrand, ces deux illustrations de nos Funambules! Quelle spirituelle bonhomie! Quel naturel dans ses monologues et dans ses à-parté! Avec quelle naïveté ce Brunet doublé d'Alcide Tousez sait rendre l'embarras comique, les ébahissements, les frayeurs, les joies et les douleurs, les qualités et les vices de ce type éternellement amusant et éternellement vrai. Sa verve et sa causticité s'échappent en joyeux quolibets sur les événements du jour et en une critique souvent acerbe. Il frappe sur ceux-ci, il frappe sur ceux-là et, dans son impartiale misanthropie, se sacrifie lui-même pour ne pas faire de jaloux. Tantôt c'est un officier napolitain licencié, racontant avec une terrible ingénuité des épisodes de défection ou de reddition, comme on voudra; tantôt un garibaldien menaçant M. de Cavour, s'il ne lui reconnaît le grade de colonel et ne lui en maintient la solde, d'aller bien vite trouver le grand chef à Caprera; tantôt un garde national, comme celui de Geoffroy au Gymnase, moitié riant, moitié pleurant, heureux de jouer au soldat et de se pavaner dans les rues avec son bel uniforme; le plus souvent et tout bonnement le lazarone lui-même, avec son feu d'artifice perpétuel d'improvisations et de railleries goguenardes, modifiant le proverbe « qui dort dîne » dans le sens d'une gaîté au gros sel et d'une philosophie railleuse substituées au sommeil comme pseudo-nourriture.

Antonio est l'homme de Naples qui, envers et contre tous, peut avec le plus de succès faire passer sous le crible de ses bons mots les vaincus de la veille et les vainqueurs du jour. Il peut impunément s'attaquer aux puissants, et plus d'un sobriquet sanglant, immédiatement tiré à des milliers d'exemplaires par la malignité publique, est sorti de ses lèvres. Farini est un de ceux qui ont le plus exercé son humeur satirique; ses successeurs n'en ont pas été plus épargnés. Le dialecte napolitain, qui n'est pas l'italien, est varié et abonde en burlesques équivoques qui ajoutent encore à la vivacité de ces saillies dont l'humour échappe souvent et même toujours à la pénétration des étrangers. Cependant, ce que vous pouvez en saisir à l'aide d'une obligeante interprétation vous donne une idée des libertés que s'arroge Pulcinello pour traiter les questions politiques, comme pour descendre aux plus vulgaires commérages de la vie privée.

Il n'est pas rare de le voir interpeller par son nom quelqu'un du peuple, l'interroger, établir avec lui un dialogue fort amusant et où l'acteur improvisé, aussi à l'aise dans son nouveau rôle que serait embarrassé chez nous un figurant de cette espèce, fournit la réplique avec un bonheur qui stimule l'imagination d'Antonio.

Les conversations sont toujours assaisonnées de fortes épices; Antonio ou Pulcinello, c'est la même chose, deviendrait bienveillant, que le peuple le croirait malade. Son succès s'explique facilement, du reste; il résume en lui toutes les singularités d'un personnage qui court les rues. Il n'est pas un homme, un acteur, il est le peuple. La légende des siècles n'est pas aussi naïve qu'elle le paraît à nos esprits forts d'aujourd'hui, lorsqu'elle résume l'essence populaire de chaque nationalité dans une image gravée à l'eau forte, dans une figure vigoureusement accentuée, où sont mises en relief toutes les particularités d'une race. Si l'on a pu dire que le Français est Jacques Bonhomme, l'Anglais John Bull, l'Américain Jonathan, un voyageur observateur et consciencieux hésitera-t-il à reconnaître le Napolitain dans Polichinelle.

IX.

Le Vésuve. — Portici. — Les guides. — L'ascension. — Les éruptions. — Le cratère supérieur. — La descente. — Les légendes. — Le cratère latéral. — L'ermitage. — Le livre des touristes. — La prédiction de saint Janvier. — L'enfer. — Une terrible sentence.

On nous a bien dit que le Vésuve était mal fréquenté, qu'il était prudent de n'y aller qu'en force, et que si notre excursion devait se prolonger jusque vers une heure avancée de la soirée, nous pourrions bien faire des rencontres désagréables. On nous a énuméré tous les épisodes les plus récents du brigandage rural ; ici un Anglais détroussé avec beaucoup de politesse ; là un Russe volé et de plus laissé pour mort parce qu'il s'est permis quelques velléités de résistance. Les gasconnades napolitaines nous laissent quelque peu incrédules, et à tout hasard, sur trois personnes qui composent notre petite caravane, la dame est courageuse et les deux hommes sont armés et résolus. Il y a trop longtemps d'ailleurs qu'il nous impatiente de ne voir que de nos chambres, à l'horizon, cette flamme rougeâtre qui, la nuit, éclaire les flancs du volcan, comme un phare mystérieux et inaccessible. Notre carrossel est prêt ; nos trois chevaux, bardés de grelots et de clochettes, piétinent pleins d'ardeur, et notre cocher a déjà eu trois disputes avec les passants. Je lui fais des remontrances.

— *Eh ! che volete ?* me répond-il avec un intraduisible mouvement d'épaules, plein d'ironique philosophie. L'exclamation *eh!* sur une note aiguë et nasillarde, est la préface obligée de toutes les phrases. Chaque fois que je l'entends, il me semble toujours que celui qui vient de la proférer tient dans ses bras croisés en avant, le bâton qui va frapper le commissaire.

Eh! che volete (eh! que voulez-vous)? comme le *goddam* chez les Anglais compose avec le : — *qui lo sa!* (qui le sait!) tout le fond de la langue napolitaine.

Nous partons ; le temps est magnifique, et nous n'y trouvons à reprendre qu'une brise traîtresse qui nous fait cortége de flots de poussière. Voici le quartier de la marine, celui d'el Carmine, le quartier de Masaniello. C'est là que le pêcheur-roi soulevait les lazaroni contre la domination espagnole. Il est enterré dans cette église Santa-Maria del Carmine, où l'on montre le billot sur lequel fut décapité Conradin, sa statue par Thorwaldsen, le fameux Christ dont la tête s'est baissée devant un boulet lors d'un siége de Naples, et dont les cheveux repoussent et sont coupés en solennelle cérémonie au mois de janvier de chaque année.

Après avoir traversé de vastes faubourgs entre les immenses magasins de blé dits les *Granili* et les couvents changés en casernes, nous arrivons à Portici, qui n'est guère qu'un faubourg de Naples, le lieu de plaisance des Napolitains, ce que peuvent être Passy, Saint-Cloud, Auteuil, à Paris. A cheval sur la route qui traverse une cour de forme octogone, s'allongent les grandes galeries d'un des palais royaux. Le palais de Portici a été chanté par les muses parthénopéennes. Dépouillé aujourd'hui des riches collections d'antiquités trouvées à Herculanum et Pompeï, et qu'on a transportées au Musée Bourbon, il intéresse encore par ses vastes proportions, sa situation privilégiée et les souvenirs historiques de son ameublement intérieur. Le roi de Naples avait eu, en effet, le bon goût de conserver intact le mobilier d'une partie des appartements tel qu'il existait sous Murat. On retrouvait là toutes les modes singulières de l'empire, les génies ailés, les victoires, les grands lits à lourdes ornementations de cuivre, surmontés de brûle-parfums, les fauteuils romains à filets dorés, les pendules à troubadours et à Lindors, et tout ce luxe bizarre et choquant qui mêlait à une maladroite imitation de l'antiquité les inspirations malheureuses du sentimentalisme de l'époque.

Il résultait de cette disposition que les appartements représentaient deux dynasties, et qu'on pouvait désigner la galerie de Murat et la galerie des Bourbons. Lors de notre première visite, le palais de Portici était habité par Farini; avec une simplicité toute républicaine, il n'occupait guère que deux ou trois chambres; c'était peu, mais ce fut assez pour mettre le feu par imprudence à de magnifiques tapisseries. On s'est bien gardé de réparer les dégâts. La façade principale du palais était tournée vers la mer et donnait sur un magnifique perron orné de statues de marbre et sur de beaux jardins. Nous aperçûmes, pendu en dehors, à l'une des fenêtres des appartements particuliers de M. Farini, un jupon doublé d'une crinoline. Je ne saurais dire combien ce vulgaire appendice de la toilette féminine jurait avec la majesté du lieu et la poésie de l'ensemble. Ce jupon, insolemment étalé sur les fenêtres de la royale demeure, était comme une protestation du régime nouveau contre l'ancien, le drapeau du réalisme arboré avec un sans-gêne ironique devant la chambre à coucher de la reine de Naples !

Nous avons atteint Resina, l'ancien port d'Herculanum, couverte, comme Portici, d'élégantes villas, puis Torre-del-Greco, plusieurs fois détruite par des éruptions. Nous avons salué en passant un petit chef-d'œuvre de naïveté. Un hôpital d'incurables a été fondé sur la route par quelques riches charitables. Mais à quelque distance de cet établissement, se trouve une maison de modeste apparence, dont la destination est ainsi expliquée par une sorte d'enseigne : *Succursale de l'hôpital pour les incurables convalescents!* Nos médecins sont distancés !

Nous sommes sur le domaine du Vésuve. Les courants de lave ont ravagé toute cette partie du littoral depuis Portici jusqu'à Torre-del-Annunziata, ce qui n'empêche pas les maisons de se multiplier sur les pentes du volcan; l'extrême fertilité du sol fait braver aux habitants toutes menaces de destruction. C'est bien pis à Torre-del-Annunziata. On y a établi des fabriques de poudre et d'armes à feu; il n'y a que les

Napolitains pour oser de tels rapprochements ; faire de la poudre au pied du Vésuve !

Notre voiture est lancée à fond de train ; nos trois chevaux ont dévoré quelques carottes, j'allais dire mangé l'avoine, à Resina, et ce déjeuner, d'apparence frugale, leur a mis, comme on dit, le cœur au ventre. Nous avons failli écraser maintes fois les porcs noirs, les chèvres domestiques et les poules qui rôdent nonchalamment sur la route.

On part ordinairement pour le Vésuve, de Resina ; l'ascension s'opère par les scories, sur les dures aspérités desquelles la chaussure, qu'il est utile de choisir solide, trouve un point d'appui résistant : on descend par les cendres. C'est logique et cependant nous avons fait tout le contraire.

Dans une précédente excursion à Pompeï, nous avions fait connaissance d'un guide qui parlait assez bien le français. Domenico nous avait séduits en exhibant des lettres de recommandation flatteuses, signées de noms connus. Nous avions combiné ensemble l'ascension du Vésuve, et il nous avait donné rendez-vous à Torre-del-Annunziata, où il devait nous attendre avec trois chevaux. Pourquoi pas à Resina ? Parce qu'il y a dans les guides comme une sorte de règlement qu'il faut observer, et que mons Domenico installé, et pour ainsi dire patenté à Torre-del-Annunziata, en allant dans un autre endroit prendre des voyageurs, eût risqué de recevoir des coups de bâton de ses ombrageux confrères. Il fallut bien se résigner.

Nous sommes en selle et l'on se met en marche dans l'ordre suivant : les trois nobles étrangers ; à quelques pas derrière, embranché comme une paire de pincettes sur son cheval et l'air très-soucieux, Raphaël, le domestique de notre ami X...; à notre droite, Domenico, à notre gauche, deux autres guides qu'il a recrutés, je ne sais pas trop pourquoi ; autour de nous, une nuée de sales mendiants, tantôt obséquieux, tantôt impertinents, dont on ne se débarrasse que par quelques démonstrations un peu vives. Ils s'éloignent un à un en s'écriant : « Ce sont des Français, » comme si ce titre leur donnait à entendre, par une certaine connaissance de notre humeur nationale, qu'il n'y avait rien à gagner à nous importuner.

— Domenico !
— Signor Francèse ?
— Est-il vrai qu'il y ait des brigands sur le Vésuve et que la nuit surtout il soit dangereux de s'y hasarder ?
— Non, signor, et puis les *ladrone* n'attaquent pas les voyageurs lorsqu'il y a des dames.
— Domenico, vous me faites l'effet d'un rusé compère ; en tout cas je conseille à vos amis de la montagne de ne pas s'y frotter. Nous ne sommes pas des Napolitains pour nous laisser détrousser sans rien dire, et c'est avec ces joujoux qu'on leur ferait accueil.

Nous tirons de nos poches des revolvers, nous les chargeons, pendant que nos montures marchent au pas, et cette opération terminée, nous les remettons en place. Domenico et les guides n'ont pas perdu de vue un seul de nos mouvements.

— Domenico !

— Signor ?

— Ma canne me gêne pour tenir mon cigare. Prenez-la, mais faites bien attention à ne pas la laisser tomber : elle est garnie d'une épée.

Et je lui montre en effet qu'à l'aide d'un ressort une dague de respectable longueur est recelée par le rotin d'inoffensive apparence. Mon compagnon fait voir en se jouant que sa badine est munie du même appareil.

Domenico porte avec une précaution qui n'est pas exempte d'un certain respect craintif, ma canne qu'il doit me remettre lorsqu'il s'agira de gravir à pied.

— Domenico !

— Signor ?

— Je me suis laissé dire que certains guides s'entendent avec les *ladrone* pour détrousser les voyageurs ?

— *Eh ! qui lo sa !* signor ?

— On le sait probablement, puisqu'on le dit. Or, on m'a conseillé en pareille circonstance un procédé bien brutal. Il consiste à envoyer une balle dans la tête des guides, dès qu'on aperçoit des figures suspectes.

Domenico fait un geste d'indignation honnête qui nous fait trouver l'épreuve satisfaisante. Les autres guides ont échangé des regards furtifs qu'on pourrait interpréter d'une manière moins rassurante.

Raphaël, qui ne perd pas un mot du dialogue, est évidemment mal à l'aise. Il s'est obstiné à emporter un pistolet d'arçon qui date pour le moins du siècle dernier. Nous n'avons consenti à lui laisser cette arme qu'à la condition qu'elle ne serait pas chargée et qu'il n'aurait pas la prétention de s'en servir autrement que comme d'une massue, en cas de danger.

Nos chevaux gravissent d'étroits sentiers ; ils enfoncent jusqu'au jarret dans une cendre épaisse. Nous avons sous les yeux un site désolé que n'égaient point des vignes capricieusement jetées comme des broussailles sur toutes les sinuosités de cette partie inférieure du cône volcanique. On y récolte ce fameux *lacryma-christi,* contre la réputation duquel je ne saurais trop protester. Chiabrera, entre beaucoup d'autres, l'a célébré avec emphase. Qu'on imagine du gros vin bleu avec un fort goût d'iris et on aura le *lacryma-christi* tel qu'il se vend à Naples. O les poëtes ! et le Falerne ! Je donnerais vingt amphores de Falerne, pour parler classiquement, en échange d'une bouteille de notre plus modeste Beaujolais. Peut-être aussi les vins sont-ils à Naples comme en France ? Peut-être le *lacryma-christi* naturel, bu chez le vigneron ou chez le prince d'Ottojano, le Metternich du Johannisberg méridional, répond-il réellement au bien qu'on en dit ?

La pente devient de plus en plus escarpée ; on gravit toute une série de mamelons étagés les uns sur les autres ; autour de nous s'étendent de vastes solitudes, d'immenses cirques creusés par le caprice de la lave entre les montagnes. Déjà sont broyés sous les pieds des chevaux tous les détritus volcaniques, les richesses minéralogiques, le mica, les pyroxènes, l'idrocase, les grenats, etc ; c'est à faire frémir. Mon compagnon de voyage m'a dit bien d'autres noms encore !

Nous entendons comme des grondements de tonnerre dans le lointain, et le vent nous rabat en plein visage des odeurs sulfureuses. Nos montures s'arrêtent essoufflées à l'issue d'une gorge étroite et tortueuse. Elles sont parvenues au terme de leur voyage : il nous reste à faire l'ascension du cône volcanique, ou Vésuve proprement dit. C'est un exercice qui concerne particulièrement nos jambes.

De nouveaux guides apparaissent, — on ne sait trop d'où ils sortent. — Je déclare à Domenico que cette escorte ne nous plaît guère. — Il m'explique que ces gens-là s'offrent pour vous tirer, vous pousser, et au besoin même vous porter jusqu'au sommet. On décide à l'unanimité, dans notre caravane, qu'on se passera de tout secours étranger. Les guides insistent auprès de la dame qui se refuse obstinément à toute intervention de nature à affaiblir le mérite de cette glorieuse campagne.

Domenico, qui avait sans doute pris des engagements avec ses amis, leur adresse un geste d'épaules résigné ; on monte à l'assaut. Au bout de dix pas, nous n'en avons fait que deux ; nous sommes rouges à faire craindre l'apoplexie et nous soufflons comme des phoques. Je surprends un sourire sur les lèvres de Dominique, et, de cette même canne à épée dont il a expérimenté le poids, je lui adresse dans la région lombaire un léger rappel à ses devoirs. Ce sourire a quelque peu excité mon amour-propre. La nécessité rend ingénieux : je trouve une façon particulière de poser, à la façon des chèvres, le talon dans les cendres ; cela me réussit et je cesse de glisser; j'ai bientôt fait part de ma découverte, et, au bout de quelques leçons, elle est utilisée par mes deux compagnons.

Nous avons dépassé Dominique et j'en suis si fier que je me retourne pour le gourmander. Je cherche Raphaël; pas plus de Raphaël que d'escalier de marbre et de rampe dorée. Il est reparti à Torre-del-Annunziata avec les chevaux que ramenaient les guides remerciés. Il a chargé Domenico de nous dire qu'il nous attendrait à Resina. L'ascension lui donne des vertiges; je soupçonne que la crainte d'être arrêté par des voleurs y est pour quelque chose.

Nous avons enfin atteint le sommet; nous sommes à une hauteur de 1,200 mètres ; à nos pieds, sous nos yeux, lorsqu'une épaisse fumée ne vient pas former un rideau impénétrable, le spectacle le plus étrange et le plus saisissant! Qu'on se figure ce plateau du Vésuve criblé de crevasses par lesquelles s'échappent de petites fumées bleuâtres! On a l'air de marcher sur les fours à soufre d'une immense fabrique de produits chimiques. Au loin, apparaissent, dans un relief éclatant, le golfe de Naples avec ses îles et ses cités, la belle vallée qui va jusqu'à Salerne et l'Apennin tout blanc sous les neiges. Quel panorama, quelles splendides visions!

Nous avançons sur le terrain brûlant avec une précaution craintive ; cela sonne creux sous nos pas, comme si nous foulions une immense croûte incandescente. Les petites flammes qui s'échappent du sol fendillé se multiplient ; nos chaussures brûlent et il nous faut sauter avec une bizarre prestesse qui rappelle ce cruel passe-temps d'une promenade de poules et de canards sur une plaque de tôle presque rougie au feu. De temps à autre, des vapeurs sulfureuses nous assaillent avec une telle intensité qu'elles provoquent de formidables éternuements. On respire littéralement du soufre, et, à voir le sol jaune, rouge et bleu, on s'explique que sa surface soit imprégnée des vapeurs condensées qui ont recouvert tout le sommet de la montagne de leur épais glacis. Çà et là gisent des pierres volcaniques vomies par le cratère, qui le plus souvent les lance violemment bien au-delà de sa base.

Une épaisse et suffocante fumée nous enveloppe; nous n'avons pour nous guider que la voix nasillarde de Dominique. Il nous crie d'arrêter : nous sommes sur le bord d'un gouffre circulaire, d'où sort par saccades irrégulières une fumée blanchâtre, comme en produit un incendie qu'on éteint. C'est le cratère; du fond de l'abîme s'élève, comme le fracas de l'Océan venant se briser par une tempête contre des falaises, un bruit sourd et prolongé. Que se passe-t-il au fond de ce gouffre ! Ne pourrait-on le savoir? Comment expliquer ce mystérieux phénomène?

Voilà donc ce Titan volcanique dont les éruptions sont une perpétuelle menace de destruction et de ruine. L'une des premières, arrivée en 472, transporta, disent Ammien Marcellin et Procope, des cendres jusqu'à Constantinople. Depuis la fin du dix-septième siècle jusqu'en 1858, il y a eu 42 éruptions. Dans celle de 1631, sept courants de lave sortirent à la fois et inondèrent plusieurs villages situés au bas de la montagne. Resina, en partie construite sur l'emplacement d'Herculanum, fut consumée par le torrent de feu. Les inondations de boue ne furent pas moins destructives que celles de la lave elle-même. Car telle est l'abondance des pluies dues à la masse de vapeurs lancées dans l'atmosphère, qu'il se précipite le long des flancs du cône de véritables torrents, qui se chargent d'une poussière impalpable et, entraînant avec eux des cendres, acquièrent une consistance suffisante pour justifier le nom de laves aqueuses. Telle est du moins l'explication donnée par un géologue distingué. Dans cette catastrophe périrent quatre mille personnes.

Si les éruptions modernes n'ont pas donné lieu à des phénomènes aussi terribles que ceux de l'éruption de 79, par exemple, qui engloutit Herculanum et Pompeï, elles entraînèrent du moins la complète dévastation des villages bâtis au pied du Vésuve. Des torrents de lave ont traversé Torre-del-Greco et atteint la Méditerranée et, dans un trajet de six heures, à partir du cratère, sont venus former, sur une largeur de plus de 300 mètres, un nouveau rivage.

Lorsqu'une éruption doit avoir lieu, les sources et les puits tarissent subitement. On voit les reptiles sortir de terre et les animaux donnent des signes d'inquiétudes. La fumée du cratère, épaissie et mêlée de cendre, s'élève sous la forme d'une colonne perpendiculaire jusqu'à une hauteur prodigieuse, et donne pour ainsi dire le signal d'une pluie de cendres et de pierres ponces. La vapeur d'eau chaude, lancée dans une atmosphère plus froide, se condense et cette brusque condensation augmente la tension électrique; les éclairs se succèdent et le roulement du tonnerre vient appuyer le grondement du volcan. Le plus ordinairement la lave s'élevait dans l'intérieur du cratère, débordait et se répandait sur les flancs de la montagne en nappes brûlantes. On estime alors la vitesse de la lave à sa sortie du cratère, à un kilomètre par heure. Les dernières éruptions ont bouleversé la forme du sommet, et sous l'influence de la pression intérieure, la montagne s'est crevassée et la lave coule au flanc par cette ouverture qui de Naples apparaît comme une langue de feu rougeâtre.

Il va sans dire que les discussions scientifiques n'ont pas manqué à ce phénomène, et on n'a que le choix parmi les conjectures et les définitions les plus savantes. Ce n'est pas cependant chez Lyell et chez d'autres que nous irions chercher une explication qui satisfît notre curiosité ; ces gens-là sont trop forts pour nous, et d'ailleurs la science a des raffinements et des subtilités d'investigations qui l'égarent quelquefois dans les chemins de traverse. Un homme qui n'est ni géologue ni volcanologue, mais qui est homme d'esprit et écrivain distingué, M. Emile Carrey, avec l'aide du bon sens et du raisonnement, a été amené à une hypothèse qui nous a séduit par sa simplicité :

« Il m'est venu, dit-il, cette idée que peut-être les
« feux souterrains du Vésuve étaient situés soit à
« fleur de la mer, soit au-dessous d'elle, ou d'un

« réservoir d'eau quelconque soumis à l'influence du
« flot de la Méditerranée ; que, par un chemin souter-
« rain, l'extrémité, ou autrement dit le trop plein de
« chaque flot (1) arrivait jusqu'à la fournaise, et en
« tombant sur elle produisait à la fois et ce bruit et
« ce soulèvement de cendres, de débris et de fumée.
« Ainsi, un verre d'eau, par exemple, en tombant sur
« un feu bien allumé, se change subitement en va-
« peur et, loin d'éteindre le feu, l'excite ; puis, en
« se volatilisant, il fait presqu'explosion et entraîne
« dans l'air une véritable éruption de fumée, de
« cendres et de bruit.

« Le golfe de Naples et les golfes voisins sont évi-
« demment, et au dire de la science elle-même, d'an-
« ciens cratères inondés. Quelque jour la Méditerra-
« née, ou l'abîme inconnu qui verse au Vésuve cette
« vague supposée, envahira les cavernes terrestres où
« le volcan brûle et d'où il a tiré les laves qu'il vomit
« depuis des siècles. Alors une éruption aura lieu,
« d'autant plus puissante qu'il y aura plus de feu et
« plus d'eau. Si le feu triomphe, le volcan survivra
« à l'inondation. S'il succombe et que l'eau débordante
« l'éteigne, cette eau remplira peu à peu les abîmes
« placés au-dessous de la mer. Puis un beau jour ce flot
« victorieux, à force de battre et de miner les vieilles
« parois suspendues de la montagne, les entraînera
« dans ses profondeurs comme il a entraîné les parois

(1) La Méditerranée, comme on le sait, n'a que peu de ma-
rées ; mais elle en a, et dans le golfe de Naples la mer monte
très-régulièrement de quelques décimètres.

« des volcans voisins. Ce jour là, la Méditerranée aura
« conquis un golfe nouveau qui apparaîtra le long du
« golfe de Naples, avec des îles ou des falaises, comme
« Ischia ou Pausilippe. Les éruptions, dans cette hy-
« pothèse, ne seraient pas autre chose que des inva-
« sions partielles de feux souterrains par des flots
« souterrains. »

Le guide nous arrache à notre contemplation et nous raconte qu'il y a douze ans, après un pari, un Français est descendu, avec l'aide d'échelles de cordes mouillées, à une profondeur de dix mètres dans le gouffre, a chanté, selon les termes du pari, et est remonté triomphant, mais à demi asphyxié. Un Ecossais a été moins heureux ; voulant faire une exploration par les mêmes moyens et rapporter des parois quelques débris caractéristiques, il descendit, mais au bout de quelque temps les guides ramenèrent l'échelle allégée de son poids. L'imprudent touriste avait été chercher le secret de la mort d'Empédocle.

Il manquait à ces récits, toujours intéressants lorsqu'ils sont faits sur le théâtre même de l'action, quelques légendes romanesques. Domenico ne s'embarrassait pas pour si peu, et nous pûmes connaître la touchante histoire d'une jeune fille de Resina, abandonnée par celui qu'elle aimait, et qui, désespérée, s'était jetée dans le gouffre. Si on avait insisté, Domenico nous aurait montré la trace de son pied sur le bord du cratère.

Le soleil avait disparu : si nos pieds brûlaient, notre visage et nos mains, à cette hauteur, étaient gelés.

Nous avions parcouru le plateau, sourds aux sollicitations d'un mendiant dont l'industrie consiste à faire cuire, moyennant un carlin ou deux, des œufs dans les cendres. Si on pouvait aller au fond de l'abîme, je ne jurerais pas qu'on ne pût y rencontrer un de ces exploiteurs en haillons, si experts à vous arracher à force d'importunités la *bona mano*.

Il s'agit de descendre. Nous évitons les scories ; c'est un exercice de montagnes russes. Il n'y a que le premier pas qui coûte : une immense glissade dans les cendres, suivie d'une autre et toujours de même, soit qu'on se maintienne en équilibre sur les pieds, soit qu'on préfère rester assis, au détriment du pantalon, contenant et contenu. Dans cette course rapide, on détache quelques énormes pierres qui roulent avec bruit au bas du cône ; on a de la cendre jusqu'au mollet, mais c'est l'affaire de dix minutes, et de par l'accroissement proportionnel de vitesse on s'éboule littéralement dans la plaine qui sépare la Somma du Vésuve.

Pendant que nous reprenons haleine, Domenico tire, je ne sais trop d'où, du pain, des figues et une bouteille de lacryma-christi. Les émouvantes péripéties de cette excursion nous ont affamés et altérés et ou fait honneur à ces maigres provisions. La soif nous fait trouver au *lacryma-christi* un goût agréable que nous comparons, mon compagnon à celui du vin blanc, moi à celui du cidre ou du poiré. Il est Champenois et je suis Normand ; la variété de nos appréciations provient sans doute de la différence des crûs où nous avons puisé nos connaissances.

Si nous étions de vulgaires voyageurs, de ceux qui ont en portefeuille une liste des monuments et des curiosités et inscrivent à chaque ligne le mot *vu*, nous pourrions considérer notre voyage comme terminé, puisque nous avons fait l'ascension du Vésuve. Mais il nous faut la journée complète, la visite à l'ermitage et à ces lueurs du cratère latéral qui ont l'aspect de foyers de forges. L'obscurité augmente; il fait nuit et les chemins sont à désespérer des chèvres. Les laves solidifiées craquent sous les pieds. On dirait du charbon de terre déjà coke, mais encore un peu huileux, qui, malléable comme du métal en fusion, a descendu les parois inclinées du volcan. « Tout en roulant à son
« aise lentement, dit M. E. Carrey, sans que rien ait
« pu briser son flot irrésistible, il s'est refroidi et a
« gardé les formes multiples, souvent bizarres, mais
« ondulantes, arrondies, coulantes en quelque sorte.
« Ainsi là, cette scorie ressemble à d'immenses masses
« de plomb fondu refroidi, noir et déjà oxydé, — à les
« prendre pour telles. Ici, on jurerait des cordages
« de navire enroulés l'un sur l'autre comme dans un
« arsenal de marine. Vu d'un peu haut, on dirait les
« flots d'une mer agitée de la veille, avec sa surface
« à moitié calme qui ne se frange plus d'écume, mais
« dont les vagues ondulantes se roulent l'une sur
« l'autre, se succèdent et s'entassent à l'infini. Seule-
« ment c'est une mer de lave, une mer fixe. »

Nous sautons comme des chamois de scorie en scorie en nous aidant de la main et du bâton. Tout à coup surgissent comme d'une fondrière, devant nous, cinq ombres qui nous barrent le passage. Tels les génies infernaux, dans un cadre aussi funèbre que celui qui nous environne, devaient, lors de la descente d'Orphée aux enfers, se dresser devant les pas de l'époux d'Eurydice. Je l'avoue, cette comparaison mythologique ne me vint que plus tard à l'esprit. Sur le moment je ne pensais qu'à un guet-apens nocturne. Je prononce, en français, un sonore *qui vive!* auquel on ne me répond pas, en italien. Immédiatement je saisis Domenico avec un geste si menaçant qu'il s'écrie : « *Ne tirez pas signor, par la santa Maria-del-Carmine, ne tirez pas,* comme s'il sentait déjà sur sa tête le froid aigu du revolver. Mon compagnon avait pris la même attitude défensive que moi, et réellement Domenico avait bien raison de trembler pour sa peau. Un certain frémissement parmi les ombres indique qu'elles semblent quelque peu émues de nos dispositions. On parlemente, on s'explique et nous ne tardons pas à apprendre que ce sont les guides spéciaux du cratère latéral. Sur cette partie de la montagne, le voyageur leur appartient, et cette institution, dont nous avons à tort méconnu l'honorabilité, ne prélève sur la bourse que la *bona mano,* le modeste impôt que paie l'étranger pour satisfaire sa curiosité.

De près et autant que permet de le distinguer la nuit, nos ombres paraissent inoffensives. Il est écrit que nous n'aurons pas le plus petit brigand à nous mettre sous la main. Mon compagnon peste contre ce contre-temps : « C'est fait pour nous, » dit-il, mais la signora, quoique fort courageuse, pense que ce n'est pas malheureux.

Nous nous remettons en marche avec notre escorte, mais les entassements de scories nous obligent à de véritables tours de force. Enfin, après les efforts les plus pénibles, nous pouvons gravir un dernier et périlleux escarpement et... des ondes de feu s'épandent à nos pieds, dans un lit de trois mètres de largeur, s'écoulent avec une sinistre lenteur, et jettent sur le désert morne et sombre qui nous environne une lueur diabolique. Qu'on s'imagine une rivière de fonte en fusion allant au sortir des immenses creusets rouler dans les moules avec des scintillements de fournaise ardente.

Autour de nous, rien, que la nuit et l'image de la dévastation; pas un être animé, pas un bruit; je me trompe, les craquements des scories sèches sourdement minées par les coulées qui passent. On reste absorbé dans la contemplation de ce spectacle que ceux-là seuls peuvent comprendre qui l'ont eu sous les yeux. On frémit à la pensée d'une chute dans ces feux souterrains; on disparaîtrait dans leurs brasiers comme un fétu de paille sur des charbons. Ici, comme au cratère supérieur, il y a une légende. Un fils avait, dans un moment de délire, tué sa mère. Poursuivi par le remords, il vint se réfugier dans les gorges sauvages creusées entre le Vésuve et la Somma. Puis, excité par la faim et le désir de vivre, il alla s'offrir un jour à un voyageur pour l'aider à travers les scories dans sa visite au cratère latéral. Dans l'explication qu'il voulut donner du phénomène, en se penchant sur la coulée de feu, il perdit l'équilibre, tomba et fut englouti dans la lave : un cri lamentable et désespéré, de la fumée, un pétillement, la lueur d'une flamme que ranime un nouvel aliment de combustion, puis les ondes reprirent leur surface, comme si rien n'en avait troublé l'harmonie. Le voyageur s'enfuit épouvanté. Seulement, le lendemain, les scories figées s'augmentaient à quelque distance de là d'une masse noire, luisante, rugueuse, ayant l'horrible aspect d'un possédé qui se tord au milieu des feux infernaux, et la nuit les voyageurs qui restent sur le Vésuve pour assister au lever du jour, entendent des gémissements qui les glacent d'effroi. C'est l'âme du parricide, qui erre jusqu'au jugement dernier au milieu des ruines accumulées par le volcan.

Je conseille aux amateurs de fortes émotions d'entendre ce récit, comme il nous a été dit, et avec la mise en scène qui nous était imposée. Domenico accompagnait ses paroles de la plus expressive des pentomimes; on sentait qu'il était lui-même vivement impressionné, et sa voix avait pris de lugubres intonations. Les autres guides se signèrent, lorsque je me fis montrer l'endroit même où avait eu lieu cette terrible chute. Je suis sûr que dans ce moment, où toutes les imaginations étaient frappées, si quelque bruit singulier et sinistre avait troublé tout à coup le silence de la nuit, il y aurait eu, par l'effet de la secousse de nos sens, ce que nous appelons un coup de théâtre, nous autres Français qui rions de tout et de nous-mêmes.

Je romps le charme en remuant la lave du bout ferré de ma canne. Aussitôt les guides, rappelés par ce geste machinal au sentiment de leurs fonctions, plongent leurs bâtons dans la coulée et, relevant la lave enflammée, en font des torches qui nous éclairent. Ils s'amusent à façonner ce liquide de feu, à l'étendre comme une pâte, à faire des empreintes avec des piastres que nous leur donnons. Seulement il faut une certaine prestesse pour accomplir ces opérations, parce que le bâton brûle vite. D'ailleurs, le sol chauffé par un foyer souterrain ne permet pas une longue station, et nos chaussures, malgré la précaution que nous avons de lever sans cesse et alternativement les pieds, nous avertissent, par une odeur de cuir roussi, que nous pourrions exagérer, par un séjour trop prolongé, le remède vulgairement prescrit contre les rhumes.

Le retour est encore plus difficile ; si l'un de nous n'a pas une jambe démise ou un pied foulé, c'est que saint Janvier nous protége. Nous avançons aussi bien avec les mains qu'avec les pieds, et je m'aperçois avec terreur qu'une de mes semelles découragée vient de m'abandonner. Je rappelle en riant à mes compagnons l'exclamation plaintive de Ravel, surpris dans une position embarrassante : « —*Je donnerais six sous pour être dans un omnibus !* » Notre avis unanime est que nous en ferions autant et très-volontiers.

Nous voici enfin à l'ermitage de *San Salvatore ;* une

halte nous y est bien due. C'est une maison, ou plutôt une auberge où un prétendu ermite, qui a l'air d'un bandit, vend très-cher de mauvais vin et quelques fruits desséchés. On nous reçoit d'une façon assez bourrue, et même cette hospitalité, si peu gratuite, prend un caractère assez agressif pour qu'il nous soit utile de montrer les dents. Mon compagnon, après avoir fait remporter trois fois une cruche d'eau sale où surnagent des toiles d'araignée, saute sur le garçon servant, espèce de palfrenier mal endormi, et le réveille avec trois ou quatre bourrades vigoureusement appliquées. Le maître, ou plutôt l'ermite, arrive; un petit homme trapu, dont le costume découpé en festons par le temps et l'incurie n'appartient à aucune profession. Il a une barbe et une chevelure tellement épaisses, qu'il faudrait un râteau pour démêler l'une et l'autre. Sa figure et son allure nous déplaisent, et nous n'attendons pas qu'il ait ouvert la bouche pour lui exprimer notre volonté d'être servis promptement et proprement. Je surprends un éclair d'impatience dans ses yeux, mais comme nous sommes affamés, harassés, moulus, j'entre délibérément, je l'avoue, dans un rôle d'oppresseur, dont l'opprimé ne peut se plaindre qu'à demi, puisqu'il est payé de ce qu'on le force à donner. Je tire ma dague et mon revolver, les pose sur la table autour de laquelle nous sommes assis et renouvelle d'un air terrible l'invitation de nous apporter ce que nous lui avons demandé. Le procédé ne réussirait guère en France; il fait merveille à l'ermitage, et, en quelques secondes, notre appétit peut entrer en lutte avec du fromage, des figues, des oranges et du pain excellent. Le vin se laisse boire, comme nous disons.

Pendant notre court et frugal repas, Domenico échange quelques mots avec l'ermite; il me semble entendre qu'il lui parle de nous; il lui dit que nous sommes Français, ce que l'autre a déjà facilement deviné, sans doute, à notre langue. Les Français passent généralement pour vifs et peu accommodants. Je me mêle à la conversation, et l'ermite, sans aucun sentiment de rancune, me confesse qu'il aime mieux pour le pourboire les Russes et les Anglais, mais que pour l'humeur il préfère les Français.

Je ne crois pas trop à la sincérité de ce vieux singe : cependant nous nous quittons bons amis, et le garçon, qui a été si bien frotté, vient nous offrir en échange de deux carlins, un morceau de lave grossièrement travaillé. Les chevaux sont prêts, Domenico nous fait ses adieux et nous lui permettons, avec autant de grâce que de majesté, de nous embrasser les mains. Nous sommes confiés à une troisième et dernière corporation de guides.

La descente vers Resina n'est pas exempte de difficultés; ce sont toujours des fondrières et un bruit souterrain d'abîme retentit sous les pas des chevaux. Les guides nous répètent à chaque instant qu'il faut nous livrer aveuglément à l'instinct de ces animaux, à leur habitude des lieux. Au moment où je me plais à louer la sûreté avec laquelle ils posent en effet leurs pieds sur les aspérités des scories, ma monture s'abat et j'arrive à terre sur mes jambes, sans trop m'expliquer par quel heureux hasard cette chute ne me vaut pas même une égratignure. Ce n'est pas encourageant ; d'un autre côté, je n'ai qu'un soulier valide ; je ne puis marcher et mon coursier a perdu ma confiance. Comment faire? Je me décide cependant à remonter à cheval, à la condition expresse qu'il sera fortement tenu en bride par un des guides.

Nous trouvons à Resina Raphaël et la voiture qui doit nous conduire à Naples. Raphaël fume un excellent cigare ; je le soupçonne d'avoir utilisé les loisirs que lui procurait notre absence en servant de cicerone à quelque noble étranger. Tels certains cochers de bonne maison, à Paris, lorsqu'ils sont bien sûrs que les maîtres passeront une partie de la journée dans un endroit, transforment à leur profit personnel l'équipage armorié en une voiture de louage et font galoper les chevaux de race à 3 fr. l'heure, pendant qu'un intrus se prélasse sur les coussins de luxe, ébahi sans doute de rencontrer ce confortable dans le matériel banal d'un service public.

Nous payons nos guides dans une loge où on nous présente un gros et sale manuscrit. C'est le répertoire des impressions des voyageurs. Que d'imbéciles y ont inscrit leurs pensées ! Admirez celle-ci :

« Bernier, de Fécamp, a *monté* l'ascension du Vésuve avec *cinque* femmes ! »

Un farceur a écrit au-dessous :

« *Le pauvre homme !* »

Un Gaudissart touriste y a joint également cette observation triviale :

« *Polisson, va !* »

J'ai relevé aussi cette décevante inscription signée d'un nom connu :

« Je n'ai plus ni femme, ni enfants, ni amis, je
« n'ai ni ambitions, ni affections, ni intérêts; je pro-
« mène partout mon ennui et mon dégoût de l'exis-
« tence; ce qui me plaît le plus du Vésuve, c'est
« le genre de tombeau qu'il peut m'offrir à l'heure
« prochaine où je le gravirai pour la dernière fois. »

La riposte est fournie par cette exclamation :

Fais comme je fais : aime et bois.

Je n'ai pas le temps d'aller plus loin; c'est fâcheux; ce petit musée de maximes, d'aphorismes, de vers, de sentences, en dit de belles; j'aime à supposer que les mères l'examinent avant d'en permettre la lecture à leurs filles. Dire qu'il y a dans le monde mille manuscrits semblables, mille monuments de la sottise humaine !

Comme Raphaël, pendant que je tiens le répertoire, regarde familièrement par-dessus mon épaule, j'écris sous ses yeux :

« Je ne connais rien de plus insupportable que le Vésuve, si ce n'est les maîtres qui ont la rage de s'y promener et de laisser leurs domestiques se morfondre à Resina.

RAPHAELLO.

Au service de M. A. du M..., hôtel d'Angleterre, Naples.

Raphaël est consterné; il proteste contre le langage que je lui fais tenir ; mais, sur nos instances réitérées, il finit par reconnaître qu'il y a beaucoup de vrai dans cette réflexion, dont je lui vante la franchise, comme une recommandation auprès des futurs lecteurs.

Le cocher nous mène ventre à terre à Naples. A peine sommes-nous arrivés dans nos appartements, que j'ouvre une fenêtre et, comme par un regain de curiosité, je considère de nouveau cette plaie rougeâtre du volcan que j'ai vue de près, et qui paraît dans la nuit comme l'œil sanglant de quelque gigantesque Polyphème, éternellement fixé sur la ville.

Si l'on en croit la tradition, saint Janvier aurait ainsi prophétisé la ruine de la ville : « Un jour on dira : Ici était Naples. » En effet, située entre deux volcans qui l'enrichissent et la menacent, ses maisons construites en lave, son pavé qui en est formé, sont à la fois un souvenir permanent de son origine et un présage de mort. Le demi-cercle formé sur le golfe par Pausilippe, Pouzzoles jusqu'au cap Misène, embrasse des cités englouties, des volcans éteints. Cette grotte du Chien, dont les phénomènes sont dus à la présence du gaz acide carbonique; ce lac d'Agnano, dont un bouillonnement continuel agite les eaux ; cette montagne crevassée de la Solfatare, d'où sortent encore des vapeurs sulfureuses qui vont noircir les marbres et les ornements de l'église du couvent de San-Gennaro et corrompre les eaux, ne sont-ils point autant d'indices d'une communication volcanique qui, établie sous Naples s'étend de la Solfatare au Vésuve, à tout le littoral, aux îles Stromboli et jusqu'à l'Etna? Ce n'est pas sans motifs que les anciens plaçaient sur les bords du lac Averne l'entrée des enfers. Cet espace, rempli d'eau noire et infecte que le peuple appelle les *bains de la Sibylle,* c'est le Styx. Un des lacs sur lesquels Cumes s'appuyait autrefois, le lac *del Fusaro,* représente l'ancien Achéron. Caron recevait les morts de Cumes et les passait à l'autre bord dans les Champs-Elysées, c'est-à-dire dans la vallée qui s'étend depuis l'Achéron jusqu'à une anse appelée la mer Morte.

Les plus belles fictions de la mythologie, les plus poétiques, ont ainsi pris naissance dans cette plaine agitée par de profondes convulsions et dont les volcans devaient être ce qu'est aujourd'hui le Vésuve et frapper de terreur les simples mortels. L'antre de la Sibylle était admirablement placé, l'horreur des lieux et la mise en scène préparaient le redoutable effet des oracles. C'est un Virgile à la main qu'il faut voyager dans ces étranges régions, pour ressaisir à l'aide du poëte le charme superstitieux que favorisent encore de tristes réalités. Il n'y a pas longtemps que ces volcans sont sans flammes et sans éruptions, que le sol où les vignes abondent se crevassait par l'effet d'un travail mystérieux et souterrain, et projetait des flammes, des cendres et des pierres. Au seizième siècle, une gigantesque secousse faisait jaillir, en une nuit, à 130 mètres au-dessus de la baie, une montagne, *Monte-Nuovo,* qui venait combler une partie du lac Lucrin, comme un gros bouton de chaleur surgit d'une peau malsaine. On raconte même qu'un berger qui s'était endormi dans la plaine se réveilla sur la colline, échappa comme par miracle à une incandescence qui dura trois jours, mais perdit la raison à la suite de cette suspension éthéréenne dont les procédés échappent à la féconde imagination de Robert Houdin.

Ces montagnes portaient des noms redoutés : collines Lévociennes, champs Phlégéens, marmites de Vulcain; au moyen âge, on alla même jusqu'à y supposer des diables qui, par leurs hurlements, effrayaient les frères capucins de Pouzzoles. « *Speso sono stati travagliati da i diavoli; sentono ullulati e terrori di grandissimo spavento.* »

De temps à autre la sybaritique insouciance du peuple est troublée par un cri d'alarme : *Tremoto! tremoto!* (un tremblement de terre.) Puis la secousse évanouie, le danger passé, on retourne aux fêtes, aux plaisirs, sans se soucier du monstre qui veille. Que dis-je, le lazarone, avec sa bonhomie naïve et railleuse, joue avec le feu; dans l'intérêt de ses modestes observations il transforme le Vésuve en baromètre et s'annonce à lui-même la pluie ou le beau temps, selon que le volcan fume droit ou que sa fumée est rabattue. Bah! amusons-nous, dit-il, le ciel est bleu, la mer est belle, saint Janvier bon, l'avenir est grand et Naples durera plus que nous. En vain les poëtes ont-ils pleuré d'avance la catastrophe, en vain la religion en face de ces cendres qui envahissent tout, qui forment le sol sur lequel on marche, on sème et l'on récolte, fait-elle aux Napolitains une application spéciale et menaçante d'une sentence solennelle : « *Tu es pulvis et in pulverem reverteris*. Le soleil donne l'oubli et la gaîté, demain est loin et l'égoïsme murmure à l'oreille l'éternel : « Après nous la fin du monde. »

X.

Pompeï. — La préface. — La nécropole. — Son histoire. — La catastrophe. — Une promenade dans la cité romaine. — Les inscriptions. — Les théâtres. — Les Thermes. — Les boutiques. — Les tombeaux. — La villa Diomède. — Les prêtres. — Voyage dans l'antiquité. — Les amateurs et les poëtes. — Les papyrus. — Le retour parmi les vivants.

On ne connaît bien l'antiquité que lorsqu'on a vu Pompeï, et la meilleure initiation à cette excursion, l'étude préliminaire, est une visite au musée des *Studj*, à Naples. Les sculptures antiques provenant des fouilles nous font toucher du doigt, pour ainsi dire, notre infériorité dans l'harmonie des lignes, dans l'expression des sentiments humains. On nous console en nous disant que le christianisme a idéalisé l'art et nous a fait connaître le beau moral. C'était vrai pour une époque, mais aujourd'hui peut-on dire ce qui est le plus en décadence chez nous, de la beauté plastique ou du sentiment de la forme tel que le comprenait les anciens ?

En dehors des chefs-d'œuvre de la statuaire, la *Vénus callypige*, le *Gladiateur blessé*, l'*Antinoüs*, le *Faune*, l'*Agrippine*, en dehors des fresques, les galeries du musée qui présentent surtout un vif intérêt sont celles où l'on a exposé tous les objets trouvés à Herculanum et à Pompeï : ornements, armures, siéges, ustensiles de cuisine en cuivre étamé ou en fer, casseroles, fours de campagne, tourtières, meubles, lampes, candélabres, amphores, assiettes, cuillers, tout cela révèle un confortable, une délicatesse de travail dont on ne peut se faire une idée. Les formes de nos ustensiles similaires nous semblent plus que disgracieuses et mesquines en comparaison de ces objets. Une simple bouilloire en bronze, dont se servait un cordonnier d'Herculanum, est d'une telle élégance que nous voudrions la mettre sur une étagère. Ces petits meubles de toilette, miroirs métalliques, pierres épilatoires, peignes, épingles, boîtes à rouge, dés à coudre, fuseaux, aiguilles, ciseaux, ces instruments de bureau, encriers styles, tablettes d'ivoire, plumes en bois de cèdre, étuis à plumes, timbres ou cachets; ces *tessères*, billets de théâtre en ivoire, sur lesquels on lit le nom de la pièce, celui de l'auteur et le numéro de la place à occuper; ces instruments de musique, cimbales, clairons, clarinettes; ces bagues, ces bracelets, ces émaux, ces boucles d'oreille, cette chaîne qui a orné le cou de la femme de Diomède, tous ces précieux colifichets accusent une civilisation raffinée, l'habileté des artistes grecs, un tel esprit du fini et du gracieux que notre industrie moderne en considère la copie comme le dernier degré de perfection.

Une dissertation sur les curiosités du musée de

Naples n'a pas de place dans ce livre. Pour le commun des visiteurs, la première chose à voir, ce sont des pains, de la viande, du blé, des fruits, un rayon de miel, du vin solidifié, de l'huile encore liquide, des œufs, des noix, provenant des fouilles de Pompeï et exposés sur les rayons d'une armoire vitrée; tous ces objets, qui datent de deux mille ans, quoique carbonisés, sont faciles à reconnaître. Un amateur paierait bien cher la possession de la coque d'un de ces œufs vidés peut-être par une jeune patricienne du temps de Pline.

On va de Naples à Pompeï par le chemin de fer de Castellamare qui longe la mer; Pompeï est une station; — On crie : « *Pompeï, cinq minutes d'arrêt !* » comme on dirait de Mantes et d'Etampes, et l'antique cité des Osques et des Samnites, exhumée après un long ensevelissement, voit aujourd'hui la locomotive rouler sur les laves qui l'ont engloutie !

On arrive par une tranchée dans la nécropole où habitent quelques familles de militaires invalides. A peine a-t-on fait quelques pas qu'on est saisi d'une sorte de respect mêlé de tristesse à la vue de ces rues dallées dont les ornières gardent encore l'empreinte des chars romains, de ces temples, de ces basiliques, de ces forums déserts, de ces maisons élégantes mais désertes. C'est l'antiquité vivante dans toute sa réalité matérielle. La ville est là devant vous, et il semble qu'il y a quelques jours à peine qu'une puissance inconnue a enlevé les toits des édifices et chassé les habitants. Vous pouvez aller partout, entrer partout, pénétrer jusque dans les pièces les plus reculées des habitations, retrouver dans les caves les amphores de la dernière vendange, voir sur les murailles les comptes des cabaretiers, les inscriptions et les caricatures crayonnées par les passants.

L'illusion est saisissante et vous reporte à deux mille ans; on penserait volontiers que la population disparue va revenir et qu'il faut se hâter de mettre à profit cette solitude momentanée pour visiter la ville, autrefois pleine de mouvement et de bruit, aujourd'hui veuve, dévastée, objet d'une curiosité profane qui trouble sa poussière !

Les historiens attribuent à Pompeï une origine phénicienne; selon d'autres, son nom voudrait dire : « *Entrepôt.* » Après avoir été occupée tour à tour par les Osques, les Samnites et les Tyrrhéniens, elle apparaît surtout dans l'histoire comme colonie romaine sous la dictature de Sylla. Un de ses faubourgs devint ensuite le séjour privilégié des vétérans d'Auguste. Cicéron y avait une jolie villa, où il écrivit ses *Offices* et où il s'était retiré après la bataille de Pharsale. Sénèque et Phèdre y passèrent une partie de leur existence. Tacite raconte qu'à la suite d'une rixe qui s'était élevée pendant des jeux de gladiateurs entre les habitants et ceux de Nocera, le sénat romain interdit les spectacles à Pompeï pendant dix ans.

Un tremblement de terre qui dévasta la Campanie avait déjà, en l'an 63, fortement éprouvé Pompeï. Pendant que des secousses violentes avaient lieu, Néron, qui chantait sur le théâtre de Naples, ne permit qu'on se retirât que lorsque l'air fût fini. Les habitants de Pompeï, qui s'étaient enfuis, étaient revenus rassurés peu à peu, lorsqu'éclata la terrible éruption de 79, où périt Pline, le naturaliste. Il n'est pas sans intérêt de reproduire en partie la traduction du récit que faisait de ce désastre la lettre écrite par Pline le jeune à Tacite :

Pline, le naturaliste, était alors à Misène, où il commandait la flotte. Sa sœur, mère de Pline le jeune, appela son attention sur un nuage de forme extraordinaire qui s'élevait au-dessus du Vésuve. Pline fit préparer un navire pour aller étudier de plus près le phénomène et porter à des amis habitant le pied de la montagne un secours qu'ils réclamaient. Malgré les cendres et les pierres qui tombaient sur son navire, il aborde à Stabia, rassure son ami Pomponianus, se fait porter au bain et soupe avec l'apparence de la gaîté.

« Ensuite, dit Pline le jeune, il se coucha et dormit
« profondément, car on entendit de la porte le bruit
« de sa respiration... Cependant la cour par laquelle
« on arrivait à son appartement commençait à se
« remplir de cendres et de pierres, et pour peu qu'il
« y fût resté plus longtemps, il ne lui eût plus été
« possible de sortir. On l'éveille, il sort et va rejoin-
« dre Pomponianus et les autres qui avaient veillé.
« Ils délibèrent s'ils se renfermeront dans la mai-
« son ou s'ils iront dans la campagne, car les mai-
« sons étaient ébranlées par de violents et fréquents
« tremblements de terre... Ils attachent des oreillers

« sur leurs têtes, comme un rempart contre les pier-
« res qui tombent. Le jour se levait ailleurs, mais au-
« tour d'eux régnait la plus sombre et la plus épaisse
« des nuits, interrompue par différentes clartés. On
« s'approche du rivage, la mer était toujours orageuse
« et contraire. Là, mon oncle se coucha sur un drap
« étendu, demanda de l'eau froide et en but deux fois.
« Bientôt des flammes et une odeur de soufre qui en
« annonçait l'approche, mettent tout le monde en
« fuite et forcent mon oncle à se lever. Il se lève, ap-
« puyé sur deux jeunes esclaves, et au même instant
« il tombe mort, suffoqué, comme je l'imagine, par
« cette épaisse fumée. Il avait naturellement la poi-
« trine faible, étroite et haletante. Lorsque la lumière
« reparut (trois jours après le dernier qui avait lui
« pour mon oncle), on retrouva son corps entier,
« sans blessure... Son attitude était celle du sommeil
« plutôt que de la mort. »

Pline le jeune, alors âgé de dix-huit ans, retenu par ses études, avait refusé d'accompagner son oncle. Sa mère, éveillée pendant la nuit par la violence des secousses, se précipita dans sa chambre.
« Ils s'assirent dans la cour et se mirent à lire Tite-
« Live et à en faire des extraits. Mais craignant d'être
« écrasés par la chute des murs, ils s'enfuirent dans la
« campagne. Le rivage s'était étendu ; beaucoup de
« poissons demeuraient à sec sur le sable ; une nuée
« noire et horrible s'ouvrait, déchirée par des sillons
« de flammes, semblables à des éclairs... Elle s'abaisse
« sur la terre, couvre la mer, dérobe à nos yeux l'île

« de Caprée et nous cache la vue du promontoire de
« Misène... J'étais soutenu par cette pensée triste et
« *consolante* à la fois « *que tout* l'univers périssait
« avec moi. » (Livre VI, 20.)

On pourrait certainement désirer trouver un peu plus de sensibilité dans le récit que fait Pline le jeune des derniers moments de son oncle ; il ne paraît pas non plus avoir péché par excès de courage, et cette considération d'études qui l'empêche d'accompagner son oncle dans une exploration qui n'est pas sans périls, n'indique pas une nature bouillante et ces entraînements de cœur qui prévalent sur le sentiment de la sûreté personnelle ; mais que dire de cet aveu naïf d'égoïsme qui termine la lettre et de cette pensée *consolante* que *tout périt avec lui ?* Les anciens avaient le courage de leur opinion. De nos jours on pense ces choses-là, on ne les écrit plus.

Quels durent être les angoisses, le désespoir, la rage de cette population, au milieu du fracas du tonnerre souterrain, sous un déluge de cendres brûlantes, lorsqu'elle cherchait à fuir et ne trouvait partout que la mort. Qu'on en juge par cette autre partie du récit consacrée par Pline à retracer les terreurs de la fuite :

« A peine eûmes-nous quitté le grand chemin, que
« les ténèbres devinrent impénétrables. Ce ne furent
« plus alors que lamentations de femmes, cris d'en-
« fants, gémissements d'hommes. On distinguait, à
« travers les sanglots, ces mots déchirants : O mon
« père ! ô mon fils ! ô mon épouse ! On ne se connais-

« sait plus qu'à la voix. Celui-ci déplorait son propre
« malheur, celui-là le sort de ses proches; les uns in-
« voquaient les dieux, les autres blasphémaient contre
« eux, plusieurs appelaient la mort contre la mort
« même; on croyait être enseveli dans la nuit éter-
« nelle. Et au milieu de tout cela, que de nouvelles
« effrayantes; la peur exagérait tout et faisait tout
« croire. »

Quel tableau et quelle sublime horreur! La montagne brillante et gigantesque, à travers les ténèbres qui l'environnent comme les murs de l'enfer, n'est plus qu'une pyramide de feu. Son sommet se sépare en deux crêtes distinctes, deux figures monstrueuses, se menaçant l'une et l'autre, comme des démons qui se disputent un monde. D'une couleur de sang, elles illuminent au loin toute l'atmosphère. Au-dessous, au pied de la montagne, tout est sombre encore, excepté en trois endroits, où serpentent des rivières irrégulières de lave fondue. D'un rouge vif au milieu de leurs sombres bords, elles coulent lentement du coté de la cité condamnée. Au-dessus de la plus large de ces rivières, surgit en quelque sorte une arche énorme et bizarre, d'où, comme de la bouche de l'enfer, débordent les sources de ce Phlégéton subit. A travers les airs on entend le bruit des fragments de rochers roulant les uns sur les autres, à mesure qu'ils sont emportés par ces cataractes de feu, obscurcissant pour un instant le lieu où ils tombent et se teignant, l'instant d'après, des couleurs enflammées du courant sur lequel ils flottent. Le sol tremble; un fracas simultané retentit à travers la cité : les toits et les colonnes s'écroulent de toutes parts; des cendres, toujours des cendres, forment un voile funèbre qui peu à peu recouvre des ruines, et, pour comble de désolation, devant cette foule affolée de terreur, la mer se retire du rivage, comme se refusant à protéger la fuite de ceux pour qui l'heure fatale est arrivée.

On comprend ainsi l'état de demi-conservation dans lequel Pompeï s'est trouvée immobilisée. Les toitures en bois des maisons furent incendiées ou défoncées par le poids des matières accumulées. Les bois brûlés, les verres fondus prouvent que les matières incandescentes arrivaient à Pompeï avant les pluies qui ne l'inondèrent que lorsqu'elle était déjà couverte de pierres et de cendres. Ces torrents de boue transportaient de tous cotés les objets mobiliers et fragiles et, en les recouvrant, empêchèrent qu'ils ne fussent écrasés par l'écroulement des étages supérieurs.

Les habitants de Pompeï étaient réunis dans l'amphithéâtre au moment de l'éruption; séparés du centre de la ville, ils s'enfuirent dans une autre direction, ce qui explique le petit nombre de squelettes découverts. On suppose même qu'ils revinrent fouiller le sol sur lequel devaient se superposer, plus tard, sept couches au-dessus de la terre végétale, et durent emporter une partie de leurs trésors et objets précieux. Ce ne fut qu'au dix-huitième siècle que le hasard mit sur la voie de cette immense curiosité historique. Informé que des objets d'art avaient été trouvés par des paysans en creusant un fossé dans cette croûte épaisse, fertile et garnie de vignes qui recouvrait la ville, le roi Charles III fit poursuivre les fouilles et Pompeï reparut à la lumière. Les travaux furent continués avec activité sous Murat, puis ralentis sous ses successeurs; enfin, aujourd'hui, on a déblayé à peine la moitié de Pompeï, et cependant, en deux ou trois années, on pourrait compléter l'œuvre de résurrection.

Nous marchons dans les rues de la cité romaine; elles sont droites, mais très-étroites, pour que le soleil ne s'y fasse pas sentir d'une façon importune : un seul char peut y circuler. Elles sont irrégulièrement pavées en laves et bordées de trottoirs élevés. Un dé en pierre est élevé quelquefois au milieu de la rue, et en temps de pluie facilite le passage d'un trottoir à l'autre. Il y a aussi des marches en pierre pour monter à cheval. Des deux côtés de chaque rue s'élèvent des maisons ouvertes à deux étages pour la plupart, bâties, presque toutes, sur le même plan et selon les règles d'une architecture grecque en décadence. L'étroitesse des appartements, l'absence des détails intérieurs qui peuvent correspondre à nos idées modernes de confort, dessinent nettement la différence qui existait entre les habitudes des anciens et les nôtres. Pour eux, la vie était toute publique, toute extérieure, et se passait au Forum, sous les portiques, dans les bains, le gymnase, les basiliques, les palestres.

En prenant pour type le plan de la maison de Pansa, les habitations pompéiennes présentent, en général, la disposition suivante : deux cours intérieures environnées de portiques et d'appartements, l'une l'*atrium* pour recevoir les visiteurs et les étrangers, l'autre le *peristylum* approprié aux besoins de la vie privée et domestique. Souvent, et selon la fortune des propriétaires, *l'atrium* devient une salle carrée dont le plafond laissait au centre une ouverture, *complurium*, donnant du jour à la cour et livrant passage aux eaux pluviales reçues dans un bassin carré situé au milieu. Autour de l'*atrium* et dans le cercle du portique sont distribuées les chambres à coucher, éclairées seulement par la porte. Au fond de l'*atrium* étaient le *tablinum* et deux autres pièces supplémentaires, où l'on conservait les images des ancêtres et les archives de la famille.

Le péristyle était une cour ouverte à l'air au milieu et entourée d'un portique à colonnes, servant d'abri pendant la pluie; au centre était un petit parterre orné de fleurs ; les murs, à hauteur d'appui, s'étendaient entre les colonnes. C'est autour du péristyle qu'étaient les appartements intérieurs, entre autres la salle à manger, désignée sous le nom de *triclinium*, d'après les trois lits placés autour de la table, et sur lesquels se couchaient les convives pour prendre leurs repas. Il y en avait pour l'été et l'hiver. Nous pourrions citer encore l'*œcus*, salle élégante où se tenaient les femmes, l'*exedra*, avec des bancs en hémicyle pour la conversation, la *bibliothèque*, la *pinacothèque* ou galerie de tableaux, etc.

La séparation entre l'appartement des hommes, *andronitis*, et celui des femmes, *gynæcum*, était plus ou moins complète. Dans quelques maisons, celle de

Salluste par exemple, les appartements des femmes occupaient à part une partie de l'habitation, à la manière d'un harem. Là se trouvait le *venereum*, dont l'analogie n'est qu'incomplétement exprimée chez nous par le mot boudoir. L'entrée des appartements était gardée par des esclaves qui habitaient de petites chambres contiguës. On les logeait aussi au premier étage avec les provisions. On ne trouve pas de traces de cheminées, mais des espèces de fours avec des tuyaux. On ne rencontre non plus ni écuries, ni étables; même dans les auberges, les squelettes de chevaux gisaient dans les cours. Il y a lieu de croire d'ailleurs que la partie de la ville mise à découvert n'était pas le quartier populaire, et qu'on doit trouver dans les fouilles des rues plus spécialement habitées par la classe pauvre.

Les maisons, au lieu de numéros, portent une inscription en lettres rouges ou noires, qui indiquent le nom du propriétaire. Voici le texte d'une sorte d'écriteau de location placé sur un édifice près de l'amphithéâtre :

« IN PRÆDIIS JULIÆ, S. P. F. FELICIS LOCANTUR
« BALNEUM VENERIUM ET NONGENTIUM TABERNÆ PER-
« GULÆ CÆNACULA EX IDIBUS AUG. PRIMIS IN IDUS
« AUG. SEXTAS ANNOS CONTINUOS QUINQUE S. Q.
« D. L. E. N. C. SI QUIS DOMI LENOCINIUM EXER-
« CEAT NON CONDUCITO.

A louer, dans les domaines de Julia Félix, fille de Spurius, du 1ᵉʳ au 15 des ides d'août, un bain, un venereum, 900 boutiques et étaux (ou échoppes) et pièces au 1ᵉʳ étage (sans doute pour le logement du marchand) *pour cinq années consécutives*, avec la condition d'usage que : *si on y établit un lieu de..... débauches* (pour ne pas donner la traduction brutale du mot), *le bail sera résilié.*

Les boutiques se fermaient la nuit avec des volets à coulisses ; les rainures dans lesquelles ils glissaient sont encore intactes. L'enseigne était le nom du marchand en lettres rouges. D'autres étaient des peintures expressives : deux hommes portant une amphore annonçaient un marchand de vin ; deux combattants, une école de gladiateurs ; un pédagogue fouettant un enfant, une école avec garantie de sévérité. Les enseignes deviennent cyniques lorsqu'elles correspondent, pour certains lieux, à l'usage moderne de gros numéros. Pour mieux fixer l'attention, la sculpture vient en aide au pinceau, et pour qu'on ne s'y trompe pas, on lit les trois mots suivants. *Hic habitat felicitas.*

Les inscriptions faites sur les murs, et pour la plupart en une écriture cursive, assez peu déchiffrable, ont été recueillies dans un curieux ouvrage par le P. Garruci. Voici quelques-unes de ces inscriptions ; l'amour en est souvent le prétexte :

Ah ! peream ! sine te si Deus esse velim !
Que je meure, si jamais, sans toi, je consentais à devenir même un dieu.

Les mots suivants sont signés d'un nom illisible

Candida me docuit nigras odisse puellas.
La blancheur de ma maîtresse m'a fait détester les brunes.

On lit au-dessous, comme dans ces registres où nos modernes Perrichons transmettent à la postérité leur sottise, leur style et leurs noms :

>Oderis et iteras.
>>Scripsit Venus physica Pompeïana.
>
>*Tu les détestes, mais tu y reviens volontiers.*
>>*Signé* la VÉNUS DE POMPEÏ.

On lit aussi sur les murs de fréquentes déclarations d'amour :

>*Augea aime Arabienus.*
>*Melhé, fille de Cominié, la comédienne, aime Chrestus.*

D'autres fois un farceur romain parodie le style lapidaire et annonce que :

>*Sous le consulat de L. Nonius Asprenas et
>d'A. Plotius, il lui est né un ânon.*

Quelqu'esclave condamné à la meule et ayant fini sa peine, dessine un âne tournant la meule et inscrit au-dessous :

>Labora, aselle, quomodo laboravi ;
>>Et proderit tibi.
>
>*Travaille ânon, comme j'ai travaillé,*
>>*Et cela te fera du bien.*

Ces inscriptions sont souvent obscènes et injurieuses. Celle-ci a été rapprochée du fameux *Credeville voleur*, qui a si longtemps couvert les murs de Paris :

>Oppi embolari, fur, furuncule.
>*Opius le portefaix est un voleur, un filou.*

Certains marchands, suivant une coutume dont les

exemples sont multipliés à Pompeï, se mettent sous le patronage de l'édile :

> M. Cirrinium Vatiam œdilem orat ut faveat
> scribus Issus; dignus est.
>
> *Le scribe Issus se recommande à l'édile; il est digne de son patronage.*

Un autre scribe, Faventius, patroné par le même édile, ajoute à côté de l'invocation un trait grossier, une sorte de charge de son portrait avec la *plume* à l'oreille.

La peinture de deux serpents, emblème des lares des carrefours, placée sur un édifice, était une défense de souiller le mur. Cet usage est attesté par ce vers de Perse :

> Pinge duos angues ; puer, sacer est locus ; extrà
> Mejite.

Cette autre inscription, à l'adresse des *gamins* de Pompeï, répond mieux à notre *défense de... sous peine d'amende :*

> Abiat (*habeat*) venere Pompeïana iradam qui
> hoc lœserit.
>
> *Qu'il soit en butte à la colère de Vénus, protectrice de Pompeï, celui qui endommagera cette enseigne.*

« On voit, dit M. Breton, un des historiographes de
« Pompeï, que les peintres d'enseignes de l'antiquité
« n'étaient guère plus forts sur l'orthographe que les
« nôtres. »

Les murs de la basilique n'avaient pas été épargnés

par les avocats et les plaideurs dans les loisirs que leur faisaient les intervalles entre les audiences. On y écrivait aussi l'annonce des spectacles :

> N. Festi Ampliati, familia gladiatoria pugna iterum pugna XVI. K. Jun. venat. vela.
>
> *La troupe de gladiateurs de N. Festus Ampliatus combattra à outrance le 16 des calendes de juin. Il y aura une chasse et l'on dressera les voiles.*

Le *vela erunt* signifiait à peu près « le *théâtre sera couvert.* » En effet, les murs du grand théâtre ont encore des anneaux où se mettaient les poutres destinées à soutenir le *velarium*, ou toile que l'on étendait au-dessus des théâtres pour préserver les spectateurs des rayons trop ardents du soleil. Comme le vent emportait quelquefois les voiles, les gens prudents se munissaient d'un large chapeau ou d'un capuchon.

Puisque nous sommes dans le quartier des théâtres, après avoir traversé le *forum triangulaire*, arrêtons-nous un peu au *quartier des soldats* qui les avoisine. C'est une caserne située à l'extrémité de la ville, comme était le camp des prétoriens à Rome, formée d'un portique en carré long à colonnes, revêtues de stuc peint en rouge et en jaune. Elle est entourée d'un double rang de chambres ; les inférieures pour les soldats, les supérieures pour les officiers. C'est dans celles-ci que furent trouvés des casques, des jambières d'un riche travail en relief, des épées à poignées d'ivoire, et même des objets de toilette de femmes, qui font supposer que les officiers vivaient en famille, quoique des colliers en or massif, dont l'un orné de douze émeraudes, paraissent d'un luxe bien opulent et bien recherché pour de simples femmes d'officiers.

On recueillit également dans les chambres des soldats une certaine quantité d'armures et d'autres objets et jusqu'à soixante-trois squelettes, dont quatre dans une prison de la caserne, attachés à une barre de fer, que l'on peut voir au musée des Studj.

Le grand théâtre domine la ville; l'éruption en épargna la partie haute, aussi les habitants purent-ils enlever les marbres et les statues. Les spectateurs avaient la vue de la mer. Les gradins, au nombre de vingt-neuf, étaient en marbre de Paros. Ils ont conservé leurs numéros et on a pu évaluer ainsi à cinq mille le nombre des spectateurs. Il serait inutile d'en décrire le plan à ceux qui n'ont pas vu au moins les amphithéâtres d'Arles et de Nîmes. Il n'y avait pas de décors, un panorama naturel suppléait à l'illusion optique qui est devenue une nécessité de nos scènes modernes. Par un procédé habile, l'eau s'élevait d'un réservoir au-dessus des spectateurs et retombait sur eux en poussière de rosée pour les rafraîchir pendant les grandes chaleurs. L'*Odéon*, ou petit théâtre, ne contenait guère plus de 1,500 spectateurs. On y a trouvé des billets d'entrée en os, en terre cuite, en bronze. Un dessin assez primitif servait à indiquer le genre de places; quelquefois même on y lit des explications plus précises : « 2e cavea, 3e coin, 8e gradin. »

L'amphithéâtre est séparé par des champs de vignes de toute la portion de Pompeï déblayée. On y donnait des combats de gladiateurs et d'animaux féroces, et on y a trouvé huit carcasses de lions. Il est de forme elliptique et appuie ses trente cinq rangées de gradins contre la colline sur le tuf de laquelle il est assis et dans lequel a été creusée l'arène. Les gradins sont divisés en trois étages : la *cavea* des magistrats et des personnages de distinction, celle des corporations, des militaires, des citadins, et la troisième pour la classe inférieure, *plebs*. A la partie supérieure existe un rang de loges séparées pour les femmes. L'arène intérieure avait deux portes : par l'une entraient les gladiateurs, par l'autre les bêtes. Quarante *vomitores* donnaient accès au public qui pouvait s'élever à 20,000 spectateurs.

On peut se perdre dans Pompeï si l'on n'a pas recours à un guide; j'ai cependant la prétention de n'avoir d'autres renseignements que les noms des rues et un vague instinct de la topographie locale. Me voici dans la rue du *Forum;* un arc de triomphe en marque l'entrée; elle me conduit tout droit au temple de la Fortune et aux thermes, entourés de boutiques, où l'on vendait, disent les historiens, des objets en verre et en bronze, des vases d'argile, des sonnettes, des lanternes : sur l'une des fenêtres, et dans l'attitude de quelqu'un qui saute dans la rue, a été trouvé un squelette qui emportait de la monnaie et des plats d'argent.

Les thermes ou bains publics se composaient de deux parties séparées : l'une pour les hommes, l'autre pour les femmes. A l'entrée, un *atrium* à portique était garni de siéges pour les baigneurs ou les esclaves qui accompagnaient leurs maîtres. Un corridor menait ensuite au vestiaire, où des cavités étaient pratiquées dans le mur pour des porte-manteaux. Des *capsarii* gardaient les effets précieux moyennant une légère rétribution. On passait aux bains froids, puis au *tepiderium* ou bains tièdes, et enfin au *caldarium* ou bains chauds. Un bassin en marbre blanc était à une des extrémités de la salle, et à l'autre, au milieu d'un hémicycle, un vase destiné à l'eau bouillante d'où s'échappait la vapeur. Les murs autour de la salle, ainsi que le pavé, étaient creux et communiquaient avec les fourneaux. On peut admirer encore l'installation de ces bains et la beauté de leur décoration.

Du reste, la profusion des ornementations et des fresques est un des traits singuliers de la physionomie de Pompeï. Malheureusement, on a pris trop tard la précaution de les recouvrir d'un verre, et les injures du temps en ont détruit ou altéré un grand nombre. Ce qui reste est encore excessivement curieux. Il n'est pas une maison, pas un endroit reculé, pas un pan de mur où il n'y ait des bas-reliefs ou des fresques, aussi remarquables par la richesse de la couleur que par cette élégance avec laquelle toutes les sensations de joie ou de plaisir étaient traduites par les artistes grecs.

Nous ferons en quelque sorte le recensement de la nécropole romaine. Nous voici dans une auberge de la rue d'Herculanum. En face est un *café*, comme nous dirions, un *thermopolium ;* on y vendait des boissons chaudes ; les verres, fondus par la chaleur, ont laissé des traces sur une table de marbre. Dans cette maison, dite des *Vestales,* étaient de magnifiques mosaïques ; dans cette autre, dite *des Chirurgiens,* des instruments de chirurgie, ventouses, sondes, trousses, dont quelques-uns sont semblables à des appareils pour lesquels nos contemporains ont pris des brevets d'invention ; ici était installé un pesage, comme l'indiquaient des poids en marbre, en basalte, en plomb, des balances, etc. Nous passons d'une fabrique de savon à une boulangerie contenant trois moulins, un four, etc. Quand on découvrit cette boutique, le blé, la farine dans les amphores, les vases pour l'eau, tout était encore en place ; on n'avait qu'à allumer le feu et chauffer le four pour reprendre la fabrication interrompue depuis dix-huit siècles. Dans cet autre four public était le squelette de l'âne qui, probablement, tournait la meule. Une pharmacie a pour enseigne un serpent peint sur le mur. Les cendres avaient sauvé de toute rupture des fioles renfermant des préparations pharmaceutiques. Les ustensiles nécessaires à l'industrie du teinturier-dégraisseur qui figurent au musée de Naples viennent de cette maison, la *maison du Foulon.* Il y avait des peintures représentant des hommes, des femmes et des enfants plongeant, séchant, foulant, cardant les étoffes, ainsi que la machine à mettre en presse.

Cette maison était une taverne et pis encore, si l'on en juge par les peintures obscènes qui couvrent les murs et par d'autres détails cyniquement caractéristiques. Deux autres peintures curieuses font reconnaître l'une un chariot à quatre roues, avec deux chevaux détélés; deux hommes remplissent des amphores de vin qu'ils font couler d'une outre placée sur le chariot; la seconde, quatre buveurs autour d'une table au milieu de laquelle est un bol contenant le liquide. Ils se servent de cornets en guise de verres. Deux des buveurs ont la tête couverte de capuchons semblables aux cabans des pêcheurs. Les comptes du tavernier et les écots des consommateurs sont tracés sur les murs. Au-dessus de la première peinture est représentée une fenêtre d'où sort un panier suspendu par une ficelle au bout d'un bâton. C'est encore aujourd'hui à Naples, comme nous l'avons raconté dans un précédent chapitre, le procédé des ménagères pour recevoir les provisions sans sortir du domicile.

Dans la maison du *Faune*, une des plus grandes et des plus somptueuses de Pompeï, a été découverte la célèbre mosaïque de *la bataille d'Issus*. Voici ce que nous appellerions en langue moderne une fabrique de produits chimiques. A droite de l'atrium est un triple fourneau destiné à recevoir des chaudières à des niveaux différents. Nous pourrions citer également des boutiques de marchands de couleurs, de pâtissiers, une école, une orfévrerie, des fruiteries, où on a trouvé calcinés des raisins secs, des prunes, des châtaignes, etc.

On devine que nous n'inventons pas ces détails; les descriptions de MM. Ernest Breton, Du Pays et autres, nous l'avouons loyalement, viennent au secours de nos souvenirs. Il ne suffit pas seulement d'avoir visité Pompeï pour en saisir toutes les merveilles, il faut l'avoir habité, comme l'ont fait de patients et savants archéologues, dont les travaux forment un itinéraire indispensable à qui entreprend ce voyage dans un passé poétique.

Les tombeaux bordent une des routes qui donnaient accès dans Pompeï; ces monuments funèbres sont pour la plupart bien conservés : tombeaux de la famille de *Diomède*, de *Gratus*, de *Salvius* et de *Servilia*, des deux *Libella*, de *Tychée*, l'affranchie de Julie, tombeau *rond*, avec bas-reliefs en stuc, dont une partie représente une jeune femme déposant un filet sur le squelette d'un enfant. Mazoïs pense que cette touchante supposition se rapporte à la découverte du corps d'un enfant qui avait péri dans le tremblement de terre; tombeau *d'Aricius Scaurus*, un des plus curieux. Des bas-reliefs figuraient des scènes de chasse et des combats de gladiateurs, qui ont fourni des renseignements précieux sur ces jeux cruels en vogue chez les Romains. Les inscriptions indiquent en général les titres de la famille et ne sont pas, comme chez nous, un dernier adieu adressé aux morts par les survivants. Ces deux mots gravés sur le tombeau d'une femme, une patricienne, par l'ordre d'un mari, sont une exception :

Expecta me!
Attends-moi!

C'est plus concis mais aussi moins irrespectueux

que la recommandation faite en lettres majuscules, dans le cimetière Montmartre, par un bourgeois à sa femme chérie et regrettée :

Attends-moi longtemps, le plus longtemps que je pourrai.

Près de la porte de la ville, où s'arrêtait la double ligne des tombeaux, était une niche voûtée désignée vulgairement sous le nom de *guérite*, parce qu'on y trouva le squelette d'un soldat en faction, lance en main et visière baissée.

Les anciens ne se faisaient pas scrupule d'établir leurs habitations de plaisance au milieu des tombeaux, moins timorés et moins scrupuleux en cela que les propriétaires modernes, qui n'iraient certes pas faire construire leurs maisons de campagne dans les cimetières. La villa de Diomède est une des rares habitations à trois étages de Pompeï. Voici ce qu'en dit M. Du Pays:

« C'est un spécimen unique de villa suburbaine.
« Son nom lui a été arbitrairement donné d'après un
« tombeau d'Arius Diomède. On arrive à la porte
« d'entrée par sept marches flanquées de deux colon-
« nes, et on entre dans un péristyle, sorte de cloître
« soutenu par douze colonnes revêtues de stuc, et
« ayant un *impluvium* qui alimentait une citerne.
« A gauche, une antichambre, avec une sorte de ca-
« binet pour l'esclave de service, mène à une chambre
« à coucher elliptique à alcôve. On y a trouvé des an-
« neaux qui probablement soutenaient des rideaux.

« Les fenêtres du mur circulaire donnaient sur un

« jardin et étaient éclairées par le soleil depuis son
« lever jusqu'à son coucher. On a trouvé des restes de
« verre des croisées. Dans l'angle formé entre le por-
« tique et sa façade, sont les diverses salles destinées
« aux bains, introduits par les progrès du luxe dans la
« demeure des riches. Ces pièces et toutes les autres
« distribuées autour du péristyle sont remarquables
« par leur exiguité et un certain nombre par leurs
« élégantes décorations.

« A l'extrémité est un jardin entouré de portiques
« et ayant une piscine avec un jet d'eau et une treille.
« Sous les portiques s'étendaient des celliers dans les-
« quels on peut voir encore des amphores (on y a
« trouvé les restes du vin desséché par le temps), ran-
« gées et à moitié ensevelies dans les cendres. On
« suppose que l'on rentrait la vendange lors de l'érup-
« tion. C'est dans ces celliers que l'on découvrit, près
« de la porte, les squelettes de dix-sept personnes qui
« y cherchèrent un refuge et y furent probablement
« asphyxiées. Elles furent recouvertes d'une cendre
« fine qui se moula parfaitement sur leurs corps et les
« différentes parties de leurs vêtements. Malheureuse-
« ment, lors des fouilles, on s'aperçut trop tard de la
« perfection de ces empreintes. Dans une armoire vi-
« trée, au musée Bourbon, on voit un amas de cen-
« dres durcies qui moulèrent ainsi le sein et les épau-
« les d'une jeune femme.

« Ces squelettes, d'après une bourse et des bijoux
« qu'ils portaient, semblent avoir appartenu à des
« femmes. Deux squelettes d'enfants avaient encore

« des restes de blonde chevelure. Près de la porte du
« jardin, on trouve deux autres squelettes, dont l'un,
« tenant une clef et ayant près de lui une centaine de
« pièces d'or et d'argent et de vases précieux, a été
« supposé être le maître de la maison, qui abandon-
« nait sa famille dans ce terrible désastre et cherchait
« à fuir vers la mer. »

Il est évident, en effet, d'après l'examen des lieux et la distance à laquelle les squelettes masculins étaient placés des squelettes féminins, que Diomède, aussi égoïste que pourrait l'être un mari dans le dix-neuvième siècle, ne s'occupait que de sa conservation personnelle et laissait là femmes et enfants exposés par la pluie des cendres à une mort imminente. Sa conduite est sévèrement jugée par les visiteurs, et, le jour même où nous étions à Pompeï, un crayon féminin, venant venger après dix-huit siècles d'oubli la famille de Diomède, racontait en quelques mots, sur un mur, cette mauvaise action, et en flétrissant la mémoire de l'époux pompeïen, citait sa fin comme un enseignement épigrammatique aux époux du présent et de l'avenir. Pompeï était parcourue en ce moment par beaucoup d'étrangers et de jolies étrangères. Nous cherchâmes parmi celles-ci, par toutes sortes d'inductions physiognomoniques quel pourrait être l'auteur de la sentence. Mes amis penchaient pour une femme ; j'inclinais à croire plutôt que c'était une jeune fille à marier, et j'expliquais mon opinion en soutenant que la susdite sentence devait avoir été ins-crite sous des yeux intéressés, et qu'elle ne comportai

15

pas seulement un avertissement général, mais une menace particulière, dont l'objet devait être présent. Cette course à l'observation nous amusa beaucoup; le hasard vint à notre secours; nous avions tort et raison les uns et les autres : c'était à peine une femme, c'était encore une jeune fille que cette épousée de deux mois à peine, liée fatalement et sans regret au sort d'un beau et riche jeune homme qui l'adorait, animant de sa malicieuse gaîté les charmantes fadeurs de la lune de miel, pour le plus grand embarras des badauds comme nous.

Nous allons suivre au hasard les révélations intéressantes qui ressortent des fouilles. Au fond de la cour de cette maison appelée, on ne sait pourquoi, *temple d'Auguste*, s'élevait un autel entouré de douze piédestaux destinés aux statues des grands dieux. On conclut des peintures où sont représentés des comestibles, ainsi que des arêtes de poisson et autres débris trouvés dans l'égout, qu'on donnait là des banquets publics. Vous verrez que les anciens connaissaient les toasts. Une salle entourée d'une table de pierre était destinée au débit de la chair des victimes que les prêtres vendaient au peuple. Dans une caisse garnie de sa serrure, à côté de la porte, on a trouvé 1,036 pièces de monnaie et 41 d'argent, produit présumé de cette vente.

Dans le temple d'Isis, les prêtres s'introduisaient par des escaliers secrets derrière la statue pour lui faire rendre des oracles. Ce temple renfermait des figures d'Isis, d'Harpocrate, des statuettes d'Osiris, de Vénus, de Priape; des ustensiles en bronze à l'usage du culte, des couteaux, des sistres, des cymbales, des goupillons, des trépieds et des squelettes de prêtres étaient dans les chambres. L'un d'eux dînait au moment de la catastrophe, et dînait assez bien de l'autel, à en juger par le poisson, le poulet, les œufs, le vin, la guirlande de fleurs dont les restes étaient étalés autour de lui. Le squelette d'un autre prêtre d'Isis était au pied d'un mur, u ne hache à la main; il s'était déjà ouvert deux issues et ne put aller plus loin.

Deux ateliers, l'un de peinture, l'autre de sculpture, présentent également des particularités extrêmement intéressantes. Le premier est une fresque, composée de figures de nains, qui représente l'artiste devant son chevalet, peignant un portrait. Près de lui est une table, sur laquelle sont placés les couleurs et un pot rempli d'eau pour les délayer, en y trempant le pinceau. Dans un coin, un broyeur prépare les ingrédiens, ou peut-être l'encaustique à la cire, dans une bassine placée sur des charbons. Un personnage drapé dans sa toge pose pour son portrait. Deux amateurs dissertent à l'écart, et un troisième, sous la figure d'une cigogne, le cou tendu en avant, contemple le chef-d'œuvre. Les fantaisies de Gavarni étaient donc connues chez les Romains? L'atelier du statuaire est une chambre désignée ainsi parce qu'on y a trouvé des blocs de marbre, des statues, quelques-unes seulement dégrossies, des maillets, des compas, des ciseaux, des leviers en fer, des scies, dont une restée engagée sous un bloc.

L'entrée principale de la cité, du côté d'Herculanum, consiste en trois arcades bâties en briques et en lave. Les deux latérales, celles des piétons, sont petites et étroites. Elle se fermait intérieurement, à la manière des donjons du moyen âge, par une porte en bois glissant dans des rainures profondes, et, à l'extérieur, par une seconde porte. Une ouverture située entre les deux portes permettait de lancer des projectiles sur les assaillants. Cette construction était recouverte de stuc blanc, sur lequel on a déchiffré des annonces de combats de gladiateurs en lettres rouges :

20 paires de gladiateurs combattront aux Nones, etc.

En dedans de la porte, à gauche, sont les rampes qui conduisaient aux remparts. La ville était en outre défendue par un double mur de dix mètres de hauteur, avec un terre-plein assez large pour être parcouru, en certains endroits, par trois chars de front. De distance en distance sont des restes de tours carrées à plusieurs étages, qui servaient en même temps de poternes, et paraissent plus récentes que les murs, construits d'assises horizontales de blocs et de lave sans ciment.

Les rues sont ornées de fontaines, alimentées par l'eau qu'amenaient des canaux en maçonnerie, et qui étaient distribuées, au moyen de conduits en plomb, dans des édifices publics ou les habitations particulières. Je n'ai pas parlé de la maison du *poëte tragique*, ce type précieux les maisons privées, les plus petites et les plus élégantes. Ses belles peintures ont été transportées au musée Bourbon. A l'entrée du vestibule était la célèbre mosaïque représentant un chien enchaîné avec ces mots : *Cave canem!* On présume, d'après les bijoux et les bracelets recueillis, que c'était la demeure d'un bijoutier ; une fresque où était peint un homme tenant un rouleau, lui a fait donner le nom de : *Casa del poeta tragica.*

On regrette à chacune de ces stations scientifiques que les objets mobiliers aient dû être enlevés à la ville, et que Pompéï n'ait pas pu rester son propre musée.

Nous espérons que cette idée pourra être réalisée un jour, lorsque l'exhumation aura été complète, lorsqu'on aura pu, en faisant d'ingénieux sacrifices à la couleur locale, rétablir les toits des maisons pour les soustraire autant que possible aux intempéries, et qu'un système rigoureux de surveillance ne fera plus craindre la soustraction des antiquités précieuses par des amateurs maniaques ou des filous de bas étage.

Nous nous reposons au forum et prenons place sur les gradins du temple de Jupiter. Sous nos yeux se dressent les ruines des édifices publics qui encadraient l'enceinte. Notre imagination, avivée par les connaissances spéciales d'un de nos compagnons, évoque les puissants souvenirs d'un autre âge.

Nous nous plaisons à faire revivre Pompéï avec ses habitants. La voie domitienne est encombrée de passants et de chars de toute espèce. L'un d'eux, splendidement orné, est traîné par deux magnifiques chevaux. Leur maître les conduit lui-même ; c'est un jeune patricien ; des agrafes étincelant d'émeraudes soutiennent sa tunique resplendissante des couleurs de la pourpre de Tyr. Son cou est entouré d'une chaîne d'or à tête de serpent ; les manches de sa tunique sont larges et garnies aux poignets de franges d'or. Une ceinture, brodée de dessins arabes, ceint sa taille et lui sert à retenir son mouchoir, sa bourse, son stylet et ses tablettes. Il va aux bains, et traverse le quartier rempli des plus attrayantes boutiques, dont l'intérieur ouvert laisse voir le luxe et les harmonieuses peintures à fresques, si variées de forme et de dessin.

Les fontaines brillantes qui, de toutes parts, lancent dans l'air leurs jets d'eau pour diminuer les ardeurs de l'été ; la foule des promeneurs vêtus de leurs robes pourpres ; les joyeux groupes rassemblés autour des boutiques ; les esclaves passant, çà et là, avec les seaux de bronze qu'ils portent sur la tête ; les filles de la campagne, échelonnées à peu de distance les unes des autres, près de leurs corbeilles de fruits et de fleurs ; les lieux de repos qui remplissent l'office de nos cafés et de nos clubs ; les vases de vin et d'huile rangés sur des tablettes de marbre ; les entrées garnies de bancs et de tentures, tout cela forme un tableau plein d'animation et d'originalité.

Nous sommes aux bains, le rendez-vous le plus cher de ce peuple indolent et joyeux. Des personnes de toutes classes se reposent sur des siéges, tandis que d'autres, selon l'ordonnance prescrite par les médecins, se promènent d'un bout à l'autre du portique, et s'arrêtent, çà et là, pour regarder les annonces de jeux, de ventes ou d'expositions, peintes ou inscrites sur les murs. Il est surtout question du spectacle promis à l'amphithéâtre. Un monstrueux sacrilège permet aux édiles de jeter au lion un homme à dévorer. Les voluptueux, après avoir bâillé à l'audition de ces commérages du jour, commencent leur longue série d'ablutions. Après les dernières phases d'un bain de vapeur, avec essences odoriférantes, ils se remettent aux mains des esclaves, et les gouttes de sueur leur sont enlevées délicatement avec une espèce de grattoir, opération qui supposerait assez peu de propreté chez tout autre qu'un baigneur d'habitude. De là, un peu refroidis, ils passent dans le bain d'eau où l'on répand sur eux, à profusion, de frais parfums. Des esclaves, ayant à la main des fioles d'or, d'albâtre ou de cristal, ornées de pierres précieuses, adoucissent, avec une légèreté merveilleuse, la peau par les onguents les plus rares. Une poudre, qui empêche la chaleur de revenir, est enlevée avec une pierre ponce; on se vêtit alors. Une douce musique se fait entendre dans une chambre voisine, et mollement étendus sur des siéges de bronze, recouverts de moelleux coussins, les habitués, ranimés, causent avec toute la fraîcheur d'une existence rajeunie. Quelle distance des ancêtres aux descendants, et comme on se baigne peu aujourd'hui dans cette même contrée où les bains étaient une des principales occupations de la vie !

On fait du bruit dans cette salle qui s'ouvre sur une allée étroite et populeuse. Sur le seuil de la porte se tient un groupe d'hommes, dont les muscles de fer bien accusés, les cous herculéens, les physionomies audacieuses et impudentes indiquent les champions de l'arène. Ils répondent à nos héros de la salle Montesquieu, et le crayon de Doré excellerait à rendre ces illustrations du biceps. Ils sont au café des gladiateurs. Dans l'intérieur, autour des tables, sont assis des groupes d'hommes dont les uns boivent, les autres jouent aux dés.

La scène change : il y a grande représentation à l'amphithéâtre; les femmes sont assises sur les plus hauts gradins. Tout ce tumulte de la foule s'apaise subitement; une fanfare guerrière annonce l'entrée des gladiateurs; ils font lentement le tour de l'ovale. Les jeux commencent : tournoi, combat simulé avec des épées de bois, et, enfin, luttes à mort aux applaudissements de l'assemblée. Les paris s'engagent entre les jeunes et brillants patriciens. — Dix sesterces pour Nobilior! — *Habet*, il en tient! — La lutte au filet, la lutte au ceste! Bravo, Lydon! — Courage, Tetraïdes! Le sang rougit l'arène, les femmes battent des mains. On annonce le lion : c'est un chrétien qu'il doit dévorer. La victime met un genou en terre et lève les yeux au ciel : on entend un rugissement furieux; le lion se rue sur sa proie. Tout est fini, le peuple est satisfait; les édiles ont bien mérité, et le torrent de la multitude s'écoule avec fracas.

Nous pourrions poursuivre, avec plus ou moins de succès, cette évocation de l'antiquité. Il faudrait avoir un esprit bien réfractaire à toute poésie pour ne pas se sentir quelque peu inspiré par la mélancolique grandeur du spectacle qu'on a sous les yeux.

Nous sommes arrachés à notre contemplation par le bruit d'une altercation assez vive ; un des gardiens militaires veut empêcher un étranger d'enlever du sol les petits damiers de marbre qui composent encore des restes de mosaïque. Je me rappelle ce passage si plaisant du *Corricolo* d'Alexandre Dumas, où ce grand amuseur public, comme on l'a surnommé, raconte les vols commis par un touriste, qui s'est fait accompagner successivement, selon les conseils d'un lazarone, pour les commodités du larcin, par trois invalides, l'un muet, l'autre à moitié aveugle, le troisième boiteux. Malgré la surveillance, les amateurs continuent à piller Pompeï. Le beau sexe n'est pas à l'abri de ces fantaisies barbares, et j'ai vu une jolie dame découper sur un mur, avec un canif, une partie de fresque, la placer dans son mouchoir, et s'en aller toute heureuse à la pensée qu'elle pourrait montrer sur son étagère, un bras de l'Amour, les jambes d'une danseuse, la tête d'un Bacchus, en indiquant fièrement à ses amis l'illustre origine de ces débris.

Il n'est pas rare que de romantiques amants de l'antiquité, trompant l'attention des gardiens, à l'heure où la nécropole est rendue à son austère solitude, y passent les nuits, errent dans les rues et sous les portiques et, après avoir rêvé du passé au milieu des ruines, s'endorment au pied d'un temple, supposent qu'ils sont Grecs ou Romains, et font les pièces de vers qu'ils réciteront le lendemain aux thermes. Ce caprice de poëte et d'artiste a souvent profité aux découvertes, et c'est un de ces noctambules visiteurs qui a trouvé au fond du *tablinum* une sorte de petit théâtre de marionnettes, dont les acteurs sont figurés par une foule de petites statuettes de personnages et d'animaux, sans proportion entre elles. Au fond était une fontaine avec une niche en mosaïque et en coquillage, et une jolie statuette, appuyée sur une outre d'où s'échappait l'eau qui retombait en cascades sur des degrés de marbre. On a retrouvé sur une adresse le nom de l'heureux propriétaire de ces joujoux. Il était flamine de Mars et décurion de Pompeï.

Ainsi donc, les anciens connaissaient les marionnettes, et nos modernes Guignols ont, de par l'histoire, de splendides quartiers de noblesse. En cherchant bien, on arriverait peut-être à mettre la main sur des journaux. Un peuple aussi raffiné sur le choix de ses distractions, devait connaître le journal, ou tout au moins une sorte de programme écrit des nouvelles et des spectacles du jour. On a pourtant jusqu'ici arraché à l'oubli une grande quantité de papyrus. Près de trois mille petits rouleaux noirs, de deux à quatre pouces de large, sur vingt-quatre à trente lignes de diamètre, sont rangés, au musée Bourbon, sur les rayons de vastes armoires. Lorsqu'on les découvrit pour la première fois, on les prit pour des morceaux de charbon, et les ouvriers jetèrent et détruisirent ces précieux dépositaires de la pensée antique. La découverte d'une ancienne villa, faite, vers 1750, à Portici, appela plus particulièrement l'attention des savants. Entr'autres salles qu'on y déblaya, il y en avait une, petite, garnie d'armoires à hauteur d'homme : « Au milieu était une autre armoire en forme de table ; sur cette table se trouvait une si grande quantité de rouleaux carbonisés, rangés avec tant de symétrie, qu'un des préposés aux fouilles eut la curiosité d'en observer un minutieusement, et parvint à y lire des caractères grecs. Quatre bustes en bronze, avec les noms d'Epicure, d'Hermarque, de Zénon et de Démosthènes, sept encriers, des stylets et des roseaux à écrire, ne permettaient pas de s'y méprendre et d'ignorer l'usage auquel ce cabinet était destiné.

« Près de dix-huit cents papyrus furent transportés par ordre de Charles III au musée royal de Portici et plus tard au musée de Naples. Le feu les a tellement calcinés et rendus si friables, qu'on ne peut y toucher qu'avec une extrême précaution. La difficulté de les lire parut d'abord insurmontable et fut cependant vaincue par la persévérance du père Antonio Piaggi. Il trouva le moyen de dérouler et de fixer sur une membrane transparente ces cylindres qui ne présentaient guère plus de consistance que le papier noirci par les flammes. On lui doit la machine dont on se sert encore aujourd'hui pour cette délicate opération. »

On a déroulé 500 à 600 de ces papyrus. Une grande partie des monuments contiennent des écrits relatifs à la philosophie d'Epicure. — « Combien ne doit-on
« pas regretter, dit avec raison Valery, que tant de
« précautions ne ressuscitent ordinairement que des
« ouvrages inutiles ou incomplets. »

Les verres des fenêtres, trouvés dans la villa Diomède, prouvent l'extension donnée à l'emploi du verre ; et quel plus beau spécimen que cette amphore de verre bleu, avec couverte d'émail blanc sur le fond de laquelle se détachent de charmants bas-reliefs d'Amours en vendanges, travaillés comme des camées, admirable vase trouvé plein de cendres et exposé aux *Studj*. Du reste, la collection des verres antiques atteste la merveilleuse habileté des anciens dans cette industrie. Ils étaient si bien parvenus à assouplir cette matière aux formes les plus variées, à la colorer, à l'unir à l'argent, qu'ils s'en servaient pour contrefaire les pierres précieuses. L'empereur Gallien fit condamner à être dévoré par un lion un marchand qui avait vendu des verroteries pour des bijoux ; mais il ordonna qu'au moment suprême, au lieu d'un lion, on fît sortir un chapon de la cage, ne voulant punir l'imposteur que par la fausse apparence d'un supplice.

Le temps passe vite à Pompeï et on ne se sent pas pressé de retourner parmi les vivants. On embrasse d'un dernier regard l'harmonieux ensemble de cette cité dix-huit fois séculaire que les immuables décrets de la Providence ont fait sortir des cendres pour l'étonnement et l'instruction de nos sceptiques générations. Ces murs et ces monuments, d'abord illuminés par les reflets du soleil couchant, s'évanouissent peu à peu sous les teintes foncées du crépuscule. Nous faisons quelques pas entre des remblais et nous nous trouvons sur la route, où les offres des guides, les supplications des mendiants, les chants de quelques garibaldiens, attablés dans le restaurant de Diomède, nous rappellent bien vite au sentiment de la vie réelle. Encore quelques minutes et le chemin de fer nous emporte vers Naples, Naples, où on doit aller revoir encore ce musée Bourbon, la préface et la conclusion de ce voyage étrange, le dépôt général de toutes les richesses enfouies au pied du Vésuve, et des incalculables trésors que lui livrent incessamment les explorations de l'art et de la science.

XI.

Herculanum. — Le golfe de Naples. — Le miracle de saint Janvier. — Le couvent de San-Martino. — Saint-Elme. — Les Forçats. — Le Corricolo. — Les Iles.

Il est aussi facile de visiter Herculanum que d'aller voir un monument public à Naples; la brièveté et les commodités du voyage ne laissent aucun prétexte à la paresse. Le chemin de fer de Castellamare a le privilége de desservir ces stations historiques ; le convoi marche d'un petit train poussif de trois lieues à l'heure. Si les obstinés fumeurs qui remplissent les wagons vous forcent à tenir constamment la tête à la portière, il ne faut pas trop s'en plaindre, car le spectacle de la mer, du littoral et des îles remplace avantageusement l'étude des physionomies de vos compagnons de voyage.

Vous descendez à Resina, la ville moderne assise sur la ville ancienne. S'il arrivait qu'une nouvelle éruption vînt à l'engloutir, il se pourrait qu'un troisième étage de constructions vînt compléter cet amoncellement de cités, où se retrouvent déjà deux phases de l'humanité. Après avoir erré dans les rues montueuses de Resina, nous arrivons devant une maison de modeste apparence. Nous sommes reçus sans empressement par un individu à figure maladive. Il nous distribue des cierges allumés et nous le suivons en procession dans d'étroits et sombres couloirs. Après une série de descentes et de montées, nous nous arrêtons dans des galeries qui ressemblent à des catacombes ; ce sont les galeries du théâtre d'Herculanum. Nous avons beau nous battre les flancs et nous reprocher notre indifférence, ce théâtre nous fait l'effet d'une cave humide. L'emplacement est obstrué par des piliers massifs destinés à étayer les terres supérieures, et qui empêchent de saisir de l'œil la disposition de l'édifice. Il faut le reconstruire par la pensée, une pensée active, féconde et créatrice. Une des galeries aboutit au puits moderne par lequel pénètre une pâle lumière.

On nous montre aussi l'emplacement de la basilique ; mais tout l'intérêt dû à ce souvenir se reporte aux *Studj*, où on a transporté colonnes en marbre et en bronze, fresques et statues équestres. Nous revoyons le soleil avec satisfaction au sortir de ces souterrains. Il faut l'avouer, j'aime mieux ce qu'on raconte d'Herculanum, que ce qu'on en voit, exception faite pour les richesses confiées au musée de Naples.

Le nom d'Herculanum a disparu depuis l'éruption de l'an 472. M. Hamilton y a compté six couches superposées, provenant de diverses éruptions et séparées par des lits de terre végétale, dans lesquels on a recueilli une quantité considérable de coquilles terrestres. Toute cette masse accumulée a une épaisseur de vingt-et-un à trente mètres. Herculanum, ainsi que Pompeï, était un port de mer; seulement, la première de ces deux villes était spécialement artistique, tandis que l'autre était commerciale.

Son nom, qui se rattache à celui d'Hercule, indique une haute antiquité. On présume qu'elle fut ensevelie sous une masse de cendres embrasées qui ont calciné les objets sur certains points, ou qui, entraînés par des torrents d'eau descendant des flancs du Vésuve, formèrent un tuf d'une telle dureté qu'on l'a pris longtemps pour de la lave. Au dix-huitième siècle, un prince d'Elbeuf, Emmanuel de Lorraine, ayant besoin de marbres pour une maison qu'il faisait construire à Portici, apprit que dans un puits creusé à Resina par un boulanger, on en avait trouvé en abondance. Il ordonna de continuer à creuser, et l'on découvrit alors le théâtre d'Herculanum par la partie postérieure de la scène. Ces travaux furent poursuivis par le prince et le gouvernement, avec autant de lenteur que d'inhabileté; on est d'ailleurs obligé de remplir les excavations, à mesure qu'on fait des recherches, pour empêcher l'écroulement de Resina et d'une partie de Portici. Les fouilles qui ont lieu à Pompeï dans les cendres, se font à Herculanum dans du limon solidifié. La différence entre la nature de ces couches explique la différence entre l'aspect des bronzes trouvés dans chacune de ces deux villes. Tout le monde connaît le vert de Pompeï.

On croirait difficilement que sur cent voyageurs, cinquante au moins voient à peine Naples et dédaignent de parcourir les deux rives de son golfe enchanté. Ils ne connaissent que la ville, et c'est à peine si dans une promenade en mer ils ont parcouru d'un œil indifférent cette splendide nature. Je n'ai pas à me reprocher cette mauvaise action où peut entraîner quelquefois l'aversion pour le connu et les banalités admiratives.

Du berceau du Tasse au tombeau de Virgile, j'ai épuisé toute la série des jouissances délicates que le sentiment du beau et du grand procure à ceux qui veulent lui donner une large place dans leur esprit. J'ai connu la belle Sorrente, le paradis de l'Europe, si bien abritée par le mont d'Auro contre le vent d'Afrique. Délicieusement installé dans la villa du prince d'Aquila, que la complaisante amitié du propriétaire actuel, M. Hardon, entrepreneur général des travaux de l'isthme de Suez, avait mis à notre disposition, j'ai plus d'une fois admiré de la terrasse où se déployait autrefois le pavillon de l'amiral de la marine napolitaine, le cadre éblouissant de lumière dans lequel se détachait le paysage de Naples. J'ai connu, sur les flancs de ses rochers arides, ces jardins suspendus dont la verdure entrecoupe la blancheur des maisons. J'ai vu passer, le dimanche, se rendant à l'église, les brunes Sorrentines que l'appel joyeux de la tarentelle devait livrer le soir aux plaisirs de la danse.

De l'autre côté de Naples, ce tombeau de Virgile que je viens de citer, est encore l'objet d'un pieux pèlerinage de la part de ceux qui croient encore à la poésie et espèrent vaguement recevoir du lieu funèbre quelqu'émanation du génie qui a dicté l'Enéide. Au-dessus de l'entrée de la grotte de Pausilippe, on arrive par un sentier tracé dans les vignes à un petit *columbarium* dégradé. Dans l'intérieur a été placée une plaque de marbre portant l'inscription bien connue : *Mantua me genuit.* Le laurier planté par Casimir Delavigne est remplacé par un laurier sauvage qui ombrage le tombeau placé par une touchante allusion à peu de distance des lieux chantés par Virgile.

La grotte de Pausilippe est creusée dans la montagne et forme un long tunnel, dont Sénèque a fait la description. Elle conduit par *Fuori di grotta* sur l'ancienne voie romaine à Pouzzoles, qui, par ses sources minérales et thermales, était à la fois l'Enghien et le Vichy de Naples. Les décombres de l'amphithéâtre ne donnent qu'une idée imparfaite de son étendue, qui égalait, dit-on, celle du Colysée. C'est là que saint Janvier fut exposé aux bêtes et fut soustrait à leur fureur par la protection divine ; il fut ensuite décapité à la Solfatare. En commémoration de ce fait, une chapelle a été construite dans la prison même, d'où le martyr fut conduit dans l'arène.

Le miracle de saint Janvier mérite qu'on en fasse un récit détaillé. Le culte des saints, tel que le professent les Napolitains, est fortement entaché d'idolâtrie ; il me paraît même que ces naïfs croyants altèrent singulièrement les principes sacrés de la hiérarchie céleste, en mettant au premier rang saint Janvier, la Madone et *il Bambino ;* au second, saint Antoine, suppléant de saint Janvier dans les circonstances exceptionnelles. De Dieu, il en est peu question ; j'en appelle au souvenir des voyageurs qui ont pu étudier avec autant de surprise que d'intérêt, chez ce peuple à imagination vive, le mélange d'idées superstitieuses ou païennes, avec une foi profonde.

Le Napolitain, par sa nature, ne s'arrangerait guère des doctrines iconoclastes du protestantisme : il lui faut des images ; les plus belles sont les meilleures et les plus adorées ; il lui faut des statues de ses patrons en argent, et avec quelle joie bruyante il leur fait fête lorsqu'elles sont portées dans les rues! Comme il s'incline dévotement sur leur passage, comme il attribue à leur colère ou à leur bienveillance les événements heureux et malheureux qui lui arrivent! Il n'est pas toujours patient, par exemple, et il lui est arrivé, un jour de mécontentement, de détrôner saint Janvier et de conférer à saint Antoine le patronage de la ville. Mais ce n'était là qu'une brouille de peu d'importance et de peu de durée ; chacun des saints est rentré dans son rôle et ses attributions, et le peuple est retourné à l'objet principal de son culte, mais avec cette arrière-pensée que cet exemple de destitution le rendrait plus arrangeant à l'avenir.

Avec ce genre de foi élastique, le Napolitain passe très-vite d'un extrême à l'autre, selon qu'il se croit en droit d'être satisfait ou de se plaindre ; dans ce dernier cas, il ne ménage guère les dures vérités à son patron. Il l'interpelle, il le menace, il l'injurie à chaque instant, selon le courant de ses passions et de ses intérêts, et ces relations très-variées établissent entre l'idole et le fidèle des alternatives de bon et de mauvais ménage, dont on peut rire sans intention irréligieuse.

Le miracle du sang de saint Janvier s'accomplit dans la chapelle de la cathédrale qui porte ce nom. Au fond du sanctuaire, somptueusement décoré, s'élève, au milieu de trente-cinq bustes en argent, la statue du saint. Une foule empressée, turbulente, frémissante de curiosité et d'impatience, remplit la chapelle et la cathédrale avec laquelle celle-ci communique par une immense grille en bronze ordinairement fermée. De cette masse grouillante, s'élèvent des interpellations, des exclamations, des cris qui n'appartiennent à aucune langue.

Tout à coup un silence relatif se fait dans l'assemblée. Trois chanoines viennent en grande pompe, accompagnés des délégués de la municipalité et du roi, pour procéder à l'ouverture de l'armoire qui renferme les reliques. Elle est fermée de trois clefs, dont l'une est entre les mains du roi ; l'autre, de l'archevêque, et la troisième, de la municipalité.

On place ensuite le buste de saint Janvier sur l'autel, du côté de l'Evangile. Aussitôt que le peuple l'aperçoit, il se met à crier : *Oh! pregate per noi, ô bello! ô carissimo santo! ô benedetto san Gennaro!* Ce buste contient le crâne du saint. On rapporte les deux ampoules ou fioles antiques, retenues dans un ostensoir d'argent et scellées des sceaux des dépositaires des clefs. Un chanoine, tenant un reliquaire par le pied, le présente devant la tête du saint et l'expose à la vénération des fidèles. Le sang paraît solidifié, et le mouvement communiqué au reliquaire fait apercevoir des globules terreux. Au premier rang du public, là où le tumulte est le plus grand, se font remarquer par leur impatience les parents de saint Janvier. Cette filiation n'est pas constatée, mais elle se poursuit, par une touchante application du sentiment d'humilité chrétienne, dans les rangs les plus infimes du peuple. De véritables mégères aux cheveux gris en désordre, aux gestes convulsifs, s'agitent avec une vivacité fébrile. La foule grossit; on psalmodie le symbole de saint Athanase, on chante les litanies de la Vierge, on prie à pleine voix, on pleure, on sanglote. Toutes ces têtes qui ondoient comme une mer houleuse sont animées par une confiance extatique et la plupart baignées de sueur.

Aucun symptôme ne se manifeste dans la fiole; on redouble de prières; les parents de saint Janvier interpellent le saint par les noms les plus tendres, le supplient de ne pas tarder, lui rappellent avec de doux reproches que l'année précédente son miracle s'est trop fait attendre. Rien ne paraît. Alors, ce peuple mobile change d'attitude; il commence à murmurer, puis s'indigne, puis se met en colère. Les mégères perdent toute mesure, tendent le poing vers le reliquaire, arrachent leurs bonnets et semblent en proie à une véritable exaspération.

Ce n'est plus : « *Mio bello, mio carissimo santo.* Les injures les plus fortes sont proférées; on l'appelle: *Canaglia ! brigante ! ingannatore ! Birbone !* On le menace de jeter sa statue dans la mer; avec l'intention d'exciter son amour-propre, on fait l'éloge de saint Antoine. Je ne sais trop à quelles extrémités on paraît devoir se porter, lorsque tout à coup un mouvement se fait dans la procession des fidèles qui viennent tour à tour baiser la fiole dans les mains du chanoine. Le sang coagulé bouillonne, devient liquide. Ce peuple jette une seule et éclatante exclamation de joie; le *Te Deum*, l'orgue et les chants saluent cette faveur du ciel; toutes les cloches résonnent, les canons des forts retentissent. Saint Janvier est un grand saint; il est plus que jamais adoré de la ville entière qui fête le glorieux martyr.

Quelquefois, lorsque la liquéfaction se fait attendre, les parents de saint Janvier et le peuple s'en prennent aux étrangers qu'ils traitent d'hérétiques. Maintenant, que faut-il croire de ce miracle ? On sait quel procédé tout militaire le général français Championnet employa pour qu'il ne pût manquer : il fit dire aux chanoines de la collégiale du Trésor que, si le miracle ne se faisait pas, il les ferait fusiller. Il s'est renouvelé depuis en présence de Garibaldi. Laissons aux prises les incrédules et les croyants, et bornons-nous, dans la sphère modeste de nos récits, à recommander cette cérémonie comme l'un des plus curieux spectacles auxquels il soit donné d'assister.

En fait de miracles nous avons parlé de celui de

Santa-Maria-del-Carmine et du Christ dont les cheveux croissent dans le courant de l'année. Les femmes ne peuvent être admises à le voir que du matin jusqu'à midi, tandis que les hommes sont affranchis de ces conditions. Je me suis en vain creusé la tête pour comprendre le sens de cette exception. On s'explique qu'en souvenir et en expiation du crime d'Hérodiade l'entrée de la chapelle de saint Jean-Baptiste, à Gênes, soit interdite aux femmes. Mais pourquoi, à Naples, cette mesure, qui ne nous semble répondre à aucune tradition religieuse ?

On a tout dit des églises de Naples lorsqu'on a parlé de leurs splendides décorations, des chapelles remplies de marbre, d'argent massif et de pierres précieuses. Une seule, Saint-Dominique, par son style ogival, offre un peu l'aspect intérieur de nos cathédrales du Nord; comme architecture, le genre grec domine partout. Sainte-Marie-de-la-Piété, qui a été bâtie par les princes de la maison de San-Severino, renferme des tombeaux dont la singularité artistique mérite l'attention. Je veux parler des trois statues représentant la Modestie, le Christ au sépulcre, et le Repentir se délivrant du péché. La première est entièrement enveloppée d'un voile qui laisse apercevoir les traits de la princesse de San-Severino, mère de Rinaldo-Sangro. Le Christ est également recouvert d'un suaire sous lequel on distingue les traits du visage, les membres meurtris et le corps trempé des sueurs de l'agonie. La troisième statue, sous la figure du père de Rinaldo, présente un pécheur converti qui cherche à sortir d'un filet dont les mailles séparées du corps n'y adhèrent que par quelques points de la tête, quoique tout soit taillé dans le même bloc. Ces sculptures sont d'un genre maniéré qui accuse une époque de décadence : elles n'ont d'autre mérite que celui d'une extrême difficulté vaincue. Une statue du même genre, la Modestie, je crois, figure au musée Bourbon.

Celui des monuments religieux qui m'a le plus vivement impressionné est le couvent de San-Martino qui domine la ville et le golfe, sous les remparts de Saint-Elme. Le chemin pour y arriver est original et je ne connais rien d'agréable comme de contempler en rêvant, d'une bonne voiture découverte, tantôt la mer et ses rives, tantôt les rues transformées par l'éloignement en sillons où s'agitent des milliers de mirmidons. Notre cocher est comme je les aime, gai, causeur et empressé. Il sait s'arrêter aux bons endroits, et je soupçonne même les chevaux d'être quelque peu habitués à ces stations pour la commodité des points de vue. Il n'y a pas de meilleur cicerone qu'un cocher communicatif ; il va au-devant de vos désirs, de vos curiosités ; s'il est Napolitain, il mêle adroitement la fiction à la réalité. Je m'amuse à lutter d'imagination avec le nôtre, et toutes les fois que son amour-propre national s'égare dans un récit exagéré destiné à frapper mon esprit, je lui réponds immédiatement par quelques confidences d'une telle force, sur nos mœurs et nos usages, qu'il me considère avec doute d'abord et ensuite avec une craintive considération.

Outre ces dispositions naturelles à une naïve crédulité pour tout ce qui est extraordinaire, il a reçu de l'éducation de famille une certaine tendance à regarder la France comme le pays du merveilleux. Son père a servi sous l'Empire; il a vu *Napoleone*, Murat; il a assisté aux combats de géants, il a été à Paris, il était à Waterloo. Revenu dans sa patrie, il avait soigneusement gardé les débris de son uniforme, avait épousé une cousine qui l'avait attendu, et avait repris la rame et le filet de la main qui avait bravement manié le fusil. Plus d'une fois, le soir, devant un auditoire frémissant d'un naïf enthousiasme, il avait déroulé les faits héroïques auxquels il avait pris part; et pendant qu'il évoquait ces grands souvenirs, les femmes interrompaient le filage du lin, et les marmots, couchés à leurs pieds, ouvraient bien grandes leurs oreilles pour ne rien perdre de ces belles histoires où revenaient sans cesse deux noms magiques : Napoléon et la France!

Giacomo (c'était le nom de notre cocher) n'avait jamais laissé ses impressions s'affaiblir; elles étaient vivantes comme au premier jour, et rien ne le prouvait mieux que l'ardeur qu'il mettait à nous les traduire. On est facilement chauvin à l'étranger, et j'aurais volontiers serré la main à ce brave automédon napolitain, qui parlait de son pays avec tant d'admiration, avec une si amusante moquerie de l'Angleterre et des Anglais.

Le couvent de San-Martino se compose de vastes bâtiments qui dominent tout le golfe. L'église est fort riche et pour ainsi dire tapissée des chefs-d'œuvre de la peinture, parmi lesquels l'*Adoration des Bergers*, du Guide; l'*Ascension*, de Lanfranc; la *Descente de Croix*, de l'Espagnolet; la *Judith*, de Giordano; des tableaux du chevalier d'Arpin, du Caravage, de Ribeira, etc. Les chartreux, en robes blanches, s'offrent, avec une véritable courtoisie d'hommes du monde, à vous faire visiter ces trésors artistiques. Mais là, comme en beaucoup d'autres endroits en Italie, l'entrée du couvent est impitoyablement interdite aux femmes. Cependant la curiosité féminine ne se décourage pas pour si peu, et beaucoup de dames, aiguillonnées par l'attrait du fruit défendu, passent en fraude sous un costume masculin. Quelquefois, et lorsqu'il peut y avoir doute, les bons pères ferment les yeux sur cette infraction; mais il arrive aussi, et souvent même, qu'un refus poli, accompagné d'un sourire, vient décontenancer la visiteuse et ne lui permet pas de soutenir son personnage jusqu'au bout.

Partout le silence et le calme le plus complets; le campo-santo, ou cimetière, n'éveille aucune des idées funèbres de la mort; les tombes disparaissent sous les fleurs, et j'aime mieux ces jardins que les sombres ossuaires des capucins. Les cellules où les repas parviennent par un guichet aux cloîtrés volontaires, la cloche qui sonne l'heure des offices, les chants qui retentissent sous les voûtes de l'édifice, ces moines blancs dont les longues files suivent les galeries, tout cela nous semble empreint d'un caractère d'austérité et de grandeur religieuse, en même temps que, par une comparaison qui n'a rien d'irrespecteux, nous nous rappelons, nous autres mondains, les scènes de ce genre transportées au théâtre. L'homme qui n'a pas voyagé, ne peut guère connaître en France ces partilarités de la vie monacale. Le rapprochement de la fiction avec la réalité établit dans l'esprit une confusion entre le profane et le sacré qui n'est pas sans charme.

Chaque fois que je visite un couvent, je me sens pris d'une féroce envie de connaître la biographie de chaque moine. Quel suprême enseignement que l'étude de ces passions, autrefois vivaces, maintenant amorties et ensevelies sous la sévérité de la règle, les méditations de la solitude et le renoncement aux joies de ce monde. Au sortir de San-Martino, j'interroge Giacomo; il me fait quelques commérages qui contrarient mes idées sur les chartreux. Il rend justice à leur charité, à leur foi, à leur discipline, mais il me détruit l'idéal que j'avais formé sur chacun d'eux. La plupart du temps leur conversion aurait été déterminée par des motifs vulgaires: c'est ma faute aussi; dans mon élan de sensibilité, je me fais des types de convention comme si le prosaïsme et le banal n'étaient pas l'essence même de la nature humaine.

Après une nouvelle période d'ascension, nous sommes au fort Saint-Elme, qu'un pont magnifique unit aux collines de Pizzo-Falcone. C'était, avec les châteaux *Neuf* et de l'*OEuf,* une des précautions prises par la royauté à l'égard de ce peuple, dont la devise, depuis des siècles, semble être : « Obéir et jouir. » Ainsi donc, voici un volcan artificiel qui vient compléter la

ligne des volcans naturels ; si Naples échappe aux
éruptions, elle n'est pas toujours à l'abri des bombardements. On nous dit bien qu'on en a fini, à jamais,
avec ces barbares moyens de répression, qu'une ère
nouvelle, une émancipation, etc. Je suis de l'avis des
Napolitains ; tant que l'épouvantail existe, qui dit
qu'on ne s'en servira pas. Les peuples sont mobiles,
et les événements incertains ; c'est bien tentant, d'ailleurs, d'avoir sous la main un instrument de terreur
si docile et si efficace, et, puisqu'on autorise avec quelque licence les analogies historiques, on me permettra
de dire : Le Parisien n'a jamais été si bien rassuré
contre la Bastille que lorsqu'il l'eût mise en morceaux.

Mon opinion de touriste est différente. Perché comme
une aire d'aigle, inaccessible sur cette crête des hauteurs des Apennins, Saint-Elme fait très-bien là-haut
et couronne d'une façon moyen âge, qui ajoute à l'effet du tableau, l'amphithéâtre de Naples. A l'intérieur,
je n'y ai rien vu que ce que l'on voit dans toutes les
places fortes, des chemins couverts, des glacis, des
contrescarpes. Il me semble qu'on pourrait y soutenir un siége de plusieurs années. Il n'y avait guère
pour l'occuper qu'un régiment piémontais et le nombre de gardiens nécessaire pour surveiller les forçats
qui y sont employés à divers travaux.

Le forçat à Naples, et un peu dans le reste de l'Italie,
n'est pas comme chez nous l'objet de la réprobation
publique. En infligeant un même châtiment aux condamnés politiques, aux assassins et aux voleurs, le
gouvernement déchu a fait bénéficier ces derniers de

la compassion sympathique qui s'attachait à leurs compagnons de chaîne. D'un autre côté, le code est fort tolérant à l'endroit des soustractions et des coups de couteau, et la morale populaire d'une élasticité qui donne carte blanche aux scrupules de conscience. On tue son voisin ; on fait une légère absence ; on revient dans son domicile et on continue à être estimé. Si par hasard on est arrêté, on va en villégiature à Nisida ou à Saint-Elme, on a le désagrément de revêtir un costume un peu éclatant, mais on n'en est pas plus malheureux, et, cette légère épreuve terminée, on est accueilli au retour à bras ouverts par les parents et les amis.

On rencontre à chaque instant parmi les rues de Naples des forçats à livrée jaune ou rouge, marchant côte à côte avec un gendarme, causant familièrement avec lui et s'arrêtant çà et là pour distribuer des poignées de mains aux gens de connaissance. Un peu plus, on irait au café prendre un verre de limonade et fumer un cigare. Le gendarme n'a pas la physionomie rébarbative de nos gardes-chiourmes ; il ne paraît pas avoir à souffrir du contact de ses pensionnaires, et il se peut qu'il les regrette lorsqu'ils s'échappent ou sont libérés. Les travaux les plus durs pour eux sont ceux de l'arsenal et des carrières de Pouzzoles ; mais le plus paresseux des déchargeurs, dans nos ports maritimes, a dix fois plus de mal que ces aimables gredins. Lorsqu'ils vont ainsi escortés d'un endroit à un autre de la ville, il leur est permis d'offrir poliment aux gendarmes une place dans un carrossel. On s'y installe complaisamment, et pendant que le gardien lit le *Pungolo*, son jaune compagnon, s'il est jeune, sourit aux jolies filles, et jette de la monnaie aux mendiants avec un certain air de charité protectrice.

Les cochers, les conducteurs de *corricoli* surtout, ont souvent porté le pantalon et la casaque oranges : y en a-t-il cependant, qui soient mieux traités du petit peuple, dont on recherche avec plus d'empressement les bonnes grâces? Songez-y donc, c'est de leur bon plaisir que dépendent les faveurs d'une installation sur leurs véhicules. Qui ne connaît le *corricolo?* Les carrossels ne l'ont pas détrôné; le bon marché de la course le met à l'abri de toute concurrence. Où trouverez-vous un équipage qui, pour un grain (quatre centimes), vous fasse parcourir jusqu'à deux lieues, de Naples à un point de la banlieue. Il est vrai qu'on est bien tassé et qu'il faut savoir se tenir en équilibre sur tous les points du corps. Un siége étroit, posé sur un train à deux roues légères et attelé d'un cheval, voilà tout l'équipage. Les voyageurs que l'on prend ici, là, au coin de cette rue, auprès de cette fontaine, montent et se placent comme ils peuvent, devant, derrière, sur les brancards et jusque dans une sorte de filet suspendu par-dessous, qui reçoit d'ordinaire les paquets et les chiens. J'en ai compté jusqu'à vingt-et-un, et la voiture en est courbée en arc comme ces fourgons qui amenaient autrefois la marée de Dieppe à Paris. Le grand mérite du cocher consiste dans une grande sûreté de coup d'œil qui lui permet de caser ses pratiques selon les lois d'une sage pondération, autrement le cheval serait écrasé ou enlevé. Tout cela crie, jure, piaille, et le cocher, installé derrière les voyageurs, crie plus fort qu'eux tous, et, un pied sur l'extrémité de la ridelle, l'autre relevé en l'air comme le Persée ou Mercure, le corps penché en avant, il allonge par-dessus le pêle-mêle des têtes, des coups de fouet à la rossinante, qui fait feu des quatre pieds en soulevant des tourbillons de poussière.

Comme dans toutes les villes méridionales, où le soleil est pour ainsi dire permanent, la poussière est un des désagréments du séjour à Naples. Mais il ne faut pas trop s'en plaindre lorsque vous avez, selon votre caprice, les dédommagements d'une promenade en bateau autour du golfe. La matinée est belle, comme on chante dans la *Muette de Portici*, dont le souvenir est de circonstance. Deux rameurs aux jambes nues font voler le canot sur la mer à peine agitée par un souffle rafraîchissant. Ils nous désignent chaque objet : le palais de Chiatamone ; sur la terrasse Alexandre Dumas s'amuse à tirer des canards ; Chiaïa, Mergellina ; on tourne la pointe de Pausilippe, semée des antiques débris des villas romaines ; un charmant îlot se dresse devant nous, c'est Nisida ; on en a fait un bagne ; une bien vilaine destination pour un nom si gracieux. Nous entrons dans les eaux de Pouzzoles et de Baïes. On fait une halte dans l'île de Procida, où s'élèvent les ruines du manoir de celui qui organisa le tragique complot des Vêpres siciliennes. La reine du golfe c'est Ischia : une population de 25,000 habitants, un sol fertile, des débris d'aqueducs festonnés de myrtes et de bruyères fleuries, une végétation luxurieuse où s'entre-mêlent les aloès, les cactus et les grenadiers, un volcan éteint, l'Epomée ; voilà l'île : une oasis au milieu de la mer.

La traversée est courte d'Ischia à Capri. Avant le hardi coup de main du général Lamarque, on croyait l'île inaccessible sur un seul point. Avec une poignée de braves, en escaladant les rochers, il parvint sur les hauteurs, chassa les Anglais commandés par l'affreux Hudson Lowe et fit reconnaître Murat. Le long des falaises est une excavation célèbre sous le nom de grotte de Capri. On raconte que deux Anglais se baignant près du rivage, eurent la fantaisie d'entrer par cette énorme fissure et furent ravis des merveilles qu'elle offrit à leurs yeux ; depuis lors pas un voyageur ne peut se dispenser de faire cette excursion. C'est, en effet, quelque chose de féerique : « Tout est
« bleu ; les parois de la grotte, l'eau sur laquelle on
« se voit naviguer, les bateliers, les passagers, tous
« les objets se colorent de teintes azurées d'un moel-
« leux et d'une douceur inexprimables. Les bateaux
« glissent sans bruit sur ce lac immobile et semblent
« ne porter que des ombres ; on dirait que les mou-
« vements qui troublent un instant le silence de ces
« lieux, en profanent la majesté. Les stalactites de la
« voûte, les coraux qui en tapissent les parois, l'eau
« profonde de quinze pieds et dans laquelle on voit
« les coquillages et les poissons, comme dans un vase
« de cristal ; les moindres détails vous ravissent. Le
« calme infini dans lequel on les contemple leur

« donne des aspects inattendus : ce ne sont plus les
« objets eux-mêmes qui vous frappent, leur transfor-
« mation dans un azur céleste attendrit l'âme et lui
« montre les apparences d'un monde inconnu, dont
« la douceur jette l'imagination dans des rêves sans
« fin. » Pour quelque menue monnaie, des individus, espèce de mendiants amphibies, se jettent à l'eau et offrent ce singulier aspect d'une tête noire surmontant un corps blanc et que la transparence azurée de l'eau rend presque diaphane.

Sorrente, Castellamare ont fui ; Torre-del-Annunziata, Portici se détachent sur les flancs brûlés du volcan ; après plusieurs stations qui absorbent la journée, nous abordons à Naples, au quai de la Marine. Il est tard et déjà ces philosophes, qu'on appelle lazaroni, ont choisi leurs places sur les dalles et devisent familièrement entre eux sous la voûte du ciel parsemé d'étoiles. Le Largo-Castello et la Strada-Medina sont encore remplis de foule et de mouvement. Mais peu à peu le roulement des voitures s'éteint, les bruits cessent, et on n'entend plus que les glapissements des crieurs du *Pungolo,* ou le cliquetis de sonnettes qui précède le saint viatique porté à un agonisant. Sur le passage du prêtre, suivi de fidèles qui portent des cierges et marmottent des prières, toutes les fenêtres s'ouvrent, s'illuminent de bougies et de lampes ; les habitants, se signant pieusement, se tiennent à genoux jusqu'à ce que la procession soit passée et que le carillon des sonnettes, bizarrement agitées par le sacristain en tabar orange, n'arrive plus qu'indistinct, comme une plainte lointaine dans le silence de la nuit.

XII.

Un peu d'économie commerciale. — Une fête religieuse. — Une révolution qui aboutit à une bagarre. — Panique des gardes nationaux. — Les remords de l'auteur. — Des adieux touchants.

Lorsqu'un séjour de quelque durée vous fait plus amplement connaître les admirables ressources dont la nature a doté l'Italie méridionale, on se sent porté, surtout avec nos idées de progrès, à regretter plus vivement encore l'absence de tout gouvernement sérieusement résolu à rompre avec l'ignorance et l'impuissance du passé, et à faire entrer ce pays dans les voies de la civilisation. On a tout ici : la richesse du sol permet de concevoir des espérances illimitées pour le développement de l'agriculture. Jetez quelques poignées de terre sur un rocher, et vous verrez aussitôt pousser quelque chose, ne fût-ce qu'un cactus. Pâturages, forêts, terres labourables, rien ne fait défaut. On fait venir les blés à l'ombre des arbres, de sorte que si la quantité du produit est moindre, la perte est plus que compensée par la facilité donnée au fermier d'y joindre la culture de la vigne, du mûrier, de l'olivier, de l'oranger. Le coton est cultivé dans les Calabres, la Basilicate, les provinces d'Otrante, de Bari, de Labour et de Naples ; et comme c'est un produit d'un bon rapport, les exploitations se multiplient.

Parmi les documents que j'ai eu le loisir de recueillir sur ce sujet, j'ai principalement cherché ceux qui pouvaient me renseigner le plus exactement sur la possibilité d'augmenter les relations commerciales entre l'Italie méridionale et les régions industrielles de la France.

Je n'étonnerai personne en disant que nos produits pénètrent peu à Naples, du moins directement, car il arrive souvent qu'ils soient exportés par la commission parisienne. Il faut l'avouer, notre industrie n'a pas l'humeur voyageuse et ne s'occupe pas de s'ouvrir des marchés avec l'ardeur et la persévérance que l'Angleterre apporte à cette partie si importante des affaires.

L'Italie méridionale se trouve dans les conditions les plus favorables pour offrir aux grandes industries des débouchés qui ne diminuent en rien le bénéfice de ses compensations. Aujourd'hui que les droits de douane ne sont plus des obstacles à l'exportation, que les communications avec Naples, Palerme et Messine deviennent de plus en plus faciles et régulières, il y a certainement matière à des entreprises qui ne soient pas, pour ce qui concerne la France, le privilége de Paris.

Lorsqu'une crise politique ou une révolution apporte de profondes modifications dans un pays et promet de le rendre plus accessible aux transactions, le commerce anglais, sans perdre de temps, fait deux choses, prend deux précautions. La première consiste dans une association entre plusieurs industriels qui, pour assurer l'écoulement de tel article en écrasant tout d'abord la concurrence, font un capital destiné à couvrir les pertes pouvant résulter, pendant six mois, un an, de la livraison à un extrême bon marché des marchandises. En second lieu, un ou deux délégués se rendent de suite dans le pays en question, avec mission d'étudier les besoins, de prévoir la consommation, d'organiser des dépôts, de tenir enfin les portes ouvertes pour l'opération.

Il n'y a guère que la place de Paris qui comprenne aussi bien ses intérêts pour l'exportation; ainsi, je vois à Naples certains articles : les papiers peints, la quincaillerie, la chapellerie, qui sont fort bien placés à Naples, et dont la position est pour ainsi dire assurée par le bon marché qu'une entente intelligente entre plusieurs maisons a permis de fixer, comme un sacrifice dont on sera amplement dédommagé par la suite.

Je ne parle pas de nos articles modes et fantaisie, qui réussissent partout. Les excentricités, toutes les innovations hasardeuses que repousse le bon goût français, tous les *rossignols*, en un mot, sont parfaitement reçus à l'étranger. Les Etats-Unis, l'Espagne, l'Italie, sont d'immenses déversoirs pour toutes ces marchandises. On se figure sans peine que les Napolitaines de la bourgeoisie, qui ont quelquefois des robes tricolores, aient comme étoffes, comme chapeaux, comme modes, en un mot, tout un assortiment de couleurs voyantes qui feraient rire aux éclats nos élégantes et rendraient un taureau enragé. Allez à Naples, allez à Palerme, vous rencontrerez partout, sous toutes les formes, lithographies, jouets d'enfants, modes, l'article Paris, qui souvent nécessite la création de dépôts-succursales.

La production annuelle des laines de tonte, dans les Deux-Siciles, est de 1,218,000 kilogrammes environ, composés de trois qualités principales. Celle du coton indigène n'atteint que la cinquième partie environ de la consommation locale. Le surplus de l'approvisionnement est fourni en cotons d'Amérique qui viennnent directement, ou en plus grande partie par les commissionnaires de Liverpool.

Quand on voit l'immense consommation d'indiennes qui se fait dans l'Italie méridionale, on comprend que la fabrication soit de beaucoup insuffisante, et qu'une marge énorme soit laissée à l'industrie étrangère. L'importation des tissus imprimés est le triple de la fabrication napolitaine, on peut même dire le quadruple, et celle des blancs (presque tous shirtings anglais) excède de neuf à dix fois le produit napolitain. Les impressions riches d'Alsace n'arrivent encore que dans la proportion de 2 0/0 ; mais les efforts persévérants tentés par les maisons de Mulhouse font entrevoir de meilleurs résultats.

J'insiste sur un des reproches formulés contre nous : importation poursuivie mollement, et par suite délaissée. Ce reproche reste sans effet, si on peut lui opposer l'impossibilité matérielle de soutenir la concurrence. Cependant, on ne peut nier la supériorité des Anglais dans cette recherche opiniâtre des débouchés dont nous parlions plus haut. Leurs produits ont éprouvé quelques échecs, et ils ont persévéré. Sans cesse aux aguets, ils ont profité du changement de régime de l'Italie méridionale pour faire leur intervention commerciale ; car celle-là ne leur est pas défendue, et ils le font bien voir. Ils ont sans cesse des voyageurs, des représentants, des dépôts.

Peut-être chez nous, par le secours de l'association et après ces éclaircissements qui ressortent des attributions de nos chambres de commerce, y aurait-il lieu de rechercher si les produits de l'industrie française qui pénètrent déjà dans l'Italie du Nord n'auraient pas dans les provinces napolitaines de nouvelles chances d'écoulement. J'ajouterai, en ce qui concerne la navigation, qu'on doit attendre beaucoup des relations des Deux-Siciles avec notre pays. On peut amener à Naples des denrées coloniales qui se vendent très-avantageusement, et le fret de retour ne fait jamais défaut, car on y manque souvent de navires qu'on puisse charger pour France.

Les dernières heures de mon séjour à Naples auront été signalées par un incident qui complète le spectacle que j'ai eu sous les yeux depuis trois mois : je veux parler d'un *fac-simile* de révolution que la chance la plus bizarre m'a permis d'observer de près, je ne dis pas tout à fait sans danger, mais du moins sans la moindre égratignure, quoique j'aie pu éprouver tout d'abord quelque peu d'inquiétude.

Une grande fête religieuse et populaire avait lieu le vendredi 22 mars, en l'honneur de la Vierge des

Sept-Douleurs. L'image de la madone était solennellement promenée, depuis l'église, à travers les principaux quartiers, jusqu'au Palais-Royal, où la recevait sous un dais le prince de Carignan. Toute la population était sur pied. Une double haie de gardes nationaux bordait la rue de Tolède dans toute sa longueur, et des deux côtés, sur les trottoirs, se pressait la foule, tandis que des milliers de spectateurs garnissaient les balcons et les fenêtres des maisons. Vers cinq heures la procession sortait de l'église et s'avançait lentement dans l'ordre prescrit par la tradition.

Surpris dans la rue de Tolède par l'affluence de population qu'attirait cette cérémonie, nous nous trouvions pour ainsi dire fixés sur le trottoir, lorsque le maître de la boutique qui était ouverte derrière nous, un fabricant de gants, Caridei, dont nous étions les clients, nous reconnut et nous fit entrer. Montés sur des tabourets, nous pûmes voir passer la procession, les bannières, le clergé, de longues files d'officiers de garde nationale cierges en main, de capucins, de moines trinitaires, de pénitents blancs à capuchons; puis, portée par douze hommes, la Vierge des Sept-Douleurs, toute resplendissante d'or et de pierreries, avec une robe de tulle noir lamée d'or et une splendide couronne sur la tête.

Tous les bataillons de la garde nationale, généraux, états-majors, suivaient musique en tête. Venait ensuite le Saint-Sacrement, porté sous un dais splendide et entouré de toutes les autorités municipales et militaires, de tous les officiers de la marine, etc.

Il ne restait plus à voir défiler que deux bataillons, lorsque tout à coup d'effrayantes clameurs se font entendre; un flot de peuple vient se ruer sur la devanture de la boutique où nous étions et l'envahit. Nous sommes refoulés jusqu'à l'arrière-boutique, où, sans rien comprendre à ce qui se passe, nous sommes entourés, pressés par des hommes qui gesticulent et des femmes qui sanglotent.

Est-ce une révolution qui éclate? Tout le fait supposer. En face de la boutique de Caridei, dans une rue perpendiculaire à Tolède, nous voyons les gardes nationaux menacer de leurs fusils les fenêtres, tandis que d'autres, avec leurs baïonnettes, poursuivent des gens qui se sauvent. Des coups de fusil sont tirés : des officiers de la garde nationale à cheval courent au galop; à chaque instant on entend des bruits de vitres brisées. Puis le bruit s'apaise, la masse qui nous presse cède, nous pouvons enfin sortir dans la rue, où, nous dit-on, l'ordre est rétabli.

En effet, nous voyons les bataillons se reformer et s'avancer musique en tête, aux applaudissements des spectateurs qui reparaissent aux fenêtres après le sauve-qui-peut général. Les femmes pleurent ; d'autres, sous le coup d'une vive émotion, se sont évanouies, car on se rappelle qu'en 1848 c'est un coup de pistolet qui a commencé la révolution et amené d'épouvantables massacres. Sur d'autres points j'entrevois des groupes, du tumulte, comme des arrestations; dans la direction du cortége, même désordre inexprimable au milieu de la procession; les porteurs de la madone, paraît-il, effrayés par les détonations, ont laissé tomber leur précieux fardeau, et cet accident n'a pas peu contribué à frapper de stupeur la population. Les moines et les prêtres, dans les rues latérales, ont pu se jeter dans les voitures qui stationnaient là en attendant que la circulation fût rétablie. Le prêtre qui tenait le Saint-Sacrement s'est réfugié, avec quelques membres du clergé, dans une remise ouverte au fond d'une cour. Comme je ne suis pas seul, je ne puis prudemment rester dans cette bagarre déjà passablement dangereuse. A mes côtés, des officiers de l'ancienne armée royale en uniforme sont assaillis, ainsi que des garibaldiens en chemises rouges, par des gardes nationaux, puis, après explications, on fraternise et on s'embrasse. Nous prenons une rue détournée, et en quelques pas nous arrivons dans notre quartier Medina, qui contraste par sa tranquillité avec celui que nous venons de quitter.

On me dit qu'à Naples ces explosions soudaines d'épouvante sont dans le caractère du peuple, et qu'une révolution peut très-bien naître de la peur que les braves citoyens se font les uns aux autres. Avant la venue de Garibaldi, pendant la période Liborio-Romano, une explosion de gaz dans une boutique a fait prendre les armes à la population et l'a maintenue toute une nuit sur le qui-vive.

L'agitation ne tarde pas à gagner toute la cité. Cependant, le soir, sauf des groupes nombreux, une tranquillité relative est maintenue par des patrouilles qui parcourent tous les quartiers. A Tolède, comme ailleurs, il n'est naturellement question que de l'événement, de l'échauffourée, pour mieux dire, dont cette rue a été le théâtre. Voici ce qui résulte de plus net des versions qui circulent. Au passage de l'avant-dernier bataillon qui suivait le cortége, un individu, mû sans doute par un sentiment de vengeance personnelle, tire à bout portant un coup de revolver sur un des gardes nationaux; celui-ci n'est pas atteint. L'assassin est poursuivi; il passe près d'un officier piémontais qui veut l'arrêter, et décharge de nouveau son revolver. L'officier, par un mouvement brusque, évite la balle, et frappe de son sabre à la tête cet individu, qui est entouré et dans la lutte reçoit d'autres blessures, dont quelques-unes si graves qu'il en meurt le soir. On prétend que c'est un ancien employé bourbonien, mais il paraît qu'on n'a pu lui faire dire une parole.

Au moment même où cette tentative d'assassinat se commettait sur un garde national, quatre coups de fusil étaient tirés des fenêtres, à des points différents de la rue de Tolède, mais cependant dans un espace assez restreint, la longueur de six maisons au plus. C'est alors que la garde nationale s'est débandée; les uns envahissant les maisons suspectées, les autres, furieux, courant leurs fusils à la main et cherchant où sont les agresseurs (car on croyait sur le moment à une révolution tentée par les lazaroni et les bourboniens), tandis que la foule, éperdue, effondre les boutiques pour s'y réfugier contre ses défenseurs aussi bien que contre l'insurrection. Plus de cinquante magasins ont leurs devantures brisées et subissent des dégâts considérables ; des personnes sont fortement contusionnées. Une des détonations était partie d'une maison voisine de celle de Caridei, et c'est ce qui explique la frénésie avec laquelle le peuple s'est rué surtout dans la boutique où nous étions et qui était la première à sa portée. Il n'y a eu là, outre les dégâts matériels, qu'un accident : l'évanouissement de la femme du maître de la maison. Plusieurs gardes nationaux ont tiré, assure-t-on, aux fenêtres, sans qu'il en soit résulté de malheur.

Maintenant, que dire de l'attitude d'une grande partie de la garde nationale ? Et cependant on en parlait autant et même plus que de la pensée malveillante qui avait fait naître ces désordres. Croira-t-on qu'un colonel était descendu de cheval, avait laissé l'animal dans la rue, était parti et s'était bien gardé de reparaître ; que des gardes nationaux fendaient brutalement la foule pour se réfugier dans les magasins, faisant aux femmes une concurrence d'épouvante ? Croira-t-on que quinze d'entre eux avaient envahi un magasin de mercerie, s'étaient cachés dans une sorte de salle à manger et étaient tellement affolés de peur, qu'un sergent n'a pu, même en leur prodiguant les épithètes les plus injurieuses, en faire sortir un seul dans la rue ? Et quand on songe qu'il y avait là 10,000 gardes nationaux dont les fusils étaient armés, on se demande si, dans tous les cas, on n'aurait pas eu plus à craindre de leur effroi ou de leur maladresse que de l'audace des insurgés.

On n'en était encore qu'aux conjectures. Il était d'autant plus certain que ces coups de fusil n'avaient pas été tirés sans intention, que les balles étaient retrouvées dans le mur à hauteur d'homme. Des désordres, ou plutôt des tentatives de désordre, avaient eu lieu sans graves conséquences sur d'autres points. Voulait-on faire naître du tumulte, amener la garde nationale, par un premier mouvement irréfléchi de défense, à tirer sur le peuple, et, par un irréparable malentendu, susciter la révolution?

Tous les partis s'accusaient, comme de juste, et les plus graves imputations circulaient dans le public. Le peuple, malheureusement, tend à se séparer de la classe moyenne et de la bourgeoisie; depuis quelques jours, les patrouilles sont assaillies dans les quartiers populaires del Carmine, de la Pignaseca. La San-Joannara, cette femme qui a joué un rôle dans les derniers événements et qui a si puissamment aidé Liborio-Romano à ouvrir les portes de Naples à Garibaldi en se servant de son incroyable influence sur les lazaroni et le petit peuple, la San-Joannara, qui est un personnage politique dont il faut tenir compte, manifeste depuis peu une vive opposition au régime actuel.

On ne peut nier que dans de telles circonstances le métier de garde national ne soit devenu la pire des conditions et qu'il lui faille un certain dévoûment pour sacrifier ainsi au maintien de l'ordre non-seulement ses intérêts, puisqu'il est pour ainsi dire de service jour et nuit, mais encore sa vie. Je n'en infère pas qu'il y ait lieu d'excuser la défaillance de la garde nationale dans cette journée. C'est un démenti donné à sa conduite antérieure, et s'il y a lassitude et découragement, c'est d'un triste augure pour l'avenir. Les fauteurs d'une révolution, dans quelque but que ce soit, n'ont qu'à provoquer des alertes semblables pour arriver à leur but.

Les Piémontais n'ont pas paru dans toute cette affaire; les troupes de ligne ne figurent jamais dans les fêtes d'un caractère tout local; et c'est fort heureux, car leur présence eût pu amener des complications.

Naples m'aura fait les adieux qui sont le plus en harmonie avec son climat et sa situation actuelle; avant mon départ, un spécimen de révolution, pour la traversée, un temps idéal, une de ces belles journées qui font tout pardonner. Je ne puis quitter sans un véritable regret ce beau pays, où j'ai eu tant d'impressions de toutes sortes. Je me reproche presque d'avoir été sévère dans mes appréciations sur le peuple et ses habitudes. J'ai dans l'esprit tant de belles images, j'ai éprouvé de si heureuses sensations, qu'à chaque instant surgit un motif d'indulgence, et que si nombreux que soient les désappointements, ils me paraissent effacés de beaucoup par les compensations.

J'ai pu me rendre coupable d'un défaut que tous les voyageurs avouent avec plus ou moins de franchise. Dès que nous voyons un peuple placé en dehors du progrès moderne, chacune de ses naïvetés, de ses singularités ou de ses ignorances nous frappe et nous choque comme une grossière imperfection. Nous jugeons tout, nous blâmons tout selon la règle de nos usages et de nos institutions, les uns compassés et proprets, les autres si régulières et si prévoyantes, qu'elles laissent peu de marge à l'inattendu. D'un autre côté, en voyage, quand nous rencontrons sur notre chemin une ville moderne, aux rues bien alignées, à la voirie soigneusement ordonnancée, avec une population comme toutes les autres, nous crions à la banalité, à la monotonie de la civilisation, à l'ennuyeuse uniformité des maisons, des costumes et des allures. Nous implorons l'original, le pittoresque. Soyons logiques : si nous avons l'un, nous ne pouvons avoir l'autre. Si le Napolitain était civilisé comme le Milanais, le Turinois, etc., il ne serait plus curieux.

Si le séjour de Naples ne nous fournissait pas le spectacle de ces étrangetés continuelles que j'ai signalées et d'autres que j'ai oubliées, comme les danseuses allant au théâtre en chaises à porteurs, les moulins à bras dans les rues, en boutiques, etc., ce serait un puissant attrait de moins. La civilisation, à mesure qu'elle gagne du terrain, chasse pour le voyageur l'intérêt artistique, si elle augmente les commodités du voyage et lui procure le confortable. Je l'ai déjà dit, Naples, c'est la transition originale entre l'Occident et l'Orient, une transition qui s'altère de plus en plus. Je me félicite de l'avoir pu voir avant qu'elle ait perdu son caractère, avant qu'elle soit tombée complétement sous le niveau de ce progrès moderne, dont la garde nationale est déjà une des premières et prosaïques manifestations.

Une nouvelle et brusque initiation aux aventures politiques donne en ce moment de plus vives couleurs au tableau, et c'est avec une satisfaction égoïste que je m'applaudis d'avoir rencontré des circonstances qui ont favorisé l'observation du journaliste comme la curiosité du voyageur. Je n'avais à craindre des révolutions que celles qui étaient climatériques, et ce n'était pas à Naples que je pouvais courir quelque danger sous ce rapport. Peut-être eût-il été à désirer pour les Napolitains que les sentiments politiques ne vinssent pas à déteindre sur leurs affaires. Pour répondre à un enthousiasme qui n'existe pas, l'industrie s'est mise en grands frais afin de produire des nouveautés et des actualités. Mais les étoffes avec portraits, avec batailles, restent pour compte, et il en est de même pour les articles de corail et d'écaille, faits surtout pour les voyageurs.

Voyez-vous une dame française ou anglaise faisant emplette d'une broche avec cette inscription : *Viva Cialdini!* d'une bague avec cette légende : *A Garibaldi pour toujours;* de camées où se trouvent gravés les portraits de *Cavour* et de *Victor-Emmanuel?*

On ne devrait emporter de Naples que le souvenir de Naples. N'est-ce donc rien que cette magique impression profondément gravée dans l'esprit par le spectacle de ces merveilles de la nature? N'est-ce rien que de pouvoir se représenter par le souvenir tout ce splendide panorama qui s'étend de la pointe de Campanella, au-dessus de Sorrente, jusqu'à Cumes et au port de Baïa, en passant par la patrie du Tasse; Castellamare, le Vésuve et la Somma; Pompeï, la ville romaine ressuscitée; Portici, Naples, Pausilippe, Nisida et Pouzzoles? Cela ne vaut-il pas les vases étrusques et les statuettes soi-disant antiques en terre cuite dont une fabrique moderne alimente la consommation? Il est vrai que la nouvelle physionomie donnée à la ville par les orages politiques, amène le touriste à modifier le caractère de ses emplettes et à faire une petite part à un arsenal portatif dans son modeste bagage de collectionneur. En cherchant bien au fond de la malle, entre une psyché et un faune, servant de rempart à une épingle de corail et d'or en *jettatura*, on trouverait les instruments d'une précaution devenue vulgaire à force d'être recommandée. Ces armes, d'origine italienne, et qui heureusement n'ont commis dans mes mains aucun homicide, n'auront pas moins de prix à mes yeux que quelques autres souvenirs plus inoffensifs et plus gracieux. Elles seront un signe des temps où j'aurai connu Naples.

ROME.

I.

La question romaine à Rome. — Les défenseurs. — Les zouaves pontificaux. — La semaine sainte. — L'occupation française. — Une représentation théâtrale au profit des pauvres. — Les soldats romains.

Ecrire de Rome sur Rome, voilà une tâche de tout temps délicate et que les circonstances actuelles rendent singulièrement épineuse. S'il y a de la naïveté à peindre ses impressions de touriste et à inscrire en termes médiocres et incomplets ses enthousiasmes au sujet de la ville éternelle, à la suite de tant d'œuvres qui en ont popularisé les beautés et la grandeur, n'y a-t-il pas une grande imprudence à entamer le chapitre des actualités? Par ces jours d'entraînements et de passions, où les raffinements de la polémique ont varié le sens des mots et hérissé de redoutables épithètes le vocabulaire politique, n'a-t-on pas à craindre de se heurter, avec les meilleures intentions du monde, contre les dénominations en vogue : réactionnaire, ultramontain, républicain, révolutionnaire, sans compter les sous-titres? De même qu'à Rome, autrefois, on condamnait les *neutres*, ne serait-il pas permis aujourd'hui à cette immense majorité de gens impartiaux et modérés que j'entrevois en France de chercher, avec leurs instincts, leur bon sens et un ferme sentiment de justice, une autre voie que celle qui leur est indiquée par la *Gazette de France* ou par le *Siècle?* Faut-il, pour être conservateur dans la raisonnable acception du mot, suivre dans leurs extrêmes conséquences les défenseurs du droit divin, et, pour être sagement libéral, se vouer au culte des fouilles géographiques de nationalités, entasser au nom du progrès les ruines du présent sur celles du passé, et se refuser à tous les tempéraments qui empêchent qu'en accélérant outre mesure le mouvement de l'humanité, on ne s'expose à lui valoir un retard préjudiciable? N'a-t-on pas enfin le droit de s'indigner contre cette facilité avec laquelle l'esprit de parti veut vous embrigader dans l'un ou l'autre camp et semble vous prescrire d'opter, comme héros de votre goût, entre les garibaldiens et les Piémontais d'une part, et les zouaves pontificaux de l'autre?

J'exprime ces idées avec d'autant plus de conviction que je les trouve partagées par beaucoup de mes compatriotes que je rencontre à l'étranger, et que j'ai tout lieu de croire justifié ce mot de *majorité* dont je me suis servi plus haut. L'opinion publique en France n'est pas en cela fidèlement représentée par les journaux de Paris, lancés à toute vapeur, par émulation, par nécessité de drapeau, par entraînement de clientèle, dans une argumentation passionnée. Mais elle se traduit dans notre politique, habile, prudente, éloignée de toutes les exagérations, et qui sait trop bien conduire ou prévoir les événements pour se laisser surprendre ou déborder par eux.

Nous avons déjà fait beaucoup de sacrifices pour la cause italienne ; elle nous a valu le fâcheux retour des discussions religieuses, et cette agitation des esprits que les débats du Corps Législatif et du Sénat ont si nettement exprimée. Si jamais cette unité qui tient toute l'Europe en suspens s'accomplit, ce dont je doute fort, il lui faudra produire des miracles pour nous faire oublier cette absorption à son profit de toutes nos préoccupations pendant une période déjà trop longue.

On ne doit pas s'attendre à ce que Rome soit exempte de ces dissentiments. C'est au contraire, une des particularités les plus singulières de la physionomie actuelle de Rome que ce contact permanent des Français dans deux partis fort opposés. J'avais des relations un peu partout ; je connaissais des zouaves pontificaux, des officiers français au service du roi de Naples, un avocat et un propriétaire romains, un membre du clergé, et j'avais retrouvé quelques amis dans les officiers d'artillerie et de cavalerie de l'armée française.

Après quelques jours de récits, de descriptions et de confidences, j'étais littéralement ahuri et hors d'état de me reconnaître au milieu des controverses et des arguments de diverses sortes dont on m'avait accablé sans pitié. J'avais les rêves les plus incohérents, où se fondaient dans un amalgame fantastique toutes les opinions, tous les projets qu'on m'avait exposés, et où m'apparaissait, escorté de zouaves pontificaux, Victor-Emmanuel, portant au front la tiare, assis pontificalement sur la *sedia gestatoria*, sous un dais dont les cordons étaient tenus par M. de Cavour et Garibaldi. J'en demande pardon à mes lecteurs et les prie de n'attacher aucune idée irrévérencieuse à ce songe ; je ne le cite que comme un exemple des bizarreries que peut se permettre l'imagination sous le coup de pensées un peu confuses.

Malgré cette diversité d'opinions, je n'ai pas trouvé ici l'équivalent des passions qui remuent l'opinion dans notre pays. Il semble que la question romaine, pour la discussion, pour la polémique, soit encore plus en France qu'à Rome. Dans la ville de saint Pierre, les situations, sauf peut-être celle de l'occupation française, sont assez clairement définies pour qu'on n'en soit pas à argumenter sur les principes ; il y a d'ailleurs à cela un empêchement qui dispense de tous autres motifs : c'est qu'il n'y a ni presse ni tribune. En quelques mots on peut ainsi résumer la crise dans laquelle se trouve le gouvernement pontifical. L'aristocratie, sauf quelques dissidences, lui est attachée ; le peuple est fidèle ou indifférent, et s'il agit jamais contre la papauté, ce sera sous l'impulsion de Mazzini et au nom de Garibaldi. L'ennemi réel du Vatican est en grande partie la bourgeoisie, soutenue par une faible partie de la jeunesse. De là sont venues les démonstrations, les protestations : là on appelle de tous vœux Victor-Emmanuel, et enfin là se retrouve, comme à Naples, l'action de la classe moyenne réclamant l'annexion et l'unité ; avec cette petite différence toutefois que la classe moyenne de Naples en est déjà à cette phase où l'adroite bourgeoisie en France gagnait la république de 1848 en cherchant la réforme.

Le pape a pour défenseurs nos soldats d'abord, et ensuite son armée, principalement tous ces jeunes gens qui, pour venir au secours du chef de la religion catholique menacée, ont pris l'uniforme de dragons ou de zouaves.

Ces défenseurs, on ne tarde pas à le voir, sont aussi dangereux que des ennemis. En effet, depuis douze ans nous occupons Rome ; nos soldats sont sans cesse, avec cet esprit de sociabilité qu'on leur connaît, mêlés au peuple : ils lui communiquent peu à peu, par de perpétuelles relations, leurs habitudes, leurs sentiments, leurs idées ; ils les *francisent* pour ainsi dire, et font éclore chez eux des impressions et des jugements qui, au point de vue des principes sur lesquels s'appuie le gouvernement pontifical, ne cessent de le battre en brèche.

Nous sommes généralement peu portés par notre éducation politique et nos goûts à comprendre une théocratie, et les Romains, à force d'entendre parler des autres gouvernements, de voir passer devant leurs yeux des images de gloire nationale, de victoires, qui leur rappellent leurs ancêtres, se laissent aller à se plaindre de la nécessité de subir un gouvernement ecclésiastique.

Nos officiers, sans chercher à faire des prosélytes, et par le seul fait du libre langage habituel en France, opèrent le même résultat dans les sphères plus élevées de la population. Il s'ensuit donc fatalement que l'occupation française, en même temps qu'elle a été le soutien de la papauté, a développé dans l'esprit public des tendances qui, surexcitées par le mouvement italien et soigneusement entretenues par le Piémont, se traduisent de temps à autre par des agitations. On ne peut cependant faire un crime à la France de cette propagande involontaire, ni appeler révolutionnaires nos soldats parce ce qu'ils sont à Rome ce qu'ils étaient en Syrie, en Chine et dans notre pays.

J'appelle aussi défenseurs dangereux les dragons et les zouaves pontificaux. Il est naturel qu'à l'appel du saint-père les familles catholiques se soient émues. Un certain nombre de jeunes gens se sont enrôlés sous les bannières du Vatican. Jusque-là, rien que de très-louable. Mais il est devenu bien vite de bon ton parmi ces volontaires, la plupart titrés, de confondre la cause qu'ils venaient soutenir, avec des opinions politiques hostiles au gouvernement de leur pays. Ils en sont arrivés ainsi, par excitation mutuelle, par légèreté, à tenir hautement les propos les plus compromettants pour tout le monde et pour eux-mêmes.

J'hésitais à croire ce qu'on m'avait dit de certaines manifestations légitimistes. Je n'ai jamais compris qu'un Français, quelles que fussent ses opinions, dit du mal à l'étranger d'un gouvernement français. Cependant il m'a bien fallu reconnaître que malheureusement l'étourderie et les passions pouvaient conduire à de pareilles erreurs. Toutes les personnes qui séjournaient à l'hôtel de la Minerve, quartier général de ces prétendus émigrés, pouvaient chaque jour, à table d'hôte, entendre des professions de foi qui allaient jusqu'à l'excentricité, lorsqu'elles n'étaient pas de la plus coupable imprudence. On eût parlé, je crois, avec plus de modération et de justice dans un camp autrichien, en pleine guerre contre nous. Cela fait rire d'abord, puis on ne tarde pas à s'attrister. Le gouvernement pontifical a sagement senti qu'il était nécessaire de mettre un terme à ces stériles provocations, qui d'ailleurs avaient déjà failli amener des conflits. On avait permis aux sept cents zouaves pontificaux de venir à Rome pendant la semaine sainte ; quatre-vingts d'entre eux en ont profité pour aller faire en corps à l'ex-roi de Naples une protestation de dévoûment, à la suite de laquelle on les a fait retourner à Agnani, à sept lieues de la ville. Ce sont des défenseurs inutiles ; il est au moins à désirer qu'ils ne soient pas embarrassants.

La semaine sainte avait attiré à Rome moins d'étrangers que ne me l'avait fait supposer le nombre des voyageurs qui s'y rendaient de l'Italie méridionale. Nous avons suivi les cérémonies religieuses avec un intérêt que doublaient le sentiment des complications actuelles et une profonde sympathie pour Pie IX. Quoi qu'en dise About, il est difficile de voir une physionomie plus douce, plus paternelle et plus vénérable. Je puis affirmer que les plus ardents adversaires du pouvoir temporel professent pour le pape personnellement une haute estime et qu'il est universellement aimé. C'est à Antonelli, à M. de Mérode, à Monsignor Bartholomeo, l'ennemi systématique des Français, à tous ceux auxquels on attribue une action politique, que reviennent directement toutes les rancunes et toutes les hostilités.

Les cérémonies de la semaine sainte, où la tradition est scrupuleusement observée, ont le caractère de grandeur qui convient au culte religieux dans la ville éternelle. Rien n'est plus imposant que l'office célébré le jour de Pâques par le pape dans Saint-Pierre, et que la bénédiction pontificale donnée du haut de la loge vaticane *urbi et orbi*. J'ai entendu le *Miserere* de la chapelle Sixtine, j'ai assisté au lavement des pieds, à la cène des apôtres, où Pie IX sert à table douze pauvres prêtres revêtus de vêtements blancs, touchant symbole de l'humilité chrétienne. La foule suivait ces cérémonies avec plus de curiosité que de sentiment religieux. Les Anglais y étaient en majorité, les lorgnettes en main comme au théâtre. Ces aimables insulaires tournaient autour des dignitaires de l'Eglise comme on inspecte de pied en cape un monument; j'en ai vu garder leurs chapeaux sur la tête dans la chapelle Sixtine jusqu'à ce que la hallebarde d'un suisse, après observations infructueuses, vînt les jeter à terre. On a dû, pour le moins, s'en plaindre au parlement et à lord Palmerston. Un de mes sujets d'étonnement était ce respect de la tradition qui se manifeste jusque dans les costumes : les chambellans, les officiers, les suisses ont conservé leurs costumes éclatants et bizarres du XVe siècle, avec casques et hallebardes. La semaine de Pâques a été terminée par une illumination splendide de Saint-Pierre et un feu d'artifice tiré sur le Pincio.

A en juger par les correspondances de certains journaux, on doit presque s'attendre à trouver Rome en proie aux mouvements qui précèdent les révolutions. Il n'en est pas ainsi, et la ville est jusqu'ici assez calme. Les troupes françaises sont toutefois pour beaucoup dans cette tranquillité, sans cesse menacée, dit-on, par les démonstrations qu'organise le fameux comité italien. Chaque soir, les quartiers de la ville sont parcourus par des escadrons de carabiniers royaux et des patrouilles composées d'un gendarme et de quatre soldats français.

Les unitaires ou les cavouriens, comme on voudra les appeler, se bornent à de petites protestations anodines; ainsi dans la rue, en passant, on se dit: *No Pio, V. E.* — Non Pie, Victor-Emmanuel, ce qui se traduit aussi par un jeu de mots italien: *Non piove* (il ne pleut pas). Ce signal a remplacé celui de: *Viva Verdi !* Il y a aussi la guerre des sonnets affichés sur les murs; un sonnet piémontophile répond à un sonnet en l'honneur du pape. On parlait beaucoup d'une manifestation en faveur de Victor-Emmanuel, à propos d'une représentation donnée au théâtre Apollon, au profit des pauvres, par les soldats du 7e de ligne. Des précautions avaient même été prises, et un fort piquet de troupes occupait le péristyle et les abords du théâtre. La manifestation a eu lieu, mais en l'honneur des Français. Toutes les loges étaient occupées. Cet immense théâtre était rempli jusqu'à la voûte. La société italienne s'y était donné rendez-vous. On a fêté avec une incroyable effusion nos troupiers artistes, qui jouaient *la Chambre à deux Lits*, *Un Jeune Homme pressé*, *les Deux Aveugles*. On leur a prodigué des applaudissements frénétiques, et s'il y a eu quelque pensée de démonstration italienne, elle ne s'est manifestée que par les toilettes tricolores de quelques dames, plus préoccupées du sens politique de leur costume que de sa distinction.

Les Italiens paraissaient réclamer avec moins de vivacité le départ de nos troupes depuis que l'on parlait avec plus ou moins de probabilité d'une prochaine agression de l'Autriche. Nous avions 12,000 hommes qui occupaient le domaine de saint Pierre proprement dit. On disait même que ces deux divisions seraient renforcées, dans l'attente des événements qui pourraient surgir. Il était certain que de tous côtés on s'attendait à de nouvelles complications. Le roi de Naples, qui devait partir en Bavière, s'était décidé à passer encore le mois d'avril à Rome; il allait quitter le Quirinal pour habiter avec sa famille la villa de Castel-Gondolfo. Il avait conservé près de lui quelques-uns de ses officiers, qui croyaient être employés dans un délai très-rapproché. François II, la reine mère, la jeune reine et les princes se produisaient beaucoup en public et assistaient à toutes les cérémonies. On les voyait presque chaque jour à la promenade du Pincio. Le roi et la reine disaient à ceux qui les entouraient qu'ils n'avaient jamais été si heureux. Cette philosophie allait-elle jusqu'à une complète résignation?

Depuis la semaine sainte, le saint-père était fort souffrant. Déjà, le lundi de Pâques, il était tombé en défaillance. On disait aussi que M. de Mérode était vivement sollicité, par des personnes dévouées au gouvernement de Pie IX, de licencier le corps des zouaves pontificaux et de dégrever le Trésor de dépenses qui n'ont aucune utilité. D'après les nouvelles instructions du général de Goyon, dès que les zouaves se mettaient en marche, nos troupes les devançaient, s'interposant de telle sorte qu'elles évitaient toute occasion de conflits sur la frontière. Cette précaution était d'ailleurs, en ce qui concernait aussi les autres corps de l'armée pontificale, nécessitée par la similitude des uniformes, calqués si exactement, pour l'infanterie de ligne, l'artillerie et les chasseurs, sur les nôtres, que, sauf les clefs de saint Pierre substituées à l'aigle impériale, les soldats du pape auraient pu, par un regrettable malentendu, être pris pour des soldats français.

J'ai tracé en quelques lignes le tableau de la Rome actuelle. Mais que de choses à dire sur la Rome antique, sur la Rome des papes, sur la Rome des trésors de l'art. J'ai visité avec une curiosité impatiente les églises, le *Forum*, le Colysée, le Vatican, les galeries. — Malgré moi, je rattachais toutes mes impressions aux préoccupations politiques du moment. En dehors des considérations de principes, je me faisais difficilement à cette supposition : l'élément welche triomphant à Rome, Victor-Emmanuel au Quirinal sur le trône des Césars, et un Parlement rognant sur le budget constitutionnel le chapitre des dépenses allouées à l'entretien et à la conservation de tous ces monuments d'une antique civilisation, de tous les chefs-d'œuvre du génie de l'homme qui font de Rome, en même temps que la métropole du catholicisme, le musée du monde entier.

Avril 1861.

II.

Le charme du séjour à Rome. — L'administration pontificale. — Le pouvoir temporel. — La réforme par les idées françaises. — L'entourage de Pie IX. — Une gasconnade piémontaise.

Lorsqu'à la fin d'une audience Grégoire XVI donnait congé à un visiteur, si celui-ci n'était resté que quatre ou cinq jours à Rome, il lui disait *adieu*, et *au revoir* s'il y était depuis deux semaines. Le pape indiquait ainsi par cette nuance le charme qui envahit les étrangers lorsqu'ils ont pris pied à Rome autrement que par un rapide passage. Je me trouve dans la catégorie de ceux auxquels on pourrait dire *au revoir;* mais je n'ai pas, hélas! les loisirs illimités des heureux de ce monde, et je comprends avec un soupir de regret mêlé d'une inoffensive envie que des touristes, au bout d'un mois de séjour à Rome, y fassent élection de domicile et installent leurs pénates dans la ville des papes et des Césars. La vie y est facile, le ciel pur, la société romaine agréable.

Quelle belle et intelligente paresse on peut promener dans ces magnifiques galeries où sont exposés les chefs-d'œuvre de la peinture et de la sculpture, les monuments de l'art antique; à travers ces poétiques campagnes où s'est inspiré le génie rêveur de notre illustre compatriote Poussin! On n'est atteint ni par cette autorité ombrageuse attribuée au gouvernement pontifical, ni par les orages politiques que souffle dans la bourgeoisie la vanité de se dire habitants de la capitale de l'Italie, bien plus que le désir ardent d'être citoyens libres. On n'est pas sollicité par des journaux qui viennent chaque jour tambouriner à vos oreilles la question romaine, et d'autres questions dont les problèmes agitent l'Europe. On peut s'isoler de tout ce mouvement des intérêts et des passions, oublier qu'on s'occupe sur terre des catastrophes financières, d'emprunts, d'émancipations, de M. de Cavour et de Garibaldi; vivre enfin dans la contemplation du passé jusqu'au jour, s'il arrive, où le fracas des voix discordantes du Parlement italien viendra troubler la solitude du Colysée et faire subir aux colonnes fièrement dressées dans le Forum, sur la ligne de la voie triomphale, le sort des murs de Jéricho.

Ce paradis terrestre des artistes, des gens de goût et d'imagination, peut, par métaphore, d'autant mieux s'appeler ainsi, que l'accès n'en est pas extrêmement facile. Il semble qu'on veuille vous faire valoir, dans un raffinement de précautions, à Civita-Vecchia, par une série de petits désagréments, les compensations qui vous attendent à Rome. Il faut, en effet, avoir toujours devant les yeux la perspective de ces compensations pour supporter patiemment les formalités accumulées devant le voyageur à son entrée dans les Etats pontificaux. Ce n'est pas qu'on soit sévère, mais on est pointilleux, minutieux, et les services se font si lentement, avec tant de complications inutiles, que cela équivaut, comme résultat, à des mesures presque rigoureuses. Le passeport subit des examens, des taxes; la douane vous promène, égare vos bagages en les contrôlant, tout cela avec tant d'embarras, de désordre même, que, la plupart du temps, le voyageur est retenu sept à huit heures à Civita-Vecchia, avant de pouvoir prendre le chemin de fer.

Ce que j'ai vu et éprouvé de ces difficultés, très-inutiles pour la plupart, au point de vue administratif et fiscal, et qui pourraient être facilement diminuées sans nuire au but, me paraît être l'image exacte de l'administration pontificale : un souverain doux, paternel, doué des meilleures intentions; un gouvernement bien plus occupé des questions de politique générale ou de discipline ecclésiastique que des affaires du pays; des fonctionnaires hybrides et dont le rôle et les attributions ne sont pas assez spécifiés ou sont peu compatibles avec leur caractère; des subalternes incomplétement surveillés et qui, pour de l'argent, font tout, même leur devoir. Voilà ce que les ennemis de la papauté travestissent en régime oppresseur, ennemi de la civilisation.

Il ne faudrait qu'un ou deux ministres intelligents, actifs et énergiques, et persuadés que le progrès n'est pas à tout jamais un cas pendable, pour opérer une réforme salutaire. Malheureusement, on trouve ici un ministre cardinal, Antonelli, qui est l'homme d'État du Vatican ; un ministre de la guerre, monsignor de Mérode, qui organise des volontaires, forme des camps, passe des revues ; un préfet de police, Matteuci, qui est plus habile à signifier des congés aux séditieux et aux suspects qu'à prendre des voleurs ; mais pas un ministre de l'intérieur réputé capable, qui personnifie une administration soucieuse de faire disparaître les abus, de supprimer le respect de la tradition dans les détails pratiques où il devient de l'esprit de routine, de donner prompte satisfaction aux intérêts privés, en même temps que de poursuivre résolûment les entreprises d'utilité publique et d'intérêt général.

Aujourd'hui que j'ai vu bien des choses, entendu bien des opinions, j'ai la plus profonde conviction que si, il y a deux ans, le gouvernement eût donné des libertés civiles, les Romains n'eussent pas pensé à réclamer ces libertés politiques pour lesquelles ils ne sont pas élevés, et qui sont une arme dangereuse entre les mains d'un peuple passant sans transition de l'enfance à l'âge mûr, ou de la décadence au réveil. J'entends par libertés la sécularisation complète et absolue de l'administration, l'adoption de notre code, l'égalité et la légalité, comme me disait une personne bien dévouée d'ailleurs à Pie IX ; la répression sévère de la vénalité dans les fonctions administratives, et la suppression de toutes peines ou poursuites infligées civilement pour manquements aux prescriptions religieuses.

On ne peut nier que, sous ce rapport, il n'y ait beaucoup à faire. L'administration de la justice est fortement répréhensible, ou plutôt il n'y a pas de justice. En matière politique, comme en matière criminelle, il n'y a guère d'autre forme de procès que l'arrestation et le jugement, et malheureusement, en ce qui concerne les crimes, on interprète la bonté du saint pontife dans un tel sens de faiblesse, que la sécurité publique en est compromise. En matière civile, il y a des tribunaux et même appel devant la Rote ; mais il est de notoriété publique que les juges se laissent influencer par toutes autres considérations que le bon droit. En dernier lieu et pour abréger, le monopole des fonctions publiques acquis aux ecclésiastiques blesse et irrite le peuple, surtout depuis qu'il peut apprendre des soldats français, par un contact permanent, ce que son amour-propre et ses besoins pourraient espérer d'un gouvernement séculier.

Ces libertés civiles, si elles n'avaient pu empêcher la marche des événements, eussent ôté du moins un sérieux prétexte à la révolution pour agir, aux Romains pour la suivre. Et cependant, qui peut faire un crime au vénérable pontife d'avoir hésité à faire un pas dans cette voie des réformes utiles, lorsqu'on se rappelle comment l'assassinat et la révolte répondirent au généreux programme d'institutions qu'il avait inaugurées à son avénement? J'ai visité, sur les hauteurs qui dominent Rome, dans la villa Pamphili, le monument funèbre élevé à la mémoire des soldats français, en 1848. Ils ont été tués par les soldats de Garibaldi, le héros du jour ; c'est aussi un souvenir qu'il ne faut pas oublier.

Ces abus dont je parle plus haut, on est profondément convaincu à Rome que le pape les ignore. J'entends ceux qui se plaignent affirmer que certains hauts fonctionnaires lui cachent soigneusement tout ce qui pourrait l'indigner, l'attrister et l'émouvoir. On cite ce mot d'un médecin romain qui, du reste, sur la prévention de correspondances mystérieuses avec Turin, a reçu l'invitation de voyager à l'étranger :
« C'est un grand malheur pour notre cause, disait-il,
« que nous ayons en Pie IX un pape honnête homme,
« aimé et vénéré comme un saint. Si à sa place nous
« avions un homme violent comme M. de Mérode, ou
« impopulaire comme Antonelli, notre affaire serait
« déjà faite. »

Je crois me rendre compte d'une manière assez exacte de la pensée qui a toujours dirigé le gouvernement pontifical dans son refus d'adhérer aux propositions de réformes qui lui furent faites. On objectait le triste résultat obtenu par une première tentative en 1848. Aux demandes de sécularisation, on répondait en disant qu'il ne fallait pas confondre parmi les fonctionnaires les prêtres avec les diacres, distinction peu valable, en ce qu'il est difficile de ne pas considérer comme ecclésiastiques les cardinaux-diacres, les monsignori, etc. Enfin, et je tiens ceci de fort bonne source, on ne cesse de présenter au pape sa situation comme semblable en tout point à celle de son prédécesseur au commencement de ce siècle. On ne cesse de conseiller à Pie IX, en face de Napoléon III, la fermeté que Pie VII n'a cessé de montrer à l'égard de Napoléon Ier. Partant de ce principe, le gouvernement pontifical, d'accord en cela avec sa politique traditionnelle, prend pour ligne de conduite d'opposer à toutes les combinaisons qui peuvent entamer le principe même de sa constitution, une résistance inébranlable, que traduit le célèbre *non possumus*. D'autre part, le parti piémontiste-italien n'admet plus de concessions, et veut Victor-Emmanuel à Rome et l'unité de l'Italie ; de sorte que, des deux côtés, on en arrive aux résolutions extrêmes.

Une transaction qui concilierait les deux causes est donc devenue par le fait si difficile, qu'elle en semble chimérique. Tandis que le gouvernement pontifical est resté tout au moins logique dans son système et l'impassibilité de ses refus, ses adversaires, par l'énergie fiévreuse de leurs attaques, l'impatience de leur polémique, après avoir tâté tous les défauts de la cuirasse, en sont arrivés à ne plus déguiser le motif de leur campagne. De leur part, la question est franchement, presque brutalement posée. A travers ces argumentations ambiguës, ces phrases alambiquées des orateurs italiens, où l'on propose « d'assurer la liberté du pape par la séparation des deux pouvoirs, » il est clair pour tout le monde que cela se réduit à vouloir Rome, parce qu'on en fera la capitale de l'Italie ; à évincer Pie IX, parce qu'il faut que Victor-Emmanuel prenne sa place. Ainsi le veut le droit des nationalités, et toutes les discussions inutiles où l'on a fouillé de part et d'autre l'histoire n'ont guère servi qu'à voiler la crudité des mots qui expriment le fait.

Cependant, cette transaction introuvable, la France la poursuit encore, et tous les hommes justes et impartiaux doivent la désirer. Je suis comme la très-grande majorité de la population gallicane, en ce sens que je me considère comme Français et non comme sujet du pape, que je n'admets pas l'ingérence de l'Eglise dans les affaires civiles, et que je comprends que les membres du clergé soient de leur pays comme citoyens avant d'être d'un pays étranger comme prêtres. Je regrette par-dessus tout le réveil des querelles religieuses, et je ne saurais trop professer mes sympathies pour les sages prélats qui, en France, par une réserve pleine de sagesse et de dignité, sainement appréciée par la population de leurs diocèses, ont écarté de leurs fonctions pastorales l'amertume des récriminations politiques. Cependant je repousserais toute exagération de ces idées qui tendrait à menacer l'unité de l'Eglise catholique. Le mot d'Eglise nationale a été souvent prononcé dans ces derniers temps, et ce serait une des plus périlleuses conséquences de la révolution qui s'accomplit en Italie, si on lui permettait, dans notre siècle de raison et de lumières, d'infliger à notre religion de nouveaux schismes.

Ces considérations sont un peu ambitieuses dans un livre d'impressions et de souvenirs. Mais on ne peut écrire de Rome sans parler de la question romaine. J'ai cherché à apprécier la question avec toute la bonne foi, la sincérité et l'impartialité que j'ai apportées dans mes jugements sur l'Italie méridionale. J'aurai peut-être le tort de ne pas être assez pontifical pour les uns, pas assez Italien pour les autres. Mais ne doit-il y avoir pour moi de salut que dans ces deux issues? Il me paraît plus naturel de juger d'après mon milieu et d'après les instincts et les idées qui naissent directement de ma nationalité.

Il faut bien l'avouer, il y a dans l'entourage du saint-père des gens qui se flattent d'être anti-Français, et leurs actions et leurs paroles, envenimées naturellement par l'opinion publique qui leur est hostile, ne témoignent pas d'une grande sympathie pour nous. J'ai été témoin d'un petit incident significatif. Le jeudi de la semaine sainte, aux Ténèbres de la chapelle Sixtine, le général de Goyon, les autres généraux et l'état-major entrent : un gendarme ou deux les escortent pour faire place. Un camerling ou chambellan, monsignor B..., à deux pas des généraux, interpelle le gendarme sur sa présence et s'écrie avec mauvaise humeur : « Ces Français se glissent partout! » Ce à quoi le colonel P..., qui entend, répond assez durement : « Mais taisez-vous donc; vous êtes bien heureux de les avoir, ces Français! » C'est un des nombreux exemples que je pourrais citer pour prouver que notre position à Rome est difficile, et que nous paraissons y jouer le rôle de protecteurs forcés. La mission de MM. de Gramont et de Goyon aura été extrêmement délicate, surtout auprès de cette diplomatie romaine si habile et si déliée. Il n'en est pas moins vrai que, par le fait, notre occupation est une réforme permanente. La police française, car il y a un préfet à Rome, est plus efficace pour la sécurité publique que la police italienne, un peu trop cousine germaine, par ses agents, des filous et des vendetteurs.

Rome est, pour le moment, parfaitement tranquille. On parle bien sous le manteau d'arrestations et d'exils, mais il est difficile de savoir à quoi s'en tenir sur ces prétendues nouvelles. Les zouaves pontificaux sont à Agnani, bien plus protégés par les troupes françaises qu'ils ne serviront jamais à protéger le saint-père. Pie IX a fait sa première sortie du Vatican et paraît complétement rétabli.

On a fait courir à Rome le bruit que l'Empereur aurait l'intention d'acheter au roi de Naples le palais Farnèse, la Farnésine et les ruines du palais des Césars. On ajoutait que le palais Farnèse deviendrait l'hôtel de l'ambassade française. Ce que je crois certain, c'est qu'en effet François II cherche à vendre ses propriétés, qui valent environ onze à douze millions, et qui ne donnent, en comparaison du capital, qu'un revenu médiocre.

Tout le monde attend la guerre, et, chose singulière, tout le monde la désire comme devant apporter tout au moins une solution quelconque. L'affaire des fourgons piémontais qui se sont avancés jusque sous les murs de Rome a causé une certaine émotion; le lendemain, la rumeur publique avait tellement grossi les faits, que le détachement était devenu un corps de 4,000 hommes, qui avaient été arrêtés par les Français au moment où ils allaient occuper la place d'*Il Popolo*.

J'ai entendu deviser à ce sujet quelques jeunes officiers français de l'armée pontificale, et il semblait, à les entendre, que si les Piémontais faisaient jamais sérieusement une expédition de ce genre, les jeunes croisés les reconduiraient « à coups de cravache » jusqu'à la frontière. Comme je signalais avec quelque compassion cette rodomontade à un homme d'esprit et de cœur que ses convictions portent à soutenir les gouvernements appuyés sur le droit divin, il me répondit en souriant qu'il fallait par ce temps-ci beaucoup d'indulgence, et me cita, par contre-partie, une fanfaronnade assez jolie attribuée à un général piémontais. A une personne qui énumérait les difficultés du dernier siége ce général répliquait : « *Nous avons bien pris Sébastopol; que diable! nous prendrons bien Gaële!* » Comme modestie, c'est le pendant de la bataille de Solferino gagnée par les Italiens.

Avril 1861.

III.

Les manifestations politiques. — Rome chrétienne. — Saint-Pierre. — Les monuments et les églises. — Les musées et les galeries. — Le trésor des reliques.

Les partisans de l'unité italienne avaient fait des démonstrations contre Pie IX. Les Romains en ont fait une en sa faveur. C'était le vendredi 12, l'anniversaire du retour de Pie IX dans ses Etats en 1849, et de l'accident dont le saint-père avait failli être victime en

1855 au couvent de Sainte-Agnès. On sait qu'au moment où il recevait les élèves de la Propagande, la poutre qui soutenait le plancher de la salle se brisa subitement, et que toutes les personnes qui s'y trouvaient furent précipitées dans la pièce du rez-de-chaussée. Heureusement, le pape sortit des ruines sain et sauf; quelques-uns de ceux qui l'accompagnaient furent blessés. Trois peintures à fresques assez médiocres représentent les particularités de cet événement, que l'on regarde comme providentiel. On y voit figurer tous les personnages qui faillirent être victimes : le prince Bonaparte, le cardinal Antonelli, le cardinal Mastaï, parent du pape.

A l'occasion de ce double anniversaire, eut lieu le soir une illumination qui empruntait aux circonstances le caractère d'une manifestation politique. Un assez grand nombre de maisons, sauf les églises, étaient illuminées: cependant on remarquait, aussi bien dans les quartiers principaux que dans les rues peu fréquentées, une certaine quantité de fenêtres qui étaient restées fermées. La ville présentait l'aspect le plus animé; le Corso était rempli de monde et les curieux faisaient le recensement des opinions en examinant les deux côtés de chaque rue.

Le général de Goyon avait fait placer deux ifs devant son hôtel; les ambassades de Russie et des États-Unis n'avaient pas pris part à l'illumination. Dans plusieurs quartiers, les piémontistes ou piémontésistes, comme on voudra, avaient illuminé leurs fenêtres, mais avec des lanternes tricolores, et jusque dans le

Corso se remarquaient des guirlandes de ces lanternes ironiquement intercalées dans cette manifestation. D'autre part, en beaucoup d'endroits, sur les balcons étaient placés des transparents représentant des allégories religieuses avec devises assurant le saint-père de l'amour de ses sujets. Un de ces transparents ornait la base de l'obélisque de la place d'*Il Popolo* ; il portait une inscription à l'honneur de tous ceux qui « du cœur et de la main » avaient soutenu la cause pontificale.

On prétend que M. de Gramont avait représenté qu'il serait prudent de ne pas arborer ce transparent, dont l'inscription pouvait amener des protestations. On lui répondit qu'on ne pouvait empêcher les témoignages d'affection que le peuple voulait donner au saint-père. Cependant M. de Gramont avait raison. Il y eut à la *Sapienza* (Université) une scène de désordre assez grave. Des étudiants ameutés voulurent qu'on enlevât un buste de Pie IX placé sur une sorte d'autel et surmonté d'une légende glorifiant le saint-père. On s'y refusa. Les jeunes gens s'exaltèrent et en vinrent aux injures et aux menaces. La garde palatine fut prévenue et les gendarmes pontificaux arrivèrent. Les étudiants, en leur présence, renouvelèrent leurs cris et voulurent briser le buste. Trois coups de pistolet furent tirés, me dit-on, et deux des jeunes gens parmi les plus exaspérés soutinrent une véritable lutte contre les gendarmes, dont un fut blessé. Enfin, les meneurs furent pris et mis en lieu sûr.

Le parti avancé se montrait, en somme, fort irrité

de cette manifestation, préparée et organisée, suivant lui, par la municipalité romaine plus que par les habitants. De part et d'autre les esprits s'aigrissaient, et, sans la présence des Français, une explosion eût été inévitable.

De la part de nos troupes, de sévères précautions avaient été prises. Un bataillon, l'arme au pied, était campé sur la place Colonna, tandis que de nombreuses patrouilles sillonnaient la ville.

Le roi et la reine de Naples vivent comme de simples particuliers. La reine assiste aux revues de troupes françaises dans la villa Borghèse. Après les manœuvres, le général de Goyon vient la saluer. Il n'est pas plus question du départ de notre corps d'occupation que de la canonisation de Garibaldi.

Un an de séjour suffirait à peine pour faire connaître la Rome chrétienne, la Rome moderne. Un simple détail de statistique le fera comprendre. Le touriste doit visiter et plus ou moins étudier quatre basiliques patriarcales: Saint-Jean-de-Latran, Saint-Pierre, Sainte-Marie-Majeure, Saint-Paul; six basiliques secondaires, cinquante églises environ, seize galeries de tableaux, sept musées de statues, quarante palais, les aqueducs, les fontaines et les villas, etc.

On commence inévitablement par l'église Saint-Pierre, la grande magnificence de Rome, et un des premiers édifices du monde, bien digne par la hardiesse de la conception, par son ensemble grandiose, par son imposante richesse, d'être l'église des papes et du catholicisme.

L'immensité de l'édifice est pour ainsi dire voilée, tout d'abord par l'harmonie de l'ensemble, disent les Italiens, par le vaste développement des trois arcades qui mesurent toute la longueur de la nef du milieu, disent les architectes. On ne tarde pas à se rendre compte peu à peu des proportions extraordinaires de la basilique. Ainsi, lorsqu'on vient d'entrer, à droite et à gauche, les anges des bénitiers, même vus à une très-faible distance, paraissent comparativement petits; en approchant, on s'aperçoit qu'ils ont sept pieds de hauteur. Le premier temple du monde emprunte son principal caractère à la fameuse coupole. Quand on veut l'admirer dans toutes ses gigantesques parties, une de ces rampes douces que l'on appelle *cordonnata* conduit sur l'église. A cinquante mètres au-dessus du sol on s'arrête sur une plate-forme, suspendue dans les airs. Une véritable population de quatre cents employés qui n'ont d'autre occupation que l'entretien et l'appropriation de la basilique, les *San-Pietrini* habitent les combles, et cette plate-forme, ornée d'une fontaine, offre l'aspect et le mouvement d'une place publique ! On peut atteindre ainsi à une hauteur vertigineuse. Les objets, vus de cette élévation, sont à peine distincts ; les regards plongent dans l'abîme de la coupole qui s'ouvre sous les pieds de l'observateur, et les lampes de l'autel n'apparaissent plus que comme des points lumineux à peine visibles. Au loin s'étendent les plaines silencieuses, au milieu desquelles Rome est assise. Si l'on cherche à définir ses impressions, on reste confondu devant cette œuvre d'architecture, la plus hardie que l'esprit humain ait exécutée, devant ces prodiges enfantés par le génie et la foi !

Au milieu de toutes les créations hardies et splendides de l'art dans l'œuvre gigantesque du Bramante et de Michel-Ange, il est une autre impression morale qui saisit l'esprit à la vue des confessionnaux de *presque toutes les langues*. Il y a dans cette universalité une autre espèce de grandeur. Lorsqu'on visite les églises de Rome, on est frappé des immenses richesses artistiques qui y sont accumulées et qu'une sollicitude constante, se perpétuant comme une précieuse tradition, a su arracher aux ravages des hommes comme aux attaques du temps. Tableaux, mosaïques, sculptures, là sont réunies de véritables merveilles, et l'on retrouve jusque dans les dispositions architecturales, conservés et utilisés, les élégantes colonnes, les précieux débris de l'antiquité, dont l'isolement à ciel ouvert eût pu accélérer la complète destruction.

Ces splendeurs de la Rome chrétienne, qui se traduisent par les productions du génie de Michel-Ange, de Raphaël, du Dominiquin, du Guide, du Poussin, de Canova et de tant d'autres à travers les siècles, composent le plus riche trésor de la papauté, et lui créent un droit impérissable à la reconnaissance des nations civilisées. Le culte de l'art chrétien est un héritage que les pontifes se sont légués d'âge en âge ; et même dans les temps modernes, au milieu de toutes les restrictions que peuvent opposer aux meilleures intentions des ressources restreintes, au milieu des préoccupations politiques, le pape ne cesse de remplir sa glorieuse mission.

Au Colysée, au Forum, au Vatican, dans la restauration ou la résurrection des monuments antiques, comme dans la formation et le classement des galeries où sont transportés les statues et les bas-reliefs au fur et à mesure qu'un heureux hasard les fait découvrir, se manifeste une intelligente et active prévoyance. Les ateliers de mosaïque, où se font de remarquables copies des œuvres des maîtres, sont installés au Vatican même ; c'est au Vatican qu'un goût exquis a su réunir des tableaux qui font l'admiration du monde entier : La *Transfiguration* et la *Vierge de Foligno*, de Raphaël; la *Communion de saint Jérôme*, du Dominiquin ; *Jésus porté au tombeau*, du Caravage; le *Crucifiement de saint Pierre*, du Guide: la *Sainte Famille*, du Garofolo; la *Madeleine*, du Guerchin; la *Résurrection*, du Pérugin ; un Murillo, *le Martyre de saint Erasme*, du Poussin, etc.

C'est au Vatican qu'il faut admirer les fresques de la chapelle Sixtine, les loges et les chambres de Raphaël, ce musée qui est le premier du monde, et où se trouvent l'Apollon du Belvédère, le Laocoon, le Persée, de Canova, l'Antinoüs. Pourquoi faut-il que les fresques, par l'humidité et l'action du temps, soient destinées à disparaître. Celles dites *loges* de Raphaël avaient déjà été fortement endommagées par la soldatesque de Charles-Quint, qui fit du feu au milieu des salles mêmes. **Le Jugement dernier**, de Michel-Ange, dans la chapelle Sixtine, cette fresque d'un style si puissant et si terrible, est tellement noircie, tellement altérée, qu'on peut difficilement en distinguer la composition. Il est heureux que nous possédions tout au moins, comme un précieux souvenir, la belle copie faite par Sigalon et qui est placée au palais des Beaux-Arts.

Le Vatican utilise dignement ses treize mille chambres pour donner une large hospitalité aux œuvres des grands artistes dont le génie fut puissamment stimulé et encouragé par les papes Léon X, Paul III, Jules II.

Les galeries particulières des palais Doria, Corsini, Borghèse, Farnèse, Barberini, Chigi, Spada, etc., sont autant de musées dont s'enorgueilliraient de grandes capitales européennes. En les visitant, on rencontre à chaque pas un de ces tableaux popularisés par la renommée : la *Fornarina*, de Raphaël; la *Cenci*, du Guide; la *Danaë*, du Corrége ; la *Sibylle de Cumes*, du Dominiquin, et sa *Chasse de Diane* ; les *Saisons*, de l'Albane; les paysages du Poussin, les batailles de Salvator Rosa, l'*Amour sacré* et l'*Amour profane*, du Titien ; la *Mise au Tombeau*, de Van-Dyck; la *Vie du Soldat*, de Callot; une Vierge de Murillo ; un *Ecce Homo*, du Guerchin ; l'*Aurore*, du Guide ; le *Joueur de Violon*, de Raphaël ; la *Vanité* et la *Modestie*, de Léonard de Vinci; la *Fortune*, du Guide ; la *Lucrèce*, de Cagnacci ; *Saint Luc faisant le portrait de la Vierge*, de Raphaël, etc. Je cite les chefs-d'œuvre parmi les chefs-d'œuvre, dans ces collections de milliers de tableaux où se manifeste à différents degrés le génie de l'homme, et qui sont presque tous remarquables.

Les palais de Rome n'ont en général aucun style caractéristique, sauf celui de Venise, auprès duquel se trouve le palais Bonaparte, habité par la famille du prince Lucien, et où est morte la princesse Lætitia, mère de Napoléon Ier. Entre les places Navone et Farnèse est situé le palais de la Chancellerie, œuvre capitale du Bramante. Il était en 1848 le siége du Parlement romain, et ce fut sur les premières marches de l'escalier que fut assassiné le ministre de Pie IX, Rossi.

Les musées se continuent dans les églises et présentent une telle succession des monuments de l'art, de richesses et de particularités curieuses, qu'on est forcé, sous peine de fatigue, de régler et de distancer ses visites. La basilique de Saint-Jean-de-Latran est considérée comme le siége du patriarcat romain. A Saint-Pierre, le pape est souverain pontife; à Saint-Jean-de-Latran, il est évêque de Rome. On comprend à peine aujourd'hui que ces splendides basiliques, Sainte-Marie-Majeure, Saint-Paul, aient été construites hors des murs, sur des emplacements déserts. Et cependant, la foule y affluait autrefois. Mais, aujourd'hui, la population n'est guère que de 170,000 habitants, et les trois cents églises de Rome suffisent et au delà; surtout si l'on calcule combien de milliers de personnes peut contenir Saint-Pierre lors d'une cérémonie solennelle, et comme j'ai pu le voir le jour de Pâques. Le trésor des reliques est très-riche à Rome; il semble que rien n'ait été perdu, ou que tout ait été retrouvé : la baguette de Moïse, la crèche du Sauveur, un portrait de Jésus-Christ à douze ans, plusieurs portraits de la Vierge, par saint Luc, la margelle où Jésus-Christ s'assit quand il demanda à boire à la Samaritaine, la table sur laquelle il fit la cène avec ses disciples, la colonne brisée où on l'attacha pour être flagellé, la pierre sur laquelle les soldats jouèrent ses vêtements, le *sudarium* (linge où est empreinte l'image du Christ); la lance dont on se servit pour le frapper au côté, un des trente deniers payés à Judas, et enfin la planche en bois portant la fameuse inscription : *Jesus Nazarenus, rex Judæorum.* Si l'on excepte ces précieuses reliques acceptées et consacrées par la foi, en général tous les simulacres qui sont en grande vénération chez les fidèles, figures de cire ou de bois bizarrement vêtues, ne sont, comme objets d'art, que d'affreuses monstruosités. Comme le fait si bien observer un auteur moderne, « il n'y a pas une Vierge « de Raphaël ou d'André del Sarto qui ait pu exciter « l'enthousiasme des dévots. La *Piété,* de Michel-Ange, « est abandonnée dans la solitude, et son sublime « *Jésus-Christ* à la Minerve n'est remarqué de per- « sonne. » Il s'est trompé sur ce point : les baisers des personnes pieuses ont tellement usé le pied droit du Jésus de Michel-Ange, qu'on a dû y mettre un brodequin en bronze doré.

Les églises de Rome, j'en excepte toujours Saint-Pierre, sont en général plus riches qu'imposantes. Elles ne parlent point à notre imagination, à nous autres hommes du Nord ; je n'en voyais pas une seule, avec sa profusion de marbres, le luxe de ses chapelles, ses plafonds dorés, sans lui préférer nos vieilles cathédrales avec leurs nefs hardies et ce demi-jour mystérieux versé par leurs vitraux gothiques. Les temples du Nord, élevés par la foi, sont plus dignes et plus solennels, et le sentiment religieux s'imprégnant de la majesté du lieu m'y paraît plus dégagé d'une curiosité frivole, plus profondément inspiré.

IV.

Rome antique. — Le Colysée. — La voie triomphale. — Le Forum. — Le Capitole. — Le Tibre. — Le Panthéon. — Les cirques. — Les thermes. — Les aqueducs.

Il y a deux sortes de gens, outre les Anglais, qu'on doit fuir en voyage comme la peste : ceux qui ne s'étonnent de rien, par *genre*, et ceux qui admirent tout de confiance. Les premiers rentrent dans la classe nombreuse et envahissante dite des *poseurs*, les seconds dans celle non moins nombreuse des ignorants et des badauds. Pour ces derniers, le Guide-Hachette est article de foi ; ses indications précises les dispensent de faire effort de réflexion et de jugement, et ils le trouveraient encore plus instructif si, à côté de chaque objet signalé, on ajoutait, selon le mérite de l'œuvre, une mention à l'usage du touriste : *passer indifférent, digne d'attention, ici l'on se pâme*. Sten-

dhal dit à ce propos : « Tout le monde feint d'*adorer*.
« L'essentiel est de choisir des phrases assez moder-
« nes pour qu'elles ne soient pas déjà lieu commun.
« Rien de plaisant comme ces figures ennuyées que
« l'on rencontre partout à Rome et qui jouent l'ad-
« miration passionnée. » Et il a bien raison : le malheur veut qu'on arrive le plus souvent avec des idées
toutes faites sur les monuments et les chefs-d'œuvre
que l'on va visiter, et que les personnes qui sentent
réellement sont en extrême minorité. Si je me range
dans cette catégorie privilégiée, ce n'est pas que je me
pique d'être fort en esthétique ou d'avoir la faculté
d'un enthousiasme permanent. Je reconnais que la fibre
lyrique me fait défaut ; en fait de descriptions, j'éprou-
verais assez l'embarras si plaisamment traduit par
cette phrase, sentencieusement inscrite sur un album :
« Exprimer ce qu'on éprouve est difficile à peindre. »

Le prestige des souvenirs de l'antiquité est tel, qu'en
arrivant à Rome, le plus souvent on court au Panthéon et au Colysée avant d'aller à Saint-Pierre. C'est
surtout au Forum qu'on embrasse d'un coup d'œil les
vestiges d'une grandeur que nous avons peine à nous
figurer. Les amphithéâtres de Nîmes et d'Arles, si curieux qu'ils soient, ne peuvent entrer en comparaison
avec le Colysée, cette merveille de Rome et du monde
entier. Commencé par Vespasien, continué par Titus,
construit par des milliers de prisonniers juifs, il fut
inauguré par des fêtes qui durèrent cent jours et où
furent tués cinq mille animaux sauvages et dix mille
captifs. Plus tard, les chrétiens l'arrosèrent de leur

sang. Le Normand Guiscard en commença la démolition; elle se poursuivit pendant les guerres du moyen âge, et on en arriva à l'exploiter comme une carrière. Ce fut avec ses matériaux que furent construits plusieurs palais romains. Là, comme ailleurs, c'est par les Français que fut entreprise l'œuvre de restauration, et il faut reconnaître que les derniers papes et surtout Pie IX s'employèrent très-activement, par des travaux intelligemment conduits, pour faire revivre dans sa colossale architecture ce monument de la puissance des Césars.

A quelques pas du Colysée se trouve l'arc de Constantin; on suit alors la Voie-Sacrée sur les pavés mêmes qu'ont foulés les pas des triomphateurs, on passe près des fondements de la statue colossale de Néron, de la *Meta sudans* dont parle Sénèque, sous l'arc de Titus, élevé par le Sénat et le peuple romain pour la conquête de Jérusalem. Le marbre pentélique dont il est formé, les bas-reliefs représentant le triomphe de Titus, en font le plus beau monument de ce genre qui soit parvenu jusqu'à nous. Le long de la Voie-Sacrée sont accumulés les débris de la Rome antique, la basilique de Constantin, les temples aux magnifiques colonnes qui se dressent sur les ruines avec leurs élégants chapiteaux. On touche du doigt les *rostres* où parlait Cicéron, et on monte toujours, en suivant la voie triomphale, au Capitole, après avoir admiré les temples de la Concorde et de Vespasien, et l'arc de Septime Sévère.

Le Forum occupait l'espace compris entre l'arc de

Titus et la base du Capitole. Les Romains modernes, peu soucieux des gloires de leurs ancêtres, ont changé les noms illustres de *Capitole* et de *Forum Romanum* en ceux de *Campidoglio* et de *Campo-Vaccino*. Encore aujourd'hui une partie de l'emplacement sur les côtés est occupée par le marché des vaches et des bœufs. Le lieu où s'assemblait le Sénat, où s'agitaient les destinées du monde, le lieu le plus classique de la Rome antique a été bouleversé par les siècles. Après le vandalisme de Robert Guiscard, qui en fit un monceau de décombres, il devint jusqu'au milieu du seizième siècle un dépôt d'immondices. Lorsque Paul III y fit des fouilles, il trouva l'ancien à huit mètres au-dessous du sol actuel.

Le Forum est aujourd'hui déblayé, soigné et entouré d'une sorte de parapet. On y a réuni les colonnes échappées à la destruction des monuments magnifiques qui s'y amoncelaient. Mais la différence du niveau est un singulier obstacle pour la perspective de l'imagination. D'autre part, la curiosité et le désir d'illusion sont découragés par les incertitudes de l'érudition qui, depuis trois siècles, retourne ce champ de ruines sans parvenir à s'y orienter. Il faut ajouter qu'il y a, outre le Forum romain, les forums de Jules César, Boarium, d'Antonin, d'Auguste, etc., et que cette variété de noms conduit les archéologues à une confusion inextricable.

Le Capitole moderne ne répond pas à l'idée d'un passé héroïque. C'est une place de médiocre étendue, bornée par trois façades de monuments dont l'un est le palais des sénateurs et l'autre un musée; au milieu de la place, à l'endroit même où l'on fit brûler Arnaud de Brescia, s'élève la fameuse statue équestre en bronze de Marc-Aurèle. La roche Tarpéienne était un des sommets du Capitole : elle a perdu presque toute sa hauteur; l'exhaussement du sol est de plus de 14 mètres, et si on menaçait les traîtres à la patrie de les en précipiter comme on fit de Manlius, on ne les épouvanterait guère. Le célèbre mont Aventin est aujourd'hui la plus basse et la plus déserte des collines de Rome. Le mont Palatin, où demeuraient Cicéron, Gracchus, Marc-Antoine, Catilina, où s'élevaient les magnifiques habitations d'Auguste, de Tibère, la *maison d'or* de Néron, qui renfermait des bois et des étangs, conserve encore une certaine poésie par ses ruines imposantes. Les jardins Farnèse augmentent la mélancolie du tableau; on laboure aujourd'hui la terre végétale sur les voûtes des palais des Césars. Cependant on y rencontre encore des restes curieux, et j'y ai vu la salle de bains où Sénèque s'est ouvert les veines par ordre de son cher élève, Néron.

L'existence de Rome à travers les âges lui a valu d'ajouter à ses dix collines naturelles de petites éminences, qui sont des amas de gravois et de pierres accumulés sur le sol. Le Monte-Testaccio prend son nom du latin *testa*, tesson : il a été formé de débris de poteries. On se souvient que les Romains faisaient un grand usage d'objets en terre cuite, amphores pour le vin, jarres pour l'huile, pots pour l'eau, urnes funéraires, et il a fallu cependant bien des tessons pour former une colline, qui a plus de 1,500 mètres de circonférence et 60 mètres de hauteur. Une particularité intéressante s'attache à cette colline ; sur le sommet venait souvent s'asseoir le Poussin pour admirer, au moment du coucher du soleil, les monuments de Rome.

Le Tibre est bien le *flavum Tiberim* d'Horace. Il ne se recommande guère aujourd'hui que par ses inondations, qui sont un des fléaux de la ville. Il ne peut en être autrement d'un fleuve qui, dans un cours de dix lieues environ jusqu'à la mer, n'a que six mètres de pente et des rives très-basses. On parle depuis longtemps de travaux préservatifs, d'endiguements, de construction de quais ; mais il paraît que dans les Etats romains, comme ailleurs, les ingénieurs entrent difficilement du domaine de la théorie dans celui de la pratique, et qu'on multiplie les X, comme dit le vulgaire, pour prouver que ce qu'il y a de mieux à faire est de ne rien faire.

On ne doit pas s'attendre à ce que j'entreprenne une étude sur l'antiquité ; je m'exposerais à mettre ma plume dans quelque traquenard tendu par les savants. J'ai beaucoup de confiance en eux, mais il m'arrive quelquefois de penser de l'archéologie la définition que Voltaire donnait de la métaphysique :
« Lorsque celui qui parle ne sait plus ce qu'il dit, que
« celui qui écoute n'y comprend plus rien, c'est… de
« la métaphysique. »

Je laisse donc aux Saumaises modernes le soin de

me dire si le temple d'Antonin le Pieux n'est pas le temple de Marciana, sœur de Trajan, de me désigner, au milieu de bien des contradictions, l'emplacement de la curie où César fut assassiné, et je poursuis au hasard ma promenade, qui n'a d'autre prétention que de donner une physionomie générale. Soit par son style, soit par sa conservation, le Panthéon est le monument le plus remarquable que nous ait transmis l'antique Rome. Rien ne saurait rendre l'aspect imposant de ce temple, même aujourd'hui qu'il a été dépouillé du bronze qui le recouvrait, et que, par l'exhaussement du sol sur la place de la Rotonde, il paraît enfoui de quelques pieds. La lumière n'entre dans l'édifice que par une seule ouverture circulaire, pratiquée dans le milieu de la voûte, et dont le diamètre est d'un peu plus de huit mètres. On y monte par un escalier de cent quatre-vingt-dix marches. Ce dut être une grande émotion pour les Romains quand ils virent pour la première fois cette voûte hardie projetée sur le vide. Malgré les injures du temps et, ce qui fut pis, malgré les ravages et les déprédations exercés par les empereurs, les barbares et certains papes, ce monument de la munificence et du goût d'Agrippa, gendre d'Auguste, construit vingt-six ans avant l'ère vulgaire, est encore un de ceux qui aient été le mieux conservés. Raphaël y est enterré dans une chapelle. L'œuvre la plus parfaite de l'architecture romaine était digne de servir de mausolée au plus grand artiste des temps modernes.

Les temples sont encore assez nombreux ; mais ils

sont pour la plupart à l'état de ruines. Je citerai comme particularité le temple de la Fortune virile, où l'on remarque de belles colonnes ioniques. Les matrones romaines avaient grande dévotion à cette déesse, qui avait la réputation de dissimuler aux yeux des hommes les défauts corporels du beau sexe. Voilà une divinité qui rendrait de nos jours bien des femmes païennes, si l'on pouvait réellement lui reconnaître cette complaisante faculté.

Le plus grand des cirques, Circus-Maximus, occupait l'espace entre les monts Aventin et Palatin. Au temps de Vespasien, qui l'agrandit, il pouvait contenir 250,000 spectateurs, et 400,000 sous Constantin. Une partie des gradins était adossée au palais des Césars. L'emplacement du cirque date de Romulus. Tout le vieux monde romain a passé par là. Aujourd'hui, on ne voit plus que des vignes et des jardins maraîchers là où combattaient hommes et animaux, et, à la place des obélisques et des statues qui ornaient le cirque, s'élève la cheminée d'un gazomètre, la seule qui se permette d'envoyer de la fumée au-dessus des maisons de la ville éternelle.

Qui ne connaît de vue ou par lecture la colonne Trajane et la colonne Antonine? Les bas-reliefs de la première, qui offrent le plus parfait modèle du style dit historique, ont inspiré Raphaël et son école. Les archéologues romains, dans l'inscription modèle du piédestal de la seconde, ont commis la petite erreur de substituer le nom d'Antonin le Pieux à celui de Marc-Aurèle, à qui la colonne était érigée pour ses victoires sur les Marcomans. Notre obélisque de la place de la Concorde cesse d'être une rareté en comparaison des monolithes égyptiens qui furent transportés à Rome par les empereurs, et qui, renversés et ensevelis, furent relevés à partir de Sixte-Quint. Celui qui orne la place du Vatican était resté debout dans le cirque de Néron, près de l'endroit où est maintenant la sacristie de Saint-Pierre. Le plus grand de tous, celui de Saint-Jean-de-Latran, transporté d'Héliopolis à Rome, avait été placé dans le Circus-Maximus. Deux autres obélisques ornent les places de la ville.

Les thermes romains répondaient à nos modernes casinos, mais comme les gigantesques théâtres de l'antiquité ressemblent à nos théâtres, si étroits, si incommodes, si mal aérés. Les thermes avaient pris un développement prodigieux : on y trouvait des bains froids, tièdes, chauds, de vapeur, des salles pour se sécher, pour se parfumer, des stades pour les exercices et les jeux, des promenades ombragées d'arbres, des portiques où les poëtes récitaient des vers, des bibliothèques, des galeries ornées de statues et de tableaux, où le peuple se formait le goût. On peut suivre par les habitudes d'hygiène le mouvement de la civilisation. Les Romains de la république se baignaient dans le Tibre; puis, en compensation de la liberté, les empereurs leur donnèrent les jouissances du luxe : les thermes succédèrent aux piscines. Le Romain moderne se baigne quand il pleut et quand le manque d'abri le force à recevoir l'eau.

Il est nécessaire de connaître le rôle que jouaient les bains publics dans les habitudes de la population pour comprendre les thermes de Dioclétien, de Titus, et surtout ceux de Caracalla, les plus grandes ruines de Rome avec le palais des Césars et le Colysée. C'est là que furent trouvés l'Hercule Farnèse, le Torse du Belvédère, la Flore, la Vénus callipyge, le Taureau Farnèse et des centaines de statues. On y comptait, dit Valery, mille six cents siéges de bain en marbre poli.

Des grands travaux entrepris par les Romains, ce sont peut-être les aqueducs qui donnent la plus haute idée de leur génie opiniâtre et de cette civilisation dont la nôtre n'est, en beaucoup de choses, que la copie en miniature. Il fallut d'énormes dépenses, dit Letarouilly, pour créer à ces espèces de fleuves, formés de rivières détournées, un lit de plus de cent soixante-sept lieues, suspendu pendant plus de huit lieues dans les airs, sur des arcades élevées souvent de plusieurs étages. Aujourd'hui encore, qu'on n'a plus guère que le dixième du produit des aqueducs anciens, Rome est, sous le rapport de la distribution d'eau, trente fois plus favorisée que Paris.

Pour compléter le tableau de la Rome antique, j'aurais besoin de plus d'espace et d'études qu'il ne m'est permis d'en offrir. J'aurais à parler de Tivoli, de ses cascades, de la maison d'Horace, de la villa Adrienne, d'Albano, de Frascati, de la voie Appienne, des Catacombes, que sais-je ? C'est surtout aux portes de Rome que les monuments séculaires frappent l'imagination. Cette solitude monotone et sévère semble le cadre poétiquement naturel qui ajoute à la majesté des ruines, et on comprend que de tels spectacles aient inspiré des chefs-d'œuvre. Les terrains en culture ne s'étendent guère qu'à une lieue autour de Rome. Puis commencent les vastes plaines en pâturages, incidentées ici par des aqueducs, là par des tombeaux et des mausolées. Le paysage, dont le fond est formé par les montagnes bleues de la Sabine, est à la fois calme et solennel, et on ne se lasse pas de le contempler. Aucune construction bâtarde ne vient faire tache par une régularité anachronique. Je me trompe, une villa placée dans une belle situation s'aperçoit de loin et *tire l'œil*, comme disent les peintres, par ses prétentions saugrenues à la fantaisie. Elle appartient à un M. Smith. Il n'y a qu'un Anglais qui puisse avoir le mauvais goût de planter une chinoiserie sur l'emplacement de la maison d'Auguste, dans le classique panorama des ruines de Rome, comme il n'y a que des Anglais qui puissent, en se promenant dans Rome, tirer des petits marteaux de leur poche, et, quand le *custode* a le dos tourné, casser des doigts de pieds et de mains aux statues, des morceaux de bas-reliefs, pour les emporter comme souvenirs dans leur iconoclaste patrie.

Avril 1861.

V.

Les bourgeois de Rome. — La noblesse. — Les Transtévérins. — Les crimes. — Nos soldats. — Une historiette. — De Rome à Civita-Vecchia.

On ne peut pas noter entre deux villes un contraste plus saisissant que celui qui existe entre Naples et Rome : d'un côté, un bruit continuel et assourdissant ; de l'autre, le silence d'une grande ville de province où il n'y aurait pas d'industries ; une cité de 500,000 habitants, où s'agite la population la plus bruyante de l'Europe, et la ville éternelle, trop grande pour le nombre de ses habitants, à laquelle les souvenirs de l'antiquité et la présence du chef de l'Eglise donnent un caractère particulier de calme imposant. Les enthousiastes remarquent dans la tenue grave du Romain, dans la dignité de ses allures, un sentiment de fier respect pour la grandeur passée de sa ville et de ses ancêtres. Il a, en effet, surtout dans le peuple et la population des campagnes, l'air plus sérieux que ne le sont en général les Italiens ; mais c'est aller trop loin que de nous le montrer si pénétré de la poésie de son histoire. C'est absolument comme si on nous donnait, comme preuve du culte du beau, transmis par la tradition aux habitants de la Rome contemporaine, la fantaisie burlesque de Turcaret par laquelle un banquier, M. Torlonia, prince romain, je crois, a fait construire dans ses villas des ruines d'aqueducs, de temples et de monuments. A ce compte, les Anglais, qui vont par files à Sorrente coucher dans la chambre dite du Tasse, dans l'espoir d'y frotter de sentimentalité leur industrialisme, seraient des artistes et des poëtes.

Ce n'est guère que chez les bourgeois de Rome piémontophiles que les circonstances ont réveillé les souvenirs historiques ; encore n'est-ce qu'à leur orgueil, ou, pour mieux dire, à leur vanité, que répondent ces souvenirs. Dans le programme de leurs destinées futures, ils n'ont pas laissé que de faire des emprunts aux classiques archives de l'antiquité. Cependant quelques-uns d'entre eux se sont ouverts à moi au sujet des inquiétudes que leur émancipation pourrait faire concevoir aux puissances jalouses de toute grandeur future ; ils se sont défendus de faire de Rome, capitale de l'Italie, la capitale du monde entier. Leur ambition, sagement bornée, n'allait pas à convoiter le retour des temps où dominaient les Césars. Cela m'a rassuré ; je craignais déjà la conquête des Gaules.

La bourgeoisie de Rome, jusques et y compris le petit commerce, est ici ce qu'elle est quelquefois ou souvent ailleurs : tracassière et peureuse, voulant à la fois changer et conserver, partagée entre une certaine hardiesse que lui donnent ses instincts frondeurs et la prudence que lui imposent ses intérêts ; quand elle s'avance, toujours poussée plus loin qu'elle ne veut aller, et attrapant la république, dont elle ne veut pas, en réclamant la réforme ou l'émancipation. Le bourgeois de Rome, partisan de l'unité, de l'annexion et de tout ce qui s'ensuit, en petit groupe d'amis et quand les portes sont closes, traite le pape de tyran, nos soldats d'oppresseurs. Pour lui, le roi de Piémont est le roi d'Italie, et Garibaldi est son prophète. Les jours de manifestation, il va pousser au Corso deux ou trois cris de : *Viva l'Italia una! viva Vittorio Emmanuele!* se sauve à toutes jambes dans sa maison, et regarde à travers les persiennes des fenêtres si la révolution va commencer. Pour comble d'audace, et comme témoignage d'énergique protestation en faveur du souverain de son choix, il porte d'épaisses moustaches, qui se continuent dans la barbe et lui donnent la physionomie d'un chat en colère. Sa femme a sur la poitrine une broche où se remarque le portrait du roi galant homme, et dans la rue ou au spectacle elle étale un tel luxe de couleurs éclatantes et patriotiques, qu'à une certaine distance elle fait l'effet d'un faisceau de drapeaux tricolores qui se promène.

La noblesse romaine est en tout proche parente de la noblesse de Naples : même abondance de princes, même luxe d'équipages au détriment de la table; de grands appartements où il n'y a pas de mobilier, absence de tout confortable intérieur, maigre cuisine, peu de linge, et un ou deux domestiques pour tout faire, y compris la conversation, avec changement à vue de livrées, comme pour le maître Jacques de Molière. On vit en voiture, à l'église et au salon. Du reste, peu ou point d'instruction, une indifférence assez complète de ce qui se passe hors Rome, beaucoup d'esprit naturel, de l'amabilité, et, comme opinion politique, dévoûment au pape et mission d'approvisionner le gouvernement pontifical de monsignors, de camériers et de gardes-nobles : tels sont les caractères les plus saillants de la société romaine, si j'en excepte les véritables grands seigneurs, les princes Doria, Borghèse, Corsini, etc., dont la fortune est immense, surtout en propriétés foncières et en galeries de tableaux, il est vrai inaliénables. Il n'y a pas que dans les romans de George Sand qu'on puisse voir des princes italiens propriétaires d'un palais et gueux comme Bélisaire.

On s'est plu, dans ces derniers temps, à retrouver dans l'habitant du Transtévère le type des anciens Romains. De grands traits, une physionomie assez rébarbative, une allure farouche, ont paru les signes incontestables d'une énergie que les siècles n'avaient point effacée. J'aime à croire pour ses ancêtres qu'il en diffère tout au moins par la propreté et le courage. L'absence de la première de ces qualités peut paraître excusable chez l'homme du peuple, puisqu'elle fait défaut dans les autres classes. Quant au courage, il en a un, mais d'une nature particulière : il consiste à sentir vivement les offenses et à s'en venger. Mais n'allez pas croire que le fier Romain, pas plus que l'intrépide Napolitain, aille en face vous attaquer et vous provoquer. Sa vengeance est tout simplement un guet-apens. Il vous attendra le soir au coin d'une rue, s'élancera sur vous et vous tuera net, car il excelle dans cet exercice, d'un coup de couteau entre les deux épaules. Lorsque vous entendez parler du meurtre d'une personne, vous pouvez hardiment affirmer, surtout si elle a été frappée par derrière, que le coup vient d'un indigène.

Dans l'opinion publique, le meurtrier n'est point un lâche assassin. On le laissera fuir tranquillement, même si le crime a été commis en plein jour. Les carabiniers pontificaux arriveront le lendemain ; on fera une légère enquête, et tout sera dit. Si un hasard extraordinaire, comme il s'en rencontre rarement, fait tomber le coupable entre les mains de la justice romaine, si complets que soient ses aveux, si endurci qu'il paraisse, il en sera quitte pour quelques années passées au bagne de Civita-Vecchia. J'ai visité ce bagne, et les travaux forcés m'y paraissent être une réclusion assez douce avec peu d'occupations. Or, ce n'est guère punir un Romain ou un Italien que de le condamner à ne rien faire.

La police française a moins de ménagements ; aussi on se garde bien de s'y fier. Le général Baraguey-d'Hilliers avait trouvé un moyen efficace de répression. C'était de faire fusiller en plein jour, sur la place du Peuple, tous ceux qui jouaient du couteau. Encore aujourd'hui, c'est le sort réservé à ceux qui s'attaquent à nos soldats. Malheureusement les habitants n'ont que la police romaine pour les protéger, et les assassins ne s'effraient pas de si peu. Le fameux Gasparone, qui aurait pu, comme les Arabes, faire une cinquantaine de brèches à son couteau pour *marquer* ses victimes, a maintenant dans une prison de l'Etat la retraite la plus agréable qu'il puisse désirer. Sa chambre, dont la fenêtre est à peine grillée, donne sur des jardins; il est l'objet des soins les plus délicats; on lui accorde tous les plaisirs de la conversation et de la société; enfin, ce sont en quelque sorte les Invalides d'un bon vieux bandit qui se repose de ses campagnes.

Les couteaux dont on se sert ordinairement pour la *costellada* ont une telle dimension, qu'il n'est pas possible à première vue de leur assigner un autre usage. Malgré la solidité du ressort qui maintient ouverte la lame longue de plus d'un pied, on les vend à bon marché, afin d'en rendre sans doute l'acquisition possible à toutes les bourses. Cette marchandise s'étale dans la rue, est offerte dans les cafés, et il n'est pas encore venu à l'idée du vice-camerlingue Mateucci, directeur de la police, que ce serait déjà quelque chose que de faire interdire le débit effronté de ces instruments de meurtre.

On crie à Rome à l'oppression du gouvernement en matière politique; on incrimine vivement les perquisitions nocturnes, les arrestations, les exils, etc. Ce sont là des mesures sévères, sans doute; mais il est généralement admis qu'un gouvernement les emploie avec plus ou moins de rigueur contre ceux qui proclament aussi haut que possible leur intention de le renverser. Cette lutte entre l'autorité et la révolte est de tous les temps, et on peut dire de tous les régimes. Je n'ai donc pas à m'en occuper. J'accuserai au contraire l'administration romaine de débonnaireté, de tolérance et de faiblesse en tout ce qui tend à maintenir la sécurité; de contradictions, de routine et d'irrégularité dans les services publics. Toutes les formalités de douane et de passeports imposées aux voyageurs à l'entrée dans Civita-Vecchia et Rome et à la sortie sont insupportables, sans être bien utiles. Elles pourraient rapporter tout autant au Trésor sans comporter autant de complications et de paperasses absurdes; et quant aux précautions de police, elles ne servent qu'à importuner les gens paisibles et honnêtes, sans empêcher les gens turbulents et malintentionnés d'aller à Rome, d'y former un comité permanent et de composer tout un parti dont le but n'est pas le maintien du pouvoir temporel. Quand les agents piémontais ou les mazziniens veulent aller à Rome, ils ne vont pas montrer leurs passeports à Civita-Vecchia. La police romaine n'a pu encore découvrir les chefs du comité, ni l'imprimerie où se fait le fameux journal unitaire, qui vaut plusieurs années de travaux forcés à l'habitant chez lequel il est trouvé. Malgré cela, il circule si bien, que j'ai pu en lire plusieurs numéros. J'ajouterai que la rédaction en est si médiocre, qu'il n'y a guère que l'attrait du fruit défendu qui puisse lui valoir auprès des piémontophiles un succès assez compromettant.

Quant à la sécurité publique, elle n'existe pas plus à Rome qu'à Naples. Elle existe d'autant moins que les passions politiques fournissent un prétexte aux assassins. Comme il n'y a pas de journaux qui publient la statistique quotidienne des crimes, on ne les connaît guère que par quartiers. La police est complétement muette, et dans les hautes sphères administratives, on peut hardiment affirmer aux nobles étrangers que rien de ce qui a pu émouvoir tel jour le public n'est mentionné sur le rapport. Malheureusement, il n'est pas permis de douter de la fréquence de ces crimes. Je citerai comme preuve le martyrologe de la dernière semaine de mon séjour : assassinat d'une femme ; coup de couteau à un étranger ; attaque nocturne contre un Français ; vol à midi chez un boutiquier : le commis poursuit le voleur, qui se retourne et le menace d'un couteau ; assassinat d'un carabinier pontifical ; enfin, dans la soirée du lundi 15 avril, on apporte à l'hôtel de la Minerve un jeune homme, M. d'Aubigné, ex-zouave de Pie IX, blessé mortellement. Il a reçu une balle qui lui a traversé le corps. Le coup de pistolet lui a été tiré dans le dos, naturellement par un Romain.

Ces tristes nouvelles me reviennent d'après les récits qui circulent dans la partie de la ville où je demeure, car on pense bien que je ne m'amuse pas à en faire le relevé. Des poursuites actives et un châtiment immédiat auraient vite raison de ces assassinats. La bonté du saint-père exclut tout arrêt de mort. On devrait au moins arrêter les coupables et leur infliger autre chose que la villégiature forcée.

Les attentats contre nos soldats sont très-rares ; la police française a une terrible réputation, et les mots de conseil de guerre et de château Saint-Ange ont une salutaire influence sur l'Italien. Il faut dire aussi que nos troupes vivent en très-bonne harmonie avec le peuple. Nos troupiers sont mêlés à toutes les classes de la population, et j'en ai vu jusque dans le Ghetto, où, avec le plus intelligent mépris des préjugés romains, ils ont des relations avec les deux sexes, d'achats de divers petits articles avec le premier, d'aimable galanterie avec le moins laid des deux.

Ce qui nous a frappés le plus dans notre occupation française, et je le dis avec un certain amour-propre national, c'est de voir partout, dans les musées, les galeries de tableaux et les églises, les soldats, même des régiments qui sont depuis le plus de temps en Italie. Dans quelle autre armée que la nôtre trouverait-on un emploi si noble des loisirs de la garnison ?

Nos troupiers voient souvent et plusieurs fois chacun les chefs-d'œuvre et les monuments de l'art ; ils finissent par en connaître à peu près l'historique et l'auteur ; ils s'exercent à faire des comparaisons, à juger ; le sentiment du beau se grave dans leur esprit. Je ne dis pas qu'ils deviennent forts en esthétique ; mais leurs idées s'élèvent, leurs faibles notions s'agrandissent. Rentrés dans leurs foyers, en Basse-Bretagne et en Normandie, ils parlent à leurs auditeurs ébahis de Rome, du Capitole, du Colysée, de Saint-Pierre, des beaux tableaux de Michel-Ange, de Raphaël. Ils ont vu tout cela ! et comme leur paraît encore plus grande cette patrie qu'ils servent et qui envoie si loin ses enfants pour ce rôle de justice et de civilisation dont ils entrevoient la portée !

Nous avons vu dans les *repos* d'exercices militaires nos soldats profiter ainsi d'un quart d'heure pour viter l'église de Saint-Jean-de-Latran. « Comme cette

« église est loin, nous disait l'un d'eux, je ne peux la
« voir que tous les mardis, jours d'exercices; mais,
« depuis six mois, je commence à bien la connaître
« en détail. » Un sceptique qui les aurait vus superficiellement aurait pensé qu'ils venaient, après une heure de poussière et de soleil, chercher le frais sous les grands arceaux de cette basilique de Saint-Jean-de-Latran, dont le souverain de France est *chanoine,* de tradition séculaire. Ceci me rappelle une anecdote qui m'a été racontée par Mgr Olivier, évêque d'Evreux, de spirituelle mémoire, et que je prends la liberté de citer, parce qu'elle est authentique et inédite :

En 1854, un bataillon du 6e de ligne était en garnison à Evreux. Un jour d'été, dans l'après-midi, deux soldats traversaient la place de la Cathédrale de cette allure particulière aux soldats qui flânent. L'un d'eux fait remarquer à son compagnon que des personnes entraient dans la cathédrale, qu'il devait y faire frais, et que, comme la bourse commune ne contenait pas de quoi prendre un verre de bière, ce qu'ils avaient de mieux à faire par cette chaleur *trop picale* était d'entrer. Ce qui fut dit fut fait. Mgr Olivier prêchait pour une œuvre de miséricorde devant un auditoire choisi. Les deux soldats avaient pris des siéges et paraissaient fort attentifs. La loueuse vint leur réclamer 20 c. « Quatre sous! dit l'un d'eux avec une
« naïveté irrévérencieuse, si nous les avions eus, nous
« ne serions pas entrés. » Mgr Olivier, si faible que soit cet incident, le remarque et s'en fait rendre compte. Il donne l'ordre de ne pas faire payer les sodats et de

les lui amener à la sortie de l'église. Il les interroge avec son habituelle aménité, et après les avoir engagés à revenir le mercredi suivant entendre la parole de Dieu, les congédie en donnant à chacun une pièce de cinq francs. Le plus éloquent était si ému, qu'il ne put trouver pour remercier le prélat que ces mots : « Ah ! mon évêque ! Trop de bonté, mon évêque ! » Au régiment, on dit « mon évêque » comme on dirait « mon colonel. »

On juge quel bruit fit dans le quartier la bonne aubaine des deux soldats. Ils durent recommencer vingt fois le récit. « Je te dis que nous n'avons eu qu'à en« trer dans l'église, et qu'après le sermon ce brave « homme d'évêque nous a donné la pièce à chacun. » On en parla toute la semaine. Mgr Olivier était trop habitué à ces particularités pour y prêter autrement attention. Le mercredi suivant, il monte en chaire ; mais quelle est sa surprise en apercevant devant lui, assis comme des sénateurs romains, près de 200 soldats, sérieux, attentifs comme il convient dans l'accomplissement d'un devoir ! Le récit des deux camarades avait porté ses fruits. Mgr Olivier dut se serrer les lèvres pour ne pas rire à un spectacle aussi inattendu et aussi original. Puis, avec cette richesse d'imagination qu'il possédait, s'inspirant de l'incident, il parla de la charité, des familles nombreuses, des enfants abandonnés, avec tant d'onction, qu'un des soldats, prenant spontanément son képi, le tend à ses compagnons, et qu'en un clin d'œil les gros sous forment une collecte que le quêteur vient offrir lui-même au prélat à la fin du sermon. Mgr Olivier les remercia par quelques paroles pleines d'effusion, se défendit d'accepter cette somme, mais leur indiqua une famille réduite au plus complet dénûment et à laquelle tout le détachement vint l'apporter. On ne pensait plus du tout au motif intéressé qui avait amené dans l'église un auditoire militaire, et l'attention délicate de Mgr Olivier avait indiqué, dans l'exercice direct de la bienfaisance, la généreuse compensation qui allait le mieux au bon cœur de nos soldats.

Nous voici loin de Rome et de Saint-Jean-de-Latran. Mais je ne sache pas que des convenances puristes interdisent l'anecdote. Nous avons quitté Rome; nous sommes de retour à Civita-Vecchia, après avoir parcouru des plaines bien stériles et d'une tristesse majestueuse. Absence de culture partout. Biens de couvents, ou grandes propriétés foncières, ce ne sont que pâturages, qui d'ailleurs offrent de bons rapports. Pas de villages, pas de paysans pour labourer les terres; de distance en distance quelques rares habitations, quelques troupeaux poudreux que les bergers réunissent le soir, ou de vastes guérets couverts de vaches et de buffles.

Que faudrait-il faire pour chasser la *mal'aria*, assainir les campagnes et ramener la vie et la prospérité là où règnent la solitude et le calme si chers aux esprits contemplatifs et rêveurs? C'est un de ces problèmes dont je n'ai pas à m'occuper ici.

Le souvenir qu'on emporte aujourd'hui de Rome est mêlé de considérations politiques qui le rendent un peu confus. L'attention, quoiqu'on résiste, est sollicitée de divers côtés. On voudrait ne vivre que dans le passé, et l'actualité vient sans cesse vous en distraire. Ceux qui n'ont pas une passion enracinée, qu'ils appellent opinion et qui permet de les étiqueter et de les classer; ceux qui ont la prétention, ridicule de nos jours, de voir, d'entendre et de juger sans exagération, sont par cela même assaillis, sous forme de raisonnements persuasifs, par une foule de déclamations où il n'y a souvent pas plus de bon sens que de bonne foi. On en arrive à se sentir des velléités de devenir effréné révolutionnaire quand c'est un partisan du droit légitime qui vous parle, et enragé légitimiste et ultramontain quand c'est un patriote unitaire-annexionniste-émancipateur qui cherche à vous convertir à ses rêves d'humanitarisme. Il en résulte qu'en Italie on a pour ce qui se passe des sympathies et des antipathies, des entraînements et des répugnances, mais que la seule opinion qu'on puisse en toute sincérité et en toute impartialité se reconnaître est celle qui consiste à n'être à peu près de l'avis de personne.

PISE.

Les Toscans. — Les Anglais à Florence. — M. de Cavour et Garibaldi. — Le bilan de la question italienne.

Pise est une station médicale et un lieu de repos. Ce n'est pas impunément qu'on s'est trouvé plus ou moins mêlé à Naples et à Rome aux agitations de la politique. On se fatigue d'entendre et d'observer, de rire ou de gémir, de croire et de douter. Les longues stations dans les musées et les galeries, les rapides lectures, la tension continuelle de l'esprit produisent une sorte de lassitude nerveuse. On a vu tant de chefs-d'œuvre, que par un besoin brutal de réaction, on aimerait à se calmer par la vue de quelques tableaux bien médiocres, de quelques statues bien vulgaires, comme on en trouve en cherchant bien. On se promet comme récompense de faire trêve au travail de l'imagination et de se laisser aller quelque temps aux douces torpeurs d'une vie végétative. L'air doux et un peu humide de Pise est merveilleux pour opérer cette cure. Les quatre beaux monuments, la Cathédrale, le Baptistère, le Campo-Santo et la tour penchée, ces splendides témoignages du passé, sont réunis sur la place du Dôme, comme pour la commodité du touriste, sinon blasé, du moins plus rassis. D'ailleurs Pise, avec ses rues silencieuses, ses quais déserts, la mélancolie de ses souvenirs, est un beau cabinet d'études pour songer à ce que l'on a vu et résumer ses impressions. Lorsqu'on a parcouru l'Italie, on se retrouve avec plaisir dans cette élégante Toscane, où les fièvres révolutionnaires s'amortissent dans le caractère doux et facile des habitants.

Beau temps, riche récolte d'étrangers, vie agréable, destinées politiques envisagées sous le rapport artistique, promenades à *Lungo l'Arno* et aux *Cascines*, beaucoup de sociabilité et d'animation, une grande propension à s'inquiéter peu et à s'amuser beaucoup ; voilà les Toscans. Je les retrouve, je les reconnais, aussi gracieux, aussi spirituels, aussi indifférents à tout ce qui ne menace pas d'entamer la poésie de leur chère cité. L'annexion s'est faite : on y a fait peu d'attention. M. Sauli a remplacé comme gouverneur M. Ricasoli : on le sait à peine. Cependant n'allez pas croire qu'on reste étranger aux événements ; il faut, au contraire, les suivre pour y saisir le moindre prétexte à réjouissances. Un bataillon mobilisé de la garde nationale de Naples arrive à Florence : vite, célébrons ce beau jour et faisons bon accueil à nos frères du Midi, car tous les Italiens sont frères, etc. Quels beaux hommes que ces Napolitains ! et comme on admire leur belle tenue ! Dire que des gaillards doués d'une si belle prestance militaire se sauvent si vite au moment du danger ! et que, le 22 mars dernier, on a pu voir une armée de dix mille guerriers complétement mise en déroute par un coup de pistolet ! Ils n'ont conservé aucun souvenir de cette défaillance, et des soldats éprouvés par le feu de dix grandes batailles n'auraient pas une allure plus victorieuse. Les bons Florentins y voient bien malice, mais ne le montrent pas. Ils prodiguent à leurs compatriotes, sur leur passage, les drapeaux et leurs applaudissements ; puis, c'est assez : on ferme ses portes aux frères, on ne leur parle pas plus que s'ils étaient des Tudesques, on les laisse s'offrir à eux-mêmes l'hospitalité des hôtels et des restaurants... et la *Nazione* proclame avec des larmes que jamais l'histoire n'a offert un exemple plus touchant de fraternité. *Et nunc erudimini...*

Il n'y a plus de barrières entre les Italiens, dit-on et écrit-on. Les diverses appellations ont disparu : Lombards, Napolitains, etc., se sont confondus dans un même nom, comme dans une même patrie. Voilà deux ans déjà que dure le mouvement italien, et les démarcations sont aussi profondes qu'auparavant. Un Toscan se croit certainement plus qu'un Piémontais, qu'un Lombard, qu'un Bolonais, et tous les Italiens pris en particulier se jugent supérieurs aux Napolitains. La question italienne est depuis deux ans sur le chantier, et de longtemps, en Italie, on ne dira autrement que *les troupes piémontaises* au lieu de : *les troupes italiennes*. Les Piémontais sont restés Piémontais, et, quoi qu'on puisse dire, le travail d'assimilation n'a pas fait de sérieux progrès.

En Toscane, le parti de l'autonomie est encore très-puissant, mais, en général, ne se manifeste par aucune hostilité. Les familles sont souvent très-divisées ; j'en connais où le père est attaché à l'ancien souverain, tandis que le fils a été combattre avec Garibaldi. Mais ces divergences d'opinions n'entretiennent point, comme on pourrait le croire, des haines actives. On est d'accord instinctivement pour attendre le résultat d'une grande expérience, pendant que chacun reste à son rôle. Ceux qui sont le plus contraires à l'unité italienne ne se refusent même pas à participer aux démonstrations qui tendent à la consacrer. Il est rare d'abord qu'un Italien ne se laisse pas aller au plaisir de pavoiser sa maison. Il ne serait pas de son pays, s'il se refusait aux petites manifestations qui peuvent distraire ses yeux et satisfaire son besoin d'activité et de pittoresque. On sait bien combien peu étaient républicains de tous ceux qui, en 1848, chez nous, arboraient au moindre prétexte le drapeau tricolore.

Florence, à cette seconde partie de mon voyage, devenait le quartier général des Anglais. Naples et Rome étaient en fièvre. Leur délaissement a profité à l'aristocratique patrie du Dante et de Michel-Ange. La *perfide Albion*, comme disait le *Siècle* d'autrefois, inonde de ses enfants tous les quartiers de la ville, et leur blond ardent fait ressortir le type brun et distingué du Toscan. Nos chers alliés, tout pénétrés de leur active intervention en 1859, viennent sans doute recevoir les témoignages de reconnaissance des populations dont ils ont préparé la délivrance, et examiner paternellement les conséquences de leur nouvelle condition. Quel aimable et amusant compromis d'illusions entre les Anglais et les Italiens : les premiers se persuadent qu'ils ont été les vrais libérateurs; les seconds qu'ils n'en ont pas eu du tout et ont fait leur besogne eux-mêmes.

Les Anglais exercent en Italie une influence qui ne leur est pas contestée : celle des voyageurs qui paient le plus cher. Les maîtres d'hôtel et les marchands sont loin de s'en plaindre. L'année a dû être bonne, car on en parle beaucoup. Les marchands de tableaux et de statues ont fait de brillantes affaires. L'or britannique a abondé : hourra pour les riches insulaires!

L'administration actuelle a eu le bon esprit de ne rien changer aux anciennes dispositions qui affectaient à la glorieuse hospitalité donnée aux beaux-arts la plus grande partie des palais royaux. Le palais Vieux et le palais Pitti sont restés unis dans ce noble rôle, comme ils le sont matériellement par la grande galerie conduite au-dessus de l'Arno. L'idée de cette construction a dû être inspirée par le sentiment de prévoyance qui a fait élever la galerie par laquelle les souverains pontifes se rendent du Vatican au château Saint-Ange, et que les Romains appellent familièrement le *papaduc*, comme on dit *viaduc* et *aqueduc*. Le roi Victor-Emmanuel, le prince de Carignan, ou les princes du Piémont, dans leurs passages à Florence, n'occupent guère qu'une modeste partie des appartements du grand-duc, devenus eux-mêmes un riche musée.

Quelques tableaux avaient été expédiés de Naples à Turin sur les ordres du roi. Les Florentins ont été en cela plus privilégiés que les Napolitains, et on a scrupuleusement respecté les richesses artistiques de Florence. Ils le doivent, dit-on, à une petite épigramme imitée assez heureusement d'un dialogue entre deux statues célèbres de Rome, Marforio et Pasquin, sous le pontificat d'Adrien XI. Voici l'anecdote :

Un journal avait exprimé, au nom de la population, le vœu que l'annexion n'allât pas jusqu'à enrichir Turin des dépouilles, si minimes qu'elles fussent, de Florence, et il faisait allusion à certaines petites privautés de la capitale du Piémont à l'égard de ses sœurs d'Italie. Un matin, à Florence, on trouva cette inscription au bas de la statue de Michel-Ange : *Che fa David.* (La statue placée à la porte d'entrée du palais grand-ducal.) David répondait : *Guardo la galeria degli Uffizi, che non vada a Torino.* On pourrait relever David de sa faction, car je crois que les Florentins n'ont pas à craindre cet enlèvement.

J'ai vu deux fêtes en trois jours à Florence. La seconde était à la fois religieuse et mythologique. Dans une ville où l'amusement public est élevé à la hauteur d'une obligation municipale, on ne pouvait pas moins faire civilement et religieusement pour le premier jour du mois de mai. Les Italiens sont un peu païens ; ils se laisseraient aller volontiers à déifier les plus belles saisons. Toutes les administrations ont donc chômé, et la population s'est mise en liesse, non pas seulement, notez bien, pour le commencement du mois spécialement dédié à la Vierge, mais parce qu'il est d'aimable tradition de fêter ainsi le début *réel* du printemps. C'est en effet une cité privilégiée que cette *cité des fleurs,* si bien nommée. Avec ses buissons de roses qui bordent les routes, ses belles collines, ses magnifiques promenades, ses riches monuments, ses palais sévères, les trésors artistiques de ses musées, avec son fleuve historique, aujourd'hui desséché et altéré comme le Manzanarès, avec tant d'autres beautés que je ne saurais décrire, Florence possède une royauté que ne lui ôtera jamais l'annexion. On a dit de la Toscane que c'était la Touraine de l'Italie ; la comparaison est également vraie pour les habitants : même humeur douce, de l'imagination et un esprit original, assez de goût pour en revendre aux Piémontais, et un amour de la liberté qui n'a rien de farouche ni de belliqueux.

Ma dernière étape vers la France est Gênes, la cité d'où partirent les Argonautes garibaldiens pour aller à la conquête de l'unité italienne. Ce rôle, qui la met aux premiers rangs dans les annales de l'histoire contemporaine de l'Italie, s'accorde parfaitement avec le caractère aventureux aussi bien que cosmopolite de sa population. Il va sans dire que Garibaldi y est adoré, et que les turbulents Génois, si l'ermite de Caprera voulait être leur chef ou leur président, renouvelant contre le Piémont leur révolte de 1849, jetteraient volontiers l'unité aux orties pour s'adonner à la république ; tant il est vrai qu'on ne peut faire un pas en Italie sans voir se multiplier les éléments les plus réfractaires au projet dont la presse poursuit la réalisation avec beaucoup d'illusions et un ensemble panurgien.

Les escapades parlementaires de Garibaldi n'ont pas, comme on pourrait le croire, diminué son prestige. Ce sont toujours les mêmes applaudissements, le même enthousiasme, le même fanatisme. Et qu'on ne croie pas que ce soit spécialement sur le peuple que s'exerce cette influence ; les hommes les plus distingués la subissent. J'en ai causé bien souvent avec les personnes qui approchaient le plus Garibaldi, et toutes me confirmaient cette véritable faculté de fascination que lui composent sa douceur mystique, son sang-froid et son calme mélancolique, une certaine allure de prophète, son désintéressement, sa foi politique et son insouciant mépris de la vie. C'est surtout l'empire du flegme sur les organisations nerveuses et impressionnables du Midi. Ces traits constituent, en résumé, une physionomie qui n'est pas vulgaire, et si ce n'est pas un héros, ce n'est pas non plus un Lafayette démocratique, bon, généreux et dupé, s'exhibant sur son cheval blanc avec la meilleure foi du monde, et faisant sa partie dans un jeu qui n'est pas au profit de ses aspirations réelles. Que de libéraux d'aujourd'hui sont nés de cette graine !

L'émancipateur en chef de l'Italie méridionale n'est pas un profond politique, ni un grand administrateur ; mais il faut reconnaître qu'il est logique, et ce n'est pas un médiocre mérite par le temps où nous vivons. Des esprits distingués ont pu prétendre avec raison que Garibaldi personnifiait l'unité, tandis que M. de Cavour représentait, sans le savoir et sans le vouloir probablement, l'idée de la confédération.

Que veut Garibaldi ? Que l'on poursuive, sans regarder en arrière, les entreprises heureuses de 1859 et de 1860 ; que l'on suive la veine ; que l'on habitue les Italiens, par la communauté des grandes émotions et des périls, à une fusion de plus en plus complète ; qu'on donne à leur conquête la consécration d'une véritable lutte, le baptême du sang versé sur des champs de bataille nouveaux ; qu'on détourne enfin vers le danger et la gloire ces imaginations promptes à s'exalter, mais par cela même d'une mobilité que les atermoiements et l'incertitude peuvent rendre singulièrement funeste à l'unité.

La politique de M. de Cavour était au contraire dans l'expectative. Profiter des premiers succès, et attendre l'occasion pour en obtenir de nouveaux ; créer d'abord le royaume d'Italie, en faire accepter l'idée, puis procéder graduellement et habilement de la partie au tout ; organiser, administrer et armer, coordonner de nouvelles ressources pour les faire concourir au besoin à un dernier effort, et adoucir les scrupules de la diplomatie européenne par le spectacle des heureux résultats de l'annexion, tel était le programme de M. de Cavour.

Dans le premier plan, le danger venait de l'extérieur ; dans le second, de l'intérieur. Garibaldi ne tenait pas compte des grandes puissances et n'admettait pas qu'une défaite pût rejeter l'Italie au pouvoir de l'Autriche et léguer à la France, de par son intérêt traditionnel, les embarras d'une nouvelle intervention. M. de Cavour nous paraissait avoir beaucoup trop préjugé de la rapidité avec laquelle serait opérée l'homogénéité, et les effets de l'annexion depuis deux ans ne faisaient guère espérer que cette lourde tâche pût s'accomplir aussi facilement.

On sait quelle a été en Italie la valeur de ces mots : coordonner et organiser. Il semble que le plus mauvais service qu'on ait pu rendre au gouvernement piémontais ait été de lui faire fournir, sous l'examen attentif de l'Europe, cette preuve de son aptitude à supporter le fardeau de grandes destinées. Le talent de M. de Cavour a bien pu préparer merveilleusement les élections et former au Parlement une majorité votant à la Vaucanson pour le ministère. Mais il n'a pu tenir en haleine l'ardeur des nouvelles populations annexées, ni entretenir, au nom de l'intérêt commun, la résignation aux sacrifices exigés et consentis dans un premier élan un peu irréfléchi. Des calculs intelligents n'ont pu aboutir, surtout pour une partie de l'Italie, à un plan d'administration adroit, sagement combiné, régulièrement poursuivi, et qui, donnant satisfaction aux premiers besoins, formant un séduisant contraste avec les erreurs du régime déchu, saisît de suite les esprits par l'efficacité des mesures.

Ce n'est pas tout, dira-t-on, que de juger et de blâmer juste : ceci ne constitue guère qu'une doctrine négative. Je le veux bien, mais où en est-on aujourd'hui avec les doctrines positives ? De la meilleure foi du monde, les personnes qui entrent le plus dans le vif de la question, au point de vue italien, ont cru que l'unité ne pourrait être fondée que sous une main de fer et un pouvoir absolu. C'était aussi mon opinion. Mais il ne suffit pas de prononcer le mot de dictature, il faudrait un homme de génie, grand capitaine, grand administrateur, fondant par l'épée, consolidant par les actes et annulant toutes les résistances par l'ascendant d'une action providentielle, un Napoléon italien en un mot. L'homme de génie est à trouver chez nos voisins, et il faut se contenter de sa monnaie.

Le régime constitutionnel, qui continuerait naturellement et probablement avec succès l'œuvre entreprise, se trouve, selon moi, dans des conditions trop bâtardes pour figurer au premier plan. C'est comme le second acte d'un drame placé avant le premier. Les violences qu'un dictateur peut se permettre en invoquant le salut de la patrie, et que l'histoire justifie par une raison suprême d'entraînement et de révolution fatale et nécessaire, ne sont plus, sous l'égide d'une constitution qui se prévaut avant tout du mérite d'être une œuvre de justice, de moralité et de loyauté, que d'odieuses iniquités. Cela est si vrai que, malgré l'insuffisance de Garibaldi, c'est vers lui que se tourne la plus grande somme de popularité; c'est à lui que l'esprit d'initiative, que les sympathies de la majorité vivace de la population créent une sorte de dictature chimérique.

On dit bien que la révolution est faite par la classe moyenne sous la direction du gouvernement constitutionnel. Mais la classe moyenne ne fait jamais une révolution que jusqu'aux intérêts exclusivement, et son concours n'est jamais illimité. La classe moyenne a parlé, a créé, a fondé des journaux, mais elle n'aime pas donner de l'argent et encore moins son sang pour la cause qui la touche le plus. Elle fait en rechignant beaucoup un service de garde nationale qu'elle assimile aux plus rares dévoûments, et s'habitue à l'idée d'attribuer spécialement aux Piémontais le rôle d'armée active pour repousser l'ennemi.

Ordinairement, toutes les révolutions produisent des hommes nouveaux, des caractères, etc.; l'enthousiasme, la foi dans l'avenir, l'appel aux plus nobles sentiments font surgir de grandes physionomies. Loin de là, tout est petit et mesquin dans cette révolution, depuis que la France a cessé de la conduire haut et droit à son but. Sauf des figures que nous connaissions déjà, M. de Cavour, un homme de génie qui est mort à la tâche ; Garibaldi, un courageux paladin devenu grand général après avoir pourfendu tous les moulins à vent des Deux-Siciles, mais heureux en aventures et bien taillé pour ces rôles à coups de sabre et à chemises rouges qui raniment notre curiosité blasée; sauf ces types, qu'avons-nous vu sortir de nouveau de la révolution italienne ? Pas un administrateur, pas un orateur, pas un homme de talent! Quel spectacle nous a-t-il offert ce Parlement recruté parmi les intelligences d'élite du pays? Celui d'une assemblée de députés somnolents perdant des mois entiers, dans les plus grandes circonstances, à pérorer sur des formules, et ne se réveillant un peu que sous la brusque parole du soldat de Milazzo! La Sicile, est travaillée par de sourdes menées qui ne sont pas précisément bourboniennes; Naples s'agite continuellement; les populations refusent d'obéir à la conscription; l'ennemi est là, sur la frontière, qui guette peut-être l'heure de fondre sur sa proie, et le temps se perd en verbeuses interpellations, et, de cette tribune, pas une voix éloquemment inspirée pour réveiller les esprits et les rappeler au sentiment de la situation ; aucun élan de cœur, aucun grand mouvement, rien que l'originalité militaire des discours de Bixio pour amuser la galerie !

Et les administrateurs? les avons-nous assez vus à l'œuvre! Faut-il citer à Naples San-Martino, qui succède à M. Nigra, qui succédait à M. Farini, qui succédait à Conforti, qui succédait..., ainsi de suite, comme dans la Genèse ! Est-ce la faute de Garibaldi ou de François II si on n'a pas su prendre encore la première des mesures nécessaires pour donner satisfaction à un peuple que l'on veut régénérer ? Il a été de mode d'attribuer au séjour de la flotte française à Gaëte, comme de nos troupes à Rome, une partie des difficultés que nous venons de désigner ; mais n'est-il pas de la plus grande évidence que les Italiens excellent non pas à *fare da se,* mais à défaire d'eux-mêmes !

En ce qui concerne nos intérêts, un premier point a été obtenu : l'Autriche a été battue et annulée ; un second point non moins important est établi : l'influence française domine en Italie. La politique de Richelieu et d'Henri IV allait-elle jusqu'à préparer l'unité ? Non, elle n'est pour nous qu'une affaire de sentiment ; car l'avantage n'existerait en dehors des deux succès obtenus que dans la perspective d'une alliance étroite avec les rois d'Italie. Cette alliance conclue avec Victor-Emmanuel, sera-t-elle maintenue par ses successeurs ? On peut en douter.

Que conclure de tant de faits et de considérations contradictoires ? Evidemment, l'unités et la forme d'indépendance nationale la plus simple, la plus logique. Mais les Italiens ont-ils la force de l'établir sans le secours d'une intervention que leur amour-propre d'ailleurs n'accueille pas facilement ? L'Etat fédératif, comme transition du moins, n'avait-il pas cet avantage de sauver d'une position violente et tendue ? N'y aurait-il pas lieu d'admettre par exemple deux zones, celle du nord et celle du midi. Mais Rome ! Le gouvernement pontifical n'est plus possible qu'avec une armée française. Ferions-nous ainsi par cette occupation militaire implicitement partie de l'Etat fédératif?

A dater de Villafranca, le Piémont a assumé une tâche dont la responsabilité lui est toute personnelle. Chaque mois qui s'écoule vient la compliquer. Car s'il n'annexe pas les deux provinces qui manquent à son programme, il est menacé de perdre celles qu'il a annexées. En matière de nationalité reconquise, ce qui ne se fait pas du premier éclat ne se fera par la suite que très-difficilement. La question, jusqu'alors pour ainsi dire personnelle, passe sous la tutelle de la France, et doit alors se soumettre aux convenances de notre politique générale, en devenant un des éléments du grand débat qui agite l'Europe.

La solution du problème peut venir peut-être de la fusion opérée entre toutes les populations de l'Italie par un immense réseau de voies ferrées. Le chemin de fer constitue de nos jours la grande panacée sociale; mais a-t-on le temps de l'appliquer? *Qui lo sa?* comme disent les Napolitains.

FIN.

TABLE

	Pages.
Dédicace.	5
Préface.	7

Nice :
Avant l'annexion. — Le pour et le contre. — Une manifestation au Théâtre-Royal. — Les plaisirs de Nice. — Une ombre au tableau. 9

Florence :
Florence moderne. — L'ex-grand-duc et ses fils. — Encore une annexion. — La croix de Savoie. — Un problème. 20

Bologne :
Le mendiant Toscan. — Les Facchini. — La maison de Michel-Ange à Florence. — Bologne. — Les élections. 33

Vérone :
De Bologne à Mantoue. — Un sergent français. — Les inondations du Pô. — La frontière autrichienne. — Mantoue. — Une caravane anglaise. — Vérone. 41

Venise :
Les passe-ports. — Le grand canal. — Povera-Venezia. — Les puits. — Les pigeons de Saint-Marc. — Les marionnettes. — La musique autrichienne. — Une reine déchue. 52

Milan :
L'Italia fara da se. — Souvenirs de Solferino. — Les troupes françaises à Milan. — Le Dôme. — Les Milanais. 71

SOUVENIRS D'ITALIE.

Pages.

GÊNES :

Une station à Magenta. — Les vestiges de la bataille. — Gênes la superbe. — Les Italiennes. — La crise politique de l'Italie. . . . 79

MONACO :

Une origine illustre. — Un peu d'histoire. — Lilliput. — Une révolution à Monaco. — Les mystères du moyen âge. — Un petit paradis. 88

NAPLES :

I. — Une station à Gaëte pendant le bombardement. — Voir Naples et mourir. — Les chemises rouges. — La garde nationale. . . . 101

II. — Les fêtes de Noël. — Les fusillades en l'honneur d'*il Bambino*. — L'hymne à Garibaldi. 111

III. — Les Piémontais dans l'Italie méridionale. — La camarilla Farini. — Les ministres. — La réaction. 118

IV. — Le prince de Carignan. — La jettatura. — Une situation difficile. — Un demi-dieu. — Les garibaldiens. — Un épisode du siége de Gaëte. — Les affiches politiques. 127

V. — Les rassemblements. — Un curieux marché. — Les ministres et les employés. — Le parti muratiste. — Un journaliste à Gaëte. — Voyages de plaisir pour le bombardement. — Les tristesses du carnaval. 139

VI. — Les illuminations pour la prise de Gaëte. — Le tableau de Naples. — La foule. — Les étendards. — La vie en plein air. — Les Napolitaines. — Etudes et mœurs. — Les cochers et les voitures. — Les cornes. — Les Chinois de l'Europe. 151

VII. — La Confédération italienne. — Une opinion impartiale. — Les journaux de Naples. — Un grand émancipateur. — Alexandre Dumas et le père Gavazzi. — L'indépendance du cœur chez les Italiens. 169

VIII. — Les emprunts. — Les ennemis des Italiens. — Les théâtres. — La police devant la rampe. — Une insurrection à San-Carlo. — Les pièces de circonstance. — Que de choses dans un ballet ! — Polichinelle. 181

IX. — LE VÉSUVE. — Portici. — Les guides. — L'ascension. — Les éruptions. — Le cratère supérieur. — La descente. — Les légendes. — Le cratère latéral. — L'ermitage. — Le livre des touristes. — La prédiction de saint Janvier. — L'enfer. — Une terrible sentence. 201

X. — POMPEI. — La préface. — La nécropole. — Son histoire. —

La catastrophe. — Une promenade dans la cité romaine. — Les inscriptions. — Les théâtres. — Les thermes. — Les boutiques. — Les tombeaux. — La villa Diomède. — Les prêtres. — Voyage dans l'antiquité. — Les amateurs et les poëtes. — Les papyrus. — Le retour parmi les vivants. 229

XI. — Herculanum. — Le golfe de Naples. — Le miracle de saint Janvier. — Le couvent de San-Martino. — Saint-Elme. — Les Forçats. — Le Corricolo. — Les Iles. 265

XII. — Un peu d'économie commerciale. — Une fête religieuse. — Une révolution qui aboutit à une bagarre. — Panique des gardes nationaux. — Les remords de l'auteur. — Des adieux touchants. 285

ROME :

I. — La question romaine à Rome. — Les défenseurs. — Les zouaves pontificaux. — La semaine sainte. — L'occupation française. — Une représentation théâtrale au profit des pauvres. — Les soldats romains. 300

II. — Le charme du séjour à Rome. — L'administration pontificale. — Le pouvoir temporel. — La réforme par les idées françaises. — L'entourage de Pie IX. — Une gasconnade piémontaise. 311

III. — Les manifestations politiques. — Rome chrétienne. — Saint-Pierre. — Les monuments et les églises. — Les musées et les galeries. — Le trésor des reliques. 321

IV. — Rome antique. — Le Colysée. — La voie triomphale. — Le Forum. — Le Capitole. — Le Tibre. — Le Panthéon. — Les cirques. — Les thermes. — Les aqueducs. 331

V. — Les bourgeois de Rome. — La noblesse. — Les Transtévérins. — Les crimes. — Nos soldats. — Une historiette. — De Rome à Civita-Vecchia. 342

PISE :

Les Toscans. — Les Anglais à Florence. — M. de Cavour et Garibaldi. — Le bilan de la question italienne. 354

Rouen. — Imp. Ch.-F. LAPIERRE et Cᵉ, rue Saint-Étienne-des-Tonneliers, 1.

DÉPOT A ROUEN
Chez Ch. HAULARD, Libraire de la Préfecture, rue Grand-Pont, 27 & 29, ROUEN
DE LA LIBRAIRIE E. DENTU
PALAIS-ROYAL, GALERIE D'ORLÉANS, 13 ET 17

La Bourse, ses opérateurs et ses opérations, appréciés au point de vue de la loi, de la jurisprudence et de l'économie politique, par J. BOZÉRIAN, avocat. 2 vol. in-8°. . . . . 12 »

Les Cantatrices célèbres, précédées des musiciens de l'Empire et suivies de la vie anecdotique de PAGANINI, par MARIE et LÉON ESCUDIER. 1 vol. grand in-18 jésus. . . . . 5 »

Catalogue des Gentilshommes qui ont pris part aux assemblées de la Noblesse en 1789, d'après les procès-verbaux officiels publiés par M. LOUIS DE LA ROQUE. Chaque province forme une livraison séparée. Prix. 1
En vente : le *Dauphiné*, le *Lyonnais, Forez et Beaujolais*, la *Provence*, le *Haut-Languedoc*, *Armagnac et Quercy*.

Chansons de Gustave Nadaud. 5ᵉ édition, augmentée de quarante-cinq chansons nouvelles. 1 v. gr. in-18 jésus. 3 50

Le Cheval anglais, extrait du *Manuel du Sport* publié à Londres par STONEHENGE, avec tablettes généalogiques, traduit de l'anglais par le comte DE LAGONDIE, colonel d'état-major. 1 vol. in-8° orné de figures. . . . 7 50

Les Cotillons célèbres, histoire anecdotique des maîtresses des rois de France, par E. GABORIAU. 2 v. gr. in-18 jésus. 6 »

La Cour de Russie il y a cent ans (1727-1785). Extraits des dépêches des ambassadeurs anglais et français. 3ᵉ édition. 1 vol. in-8°. 7 50

Entre deux Paravents. Théâtre des salons de famille pour hommes et pour femmes, par D.-L. AUDIFFRET. 2ᵉ édit., avec les airs notés. 1 vol. grand in-18 . . . . 5 »

Le Charnier des Innocents, par JULIEN LEMER. 2ᵉ édition précédée d'une lettre de Victor Hugo. 1 v. gr. in-18 jésus. 3 »

Le chemin de l'Epaulette, histoire de l'Enrôlé volontaire, par M. AUG. LECOMTE, chef d'escadron en retraite, officier de la Légion d'honneur. 1 beau vol. grand in-18 jésus, illustré de jolies vignettes dessinées par Worms. 3 50

La Création et ses mystères dévoilés, ouvrage où l'on expose clairement la nature de tous les êtres, les éléments dont ils sont composés et leurs rapports avec le globe et les astres, l'origine de l'Amérique et ses habitants primitifs, la formation forcée de nouvelles planètes, l'origine des langues et les causes de la variété des physionomies, etc., par A. SNIDER. 1 vol. in-8°, avec 10 grav. . 8 »

Cris de guerre et devises des Etats de l'Europe, des provinces et villes de France, des familles nobles de France, d'Angleterre, des Pays-Bas, d'Italie, de Belgique, etc., des abbayes et des chapitres nobles, des ordres civils et militaires, etc., etc., par M. LE COMTE DE C..... 1 vol. in-18. . . . . 1 50

Dictionnaire des Fiefs, Seigneuries, Châtellenies, etc., de l'ancienne France, contenant les noms de leurs possesseurs consécutifs et la date de leur érection en terre noble, par H. GOURDON DE GENOUILLAC. 1 beau vol. in-8°. (Sous presse.)

Les Cours galantes. Tome I : l'Hôtel de Bouillon, la Folie-Rambouillet, le château d'Anet, le Temple. — Tome II : Roissy, l'Hôtel de Mazarin, Chantilly, le palais Mancini, les Incurables, par GUSTAVE DESNOIRESTERRES. 2 v. gr. in-18. . . . . . 6 »

Rouen — Imp. Ch.-F. LAPIERRE et Cⁱᵉ

www.ingramcontent.com/pod-product-compliance
Lightning Source LLC
Chambersburg PA
CBHW050249170426
43202CB00011B/1621